설교자여, 준비된 스토리텔러가 돼라

유진 로우리 지음 | 이주엽 옮김

요단

설교자여,
준비된 스토리텔러가 돼라

제1판 1쇄 발행 · 1999년 10월 15일
제1판 11쇄 발행 · 2023년 9월 15일

지은이	유진 로우리
옮긴이	이주엽
발행인	김용성
펴낸곳	요단출판사

등록	1973. 8. 23. 제13-10호
주소	07238) 서울특별시 영등포구 국회대로76길 10
기획	(02)2643-9155
보급	(02)2643-7290 Fax (02)2643-1877

ⓒ 2002. 요단출판사 all rights reserved.

정가 13,000원
ISBN 978-89-350-0415-0 03230

이 책의 한국어판 저작권은 요단출판사가 소유하고 있습니다.
출판사의 사전 승인 없이 책의 내용이나 표지 등을 복제, 인용할 수 없습니다.

How to Preach a Parable

Designs for Narrative Sermons

Eugene L. Lowry

Copyright © 1989 by Abingdon Press
Nashville, Tennessee USA
All rights reserved

Korean Edition Copyright © 1999 Jordan Press

차례

감사의 글 7
서론 9

1부 미리 다뤄둘 사안 및 전제
최근 성서학의 영향 15
이야기 속의 비유적 속성 18
설교 형식으로서의 내러티브성 22
성경본문과 설교형식의 관계 27

2부 내러티브 설교를 위한 구상
서문 33

스토리 진행 51

설교 1 "노아는 의인이요" ○○○ 데니스 윌리스 52
설교 순서에 따른 분석
내러티브를 이끌어가는 역량과 기법 그리고 규범

스토리 보류 113

설교 2   "부족한 능력, 무한한 가능성" ∘∘∘ 린더 켁   114
설교 순서에 따른 분석
내러티브를 이끌어가는 역량과 기법 그리고 규범

스토리 유예 115

설교 3   "더 이상 무엇을 바라겠는가?" ∘∘∘ 유진 로우리   102
설교 순서에 따른 분석
내러티브를 이끌어가는 역량과 기법 그리고 규범

스토리 전환 219

설교 4   "이를 악물고 기도하기" ∘∘∘ 프레드 크레독   220
설교 순서에 따른 분석
내러티브를 이끌어가는 역량과 기법 그리고 규범

맺는말 267

감사의 글

이전에 출판된 설교집의 원본 사용을 허락해 준 프레드 크래독 박사, 린더 켁 박사 그리고 아빙돈 출판사에 감사드린다. 특별히 부군의 미출판된 설교문의 사용을 허락해 주신 고(故) 데니스 윌리스 목사의 미망인 다이애나 윌리스에게 감사드린다. 설교 분야에 실로 거대한 공헌이 되었을 글을 집필하던 중 갑작스레 이 세상을 떠난 데니스의 이름이 크래독, 켁과 함께 이 책에 나란히 실리게 된 것은 지당한 일이라 생각한다.

마찬가지로 이 책이 나오기까지 수고한 아빙돈 출판사의 모든 사람들에게 고마움을 전하고 싶다. 이 책을 구상하고 소망을 품어준 돈 하디, 전 과정을 능숙하게 이끌어준 두 편집장 로버트 콘과 그레고리 마이클 그리고 조심스럽고 정성스런 관심으로 내 문장을 다듬어 준 레베카 마노트에게 감사의 마음을 전한다. 또 전직 아빙돈의 부사장이자 편집주간이었으며, 현재는 교회자료 부문의 상임 편집자인 로널드 패터슨이 초기작업부터 완성된 책이 나올 때까지 보여준 아낌없는 후원과 지도에 감사드린다.

  마지막으로, 동료들과 친구들 그리고 가족들에게 진심으로 고맙다고 말하고 싶다. 이들은 내가 하는 일을 여러 모로 격려하고 비평해 주는 고마운 사람들이다.

서론

이 책을 쓰게 된 데는 두 가지 이유가 있다. 첫째로, 비유를 설교하는 일은 '범상한' 설교자가 함부로 못할 일이라 여겨 소심하게 비유를 아예 멀리하는 설교자들이 있다는 점. 둘째로, 재능 있는 소수의 설교자들만이 내러티브 설교(narrative sermons)를 할 수 있다고 믿는 이들이 적지 않다는 점이다.

1986년 7월, 내쉬빌에서 열린 "선포 ' 86"(Proclamation' 86)이란 대회에서 설교하고 가르치던 시점에, 아빙돈 출판사 편집진이 나에게 이런 말을 했다. 설교자들 가운데 상당수가 스스로 자격이 부족하다고 여겨 비유를 소재로 설교하기를 꺼린다는 것이다. 그래서 나더러 책을 하나 써 그런 설교자들로 하여금 공연히 부담을 느끼지 않도록 도우면 어떻겠느냐는 것이었다. 말하자면, 이 책은 그러한 요청의 소산물이다.

나 역시도 비슷한 염려를 하고 있던 터였는데, 사람들이 별난 종류의 설교자들, 즉 타고난 이야기꾼들만이 내러티브 설교를 할 수 있다는 식으로 생각하는 게 아닌가 하는 염려였다. 그게 사실이라면 그건 기우다. 왜냐하면 나는 절대로 타고난 이야기 꾼이 아니건만 늘 내러티브 설교를 하니까. 어떤 사람들은 내러티브 설교를 그야말로 다룰 이야기가 있을 때만 쓰는 아주 특별한 종류의 설교로 격하시킨다. 문제는 사람들이 내러티브 설교(narrative sermons)와 스토리 설교(story sermons)를 혼동하기 때문인데 심지어 설교에 관한 주제로 책을 쓰는 사람들 가운데도 이 둘을 혼동하는 사람들이 적지 않다.

비유 설교와 내러티브 설교라는 이중의 과제를 책으로 다룸에 있어 중요한 문제는 이것이다. 어떻게 하면 정말 책 하나로 기법을 익힐 수 있을 만큼 구체적인 도움을 줄 수 있는가 하는 것과 어떻게 해야 실제 설교와 동떨어지지 않는 책을 쓸 수 있는가 하는 것이다.

이에 대한 나의 접근방식은, 실제로 행한 설교들을 바탕으로 하되 다양한 모델들을 취하면서 방법론에 관한 책을 쓰는 것이다. 그래서 설교 네 편을 골라 그러한 목적을 달성하도록 했다. 또 한 가지는 독자들로 하여금 제각기 다른 이야기 구상을 예비 설교과정을 통해 경험해 보게 함으로써 궁극적으로는 자기 것으로 쓸 수 있도록 하였다. 여기 사용한 설교 네 편은 다 형식에 있어 내러티브이고, 또 성경의 이야기를 바탕으로 한 것들이다. 그 중 하나는 예수님의 비유를 다룬 것이고, 나머지 셋은 비유 형태(parabolic fashion)의 성경 이야기를 다룬 것이다.

이 책 전체의 구성은 좀 특이하다. 내러티브 설교의 원칙과 기법을 죽 적어놓고 하나씩 장마다 열거하기보다는 여기 실린 설교가 실제로 행한 것들인만큼 그 스스로 내러티브 설교의 특징을 드러내도록 하는 방식을 취했다. 그래서 이 설교자들이 무엇을 어떻게 했는지 면밀히 살펴보는 '수사관' 같은 태도로 접근해 급기야는 설교 원고에 대한 비평을 쓸 수 있을 정도가 되게 했다.

하지만 설교에 곧바로 접근하기 전에 찾아야 할 초점을 맞추기 위해서 다뤄야 할 몇 가지 예비 사안이 있다. 가급적 간단히 말하자면, 초기 준비단계라 할 이 과정을 거치면 마침내 어느 이야기 구상을 선택해서 설교 준비를 하느냐 하는 문턱에 가 있게 될 것이다.

이 책에는 두 가지 전제가 있다. 첫째, 내러티브 설교는 유별난 소수만을 위한 것이 아니라는 점이다. 우리 모두가 이 기법을 사용할 수 있으며 또 사용해야만 한다. 둘째, 성경의 비유와 이야기들은 설교를 위한 풍성한 자료라는 점이다. 이렇게 풍성한 자료를 활용할 때 보다 힘있는 설교가 나올 수 있다.

미리 다뤄둘 사안 및 전제

1부

최근 성서학의 영향

　모르긴 해도 옛날에는 비유를 놓고 설교하기가 더 쉬웠을 것이다. 적어도 내가 30여 년 전에 신학교를 졸업할 때만 해도 내 머리 속에서 비유 설교의 과제는 분명한 것이었다. 비유에는 오직 한 가지 요점만이 있을 뿐이라고 나는 배웠다. 그러므로 설교자가 할 일은 그 한 가지 요점을 찾아내 이를 바탕으로 설교를 짜면 된다. 물론 우화(allegory)와 비유(parable)는 사뭇 다르다는 얘기도 빠뜨리지 않고 들었다. 우화는 지시 대상이 여럿이다. 등장하는 하나하나가 다 무엇인가를 가리킨다. 따라서 비유를 우화식으로 해석해 버리면, 그 결과는 걷는 데 사지(四肢)를 다 써서 기어가는 것처럼 꼴 사나울 뿐만 아니라 내용도 억지가 되고 만다는 경고를 모르지 않는다.
　나는 지금도 당시 신학교 교수가 우화와 비유의 차이를 신약에서 예로 들던 것을 기억한다. 탕자 이야기는 비유고, 좋은 땅 비유는 기술적으로는 우화다. 씨 뿌리는 농부는 사실 하나님이시고, 씨는 하나님의 말씀이며, 땅은 말씀을 받는 사람을 가리킨다. 이렇듯 우화가 갖는 "사실은 이게 이런 뜻"이라고 하는 특성 때문에 끝없이 함정에 빠지게 된다고 나는 배웠다. 왜냐하면 그 때부터는 따로 배우지 않아도 설교자는, 비는 무엇이고 새는 또 무엇이고 하는 식으로 나가게 마련이기 때문이다. 하지만 탕자의 이야기는 오직 한 가지 지시 대상만을 갖고 있다. 즉 이야기 속의 아버지가 하나님이시라는 점이다. 그러므로 다른 것이야 어떻든 간에 하나님의 자비하신 성품만이 이 이야기를 가지고 할 수 있는 설교의 참된 주제인 것이다.

그런데 30여 년이 흐른 지금 우화와 비유의 차이에 대한 훨씬 정교하고 미세하며 심지어 심오하기까지 한 가르침을 듣게 되었다. 최근의 성서학이 우화와 비유가 다르지 않다고 말한다는 얘기는 아니다. 오히려 차이는 강조된다. 최근의 성서학이 말하는 바는, 비유가 한 가지 요점을 갖고 있는 게 아니라 비유 자체가 그 요점이라는 얘기다. 나아가서 이야기 바깥의 어떤 지시 대상을 따로 갖고 있지도 않다. 메시지가 이미 이야기 안에 녹아져 있다는 것이다. 그러면서 어떤 이들은 그 이야기의 문학적 구조를 살피도록 권하는가 하면 어떤 이들은 언어의 은유적 성격에 주목하도록 한다.

놀라운 일들이 이 모든 것 안에 일어나고 있다. 그리고 나는 단 한순간도 그 중요성을 평가절하하고 싶지 않다. 내가 글을 쓸 때나 설교를 할 때나 이와 같은 발견을 유용하게 활용하고 있음은 물론이다. 하지만 불행히도 최근 학계의 연구결과가 의도하지 않은 한 가지 부작용은, 어떤 설교자들은 아예 무서워서 설교에서 비유를 사용하지 않게 되었다는 점이다. 분명히 설교자들 중에는 자신의 학식이 불충분할까 우려하는 사람들이 있다. 즉 최신의 경향을 반영하지도 못하고, 자신의 비유설교가 깊이도 없고, 혹은 자기 교인들이 하나님의 말씀을 이해하기에 설교학적으로 분명하고 신뢰할 만한 건지 걱정이 되는 것이다.

또 어떤 설교자들은 최근 학계가 은유의 복잡성을 다루고 있으므로 그런 문제는 아예 시인들 손에나 맡겨 두고 자신들은 보다 산문적인 주제를 갖고 설교하면 그만이라는 식이다.

그런가 하면 설교자들을 두 가지 부류, 즉 이야기꾼과 그렇지 않은 사람들로 나누고는, 자신은 후자에 속하는 걸로 치부하는 이들도 있다. 최근에 내가 낸 책「설교단 위에서」(Doing Time in the Pulpit)를 읽고 어떤 사람이 우호적인 서평을 썼는데 나로서는 실망스러웠다. 그분 말로는 저자인 나야 당연히 내러티브 설교를 할 수 있겠지만, 그런 설교는 모든 사람을 위한 것이 아니라는 것이다.

내 입장에서 이상의 모든 결론은 제대로 검증되지 않은 것들이다.

설교자들이 단순히 설교에서 비유를 적절히 다룰 수 있는 훈련을 받지 못했다는 이유로 비유 설교를 외면한다면 그것처럼 부끄러운 일이 어디 있겠는가. 거짓된 겸손에서 비롯되었든 총명한 전문가들이나 다룰 수 있는 것이라 생각했든 간에 성경의 가장 풍부한 보화를 설교에서 제외시킨다는 것은 비극이 아닐 수 없다. 사실 문제는 더 깊은 데 있다. 예를 들어, 설교를 목적으로 귀신 들린 거라사 광인의 치유 스토리 같은 성경의 스토리를 다룬다 할 때, 그 스토리의 사용은 필연적으로 비유적이지 않을 수 없다(사실 여기서 우리가 거론하는 문제는, 성경본문이 설교에 사용될 때는 그것이 이야기 형태든 아니든 간에 중요한 문제인 것이다.).

그러므로 이 책의 한 가지 목적은 이 점을 알아보려는 데 있다. 즉 비유나 성경의 어떤 스토리를 바탕으로 설교를 발전시키려면 어떻게 해야 하는가? 또 보통의 설교자가 소위 내러티브 설교를 하는 일이 가능한가 하는 문제를 알아보려는 것이다.

이야기 속의 비유적 속성

사람들은 설교자들이 예화(illustration)를 든다거나 어느 노동자가 자기 직장에서 일어난 일을 이야기하려 할 때면 언제든지 그 안에 뭔가 얘깃거리가 될 만한 중요한 내용이 들어 있을 것이라고 생각한다. 그 가정은 단순하지만 핵심적인 것이다. 그 중요한 무엇(something)은 단순히 말로 전달되는 것 이상의 의미가 있다는 것이다. 이제 좀더 확실히 해보자. 어느 가정이든지 자녀들이 학교에서 겪는 일에 대해서 무관심하지는 않을 것이다. 하지만 아이가 평소 하던 것 이상으로 자세하게 학교 얘기를 늘어놓는다면, 거기엔 무언가 중요한 게 들어 있을 거라고 생각지 않을 수 없다.

"어떤 여자가 자신이 주문해 놓은 장미 몇 송이를 가져가려고 꽃가게에 들어갔습니다. 그리고…" 설교자가 이렇게 설교를 시작할 때, 우리는 이 이야기가 단순히 꽃을 좋아하는 사람에 관한 것이 아님을 알고 있다. 분명히 우리는 그 꽃가게 안에서 '그리고 밖에서'(and outside) 무언가 삶에 대한 중요한 것을 듣고 싶어한다.

때때로 '그 무언가 더 있음'이 구체적으로 무얼 의미하는지 정확하게 말한다는 건 쉬운 일이 아니다. 하지만 그것이 어떤 느낌인지는 우리 모두 알고 있다. 스토리나 이야기(tale)혹은 내러티브 등이 효과적이라면, 그것은 이야기하는 사람이 스토리를 마친 다음에도 어떤 씨앗이나 맹아(萌芽)를 남기기 마련이다. 대개 우리처럼 설교하는 사람들은 씨앗이나 맹아를 어떤 비유나 예화가 설명하려는 '핵심'(point) 이라고 표현한다. 하지만 '핵심'이 있다고 해서 그 이야기가 저절로 효과를 갖는 것은 아니다. 핵심이란 너무나 간단하고 단순한 것이다. 설득력 있는 스토리에는 효과를 불러일으키는 무엇인가가 있다. "아, 거 무슨 얘긴지 핵심은 알겠습니다" 하는 정도의 반응으로 끝나지 않는 것이다.

우리는 불가분의 어떤 상호 연관성이나 드러난 상호 관련된 경험들의 실체 혹은 어떤 새삼스런 보편적 실체에 관해 이야기를 진행하고 있는 것일까? 어떤 것이 드러날 때, 우리는 자신도 모르게 고개를 끄떡일 수도 있으며, 깜짝 놀라면서 웃음을 터뜨릴 수도 있다. 그것은 마치 꽃가게 안에서 일어난 일이 우리 마음 속 깊이에 있는 어떤 것, 그 꽃가게의 장미보다 더 중요한 무엇을 상기시키는 것과 같다. 또는 거기서 일어난 사건 안에 인간의 어떤 경험이 축약되어 있을 수도 있다. 그래서 우리는 이렇게 말한다. "음, 이 이야기는 그것을 말해 주고 있군!" 뿐만 아니라 꽃가게 스토리는 우리를 아주 간단하게 사로잡아서 우리를 그 꽃가게로 데리고 들어간다. 이제 우리는 단지 그 여자가 화를 냈다는 애기를 듣고 끝나는 것이 아니라, 우리 자신이 직접 그 여자의 분노를 느끼게 되는 것이다.

예수께서 이웃에 대한 한 율법사의 질문에 대답한 방식은 스토리였다. 예수께서는 "어떤 사람이 있었는데 이 사람은…" 하면서 이야기를 시작하신다. 예수께서는 그 율법사보다(또한 우리들보다) 더 훌륭하고 분명하게 이웃에 대한 정의를 내리셨다. 예수께서는 우리 모두가 '그 길 위에'(사마리아인의 이야기에 나오는 여리고로 가는 길-역자 주) 서보기를 원하시며, 그렇게 함으로써 이웃의 의미를 '체험'해 보기를 바라셨던 것이다.

나는 사람들이 '은유'(metaphor)를 제대로 구사하는 사람들을 오해하게 만드는 지나친 환원주의나 단순화에 빠지지 않기를 바라며, 위의 스토리에서 묘사된 내용이 은유의 이론을 덮고 있는 장막을 걷어내는 데 도움이 되었으면 한다. 은유를 제대로 구사하는 사람들이 특정한 언어를 통해서 이야기하고자 하는 것은 우리의 일상적인 경험에 그 근거를 두고 있다. '어떤 것에 담겨진 의미를 이해하는 것'에 그리 어려움을 겪지 않는 것처럼, '의미를 부여하는 것'에 당황하거나 주눅들지 말고, 그런 의미 부여가 전체 맥락으로부터 본문을 소외시키는지의 여부를 살펴보라. 그 꽃가게 '밖에'(outside) 있는 삶의 진실은 모두 '그 꽃가게 안에서 시작된 것'이라는 점에 주목할 필요가 있다. 만일 우리가 어떤 스토리가 우리 삶과 맺고 있는 포괄적인 연관성을 차분하게 읽어내지 못한다면, 피상적인 것만을 관찰하는 우리의 시야에 그러한 경험의 순간은 포착되지 않을 것이다.

예화를 사용하는 것을 '신중하게' 여기는 설교자들의 설교에서 이런 경우가 자주 있다. 이러한 설교자들은 스토리란 첫째, 설교자의 깊은 삶의 체험과 맞닿아 있어야 하며, 둘째, 사람들 모두에게 중요한 영향력을 미치는 것이어야 하고, 셋째, 그리하여 이렇게 예화를 사용하는 일시적인 전환이 용납될 수 있으리라는 기대를 가질 때에야 예화설교를 할 수 있다고 주장한다. 하지만 나는 '직접 그 꽃가게 안으로 들어가 보려고 한다'(그런 다음에 그 스토리가 우리 삶과 관계가 있는지 판단할 것이다.).

위에서 언급한 일부 설교자들의 과민한 변명의 자세 이면에는, 의미는 항상 경험의 외부에서 비롯된다는 인식론적인 가정이 전제되어 있다. 내가 보기에 그건 별 도움이 안되는 그저 이론일 뿐이다. 이 책은 예수께서 말씀하신 선한 사마리아인의 스토리에서 '이웃'의 의미를 발견하지 못한 사람은 다른 어느 곳에서도 그 의미를 깨닫지 못할 것이라는 가정하에 쓰여진 것이다.

또한 그 외에도 우리가 비유와 성경에 나오는 다른 스토리들을 연구하는 데 기반이 되는 가정이 있다. 첫째, 스토리는 인식론적으로 공허한 것이 아니라는 점이며, 단순히 청중의 주위를 환기시키거나 잠시 즐거움을 주기 위한 것이 아니라는 점이다. 둘째, 여리고로 가는 길을 떠올려보기 위해서 반드시 성지순례를 갔다 와야 하는 것이 아니며, 선한 사마리아인의 스토리를 이해하기 위해서 강도를 만난 경험이 있어야 하는 것도 아니다. 또한 꽃가게 스토리 속에 몰입하기 위해서 그런 체험을 현실로 경험해 봐야 하는 것도 아니다. 그렇지 않아도 청중들은 충분히 감정이입을 하며, 그럴 만한 상상력을 가지고 있다. 정말로 설교자들이 비유나 예화의 의미가 실제 삶과 어떤 연관을 맺고 있는지 설명해 주어야 할 필요는 없다. 그것은 우리 삶이 알려주기 마련이다.

설교 형식으로서의 내러티브성(Narrativity)

지금까지 내가 쓴 책을 접해 보지 않았던 사람들을 위해서 '내러티브'와 '스토리'라는 말의 의미를 간단히 설명하고자 한다.

지금까지 나는 선한 사마리아인의 비유와 꽃가게 스토리 같은 특정한 스토리나, 또는 직장에서 일어난 특별한 사건을 의미하는 말로 내러티브라는 용어를 사용했다. 이것은 이 단어의 일반적인 의미이다. 대개 우리는 스토리란 말과 내러티브를 혼용해 쓰기도 한다. 하지만 내러티브란 말에는 다른 의미가 있다.

"퀸시"(Quincy)라는 텔레비전 인기 연속극을 살펴보자. 퀸시를 꾸준히 시청한 사람이라면 이 연속극의 각 에피소드가 공통된 형식을 가지고 있다는 것을 알 것이다. 이 연속극은 적어도 하나 이상의 시체가 등장하는 것으로 시작되며, 퀸시는 그 때문에 곤경에 빠진다. 퀸시에게도 그 죽음과 관련해서 다소 석연치 않은 점이 있다. 퀸시는 수수께끼와도 같은 죽음의 원인을 밝히려고 애를 쓰지만 상황은 점점 더 꼬여만 간다. 처음 발견된 것과 마찬가지로 이유를 알 수 없는 죽음이 잇달아 일어나고, 퀸시의 노력은 그만 한계에 부딪치게 되며, 퀸시의 상관은 다른 업무로 그를 바쁘게 몰아 세우고, 동료들은 그의 일에 무관심하다. 그를 도와주어야 할 사람들이 오히려 방해만 하고 있는 것이다. 상황은 점점 더 어려워진다. 퀸시가 그의 충실한 조수인 샘의 좋은 충고마저 무시하고 악전고투를 거듭하고 있을 때, 이 연속극은 절정에 다다른다. 그런데 그 수수께끼가 풀리면서 시청자들도 예상치 못했던 놀라운 일이 퀸시에게 일어난다. 사건 해결의 실마리가 드러난 것이다(하지만 명심할 것, 퀸시의 노력이나 집념이 사건 해결에 필수적인 것이기는 했지만, 그것만으로 충분한 것은 아니다. 이론적으로 말하자면, 해답은 항상 외부로부터 비롯된다는 것이다. '뜻밖에' 어떤 일이 밝혀지면서 지금까지 일어났던 사건들의 앞뒤가 설명되는 것이다.). 퀸시에 대한 오해와 누명이 벗겨지고 퀸시의 끈질긴 노력으로 사람들은 모두 평화를 되찾게 된다. 끝날 때쯤이면 주요 등장인물들이 '프로렙틱 바'(Proleptic Bar: 프로렙틱의 의미는 대단원이다. - 편집자 주)라는 대니(Danny)의 술집에 모여서 사건이 해결된 것을 축하한다. 그 술집에서 퀸시가 사건을 어떻게 해결할 수 있었는지, 그리고 지금도 어딘가에서 목하 진행중인 사건들에 대한 이야기들이 오고간다. 그 대화는 언제나 앞으로 일어날 일, 즉 미지의 새로운 사건들이 어떻게 세상을 발칵 뒤집어 놓을지를 기대하도록 만든다.

이제, 퀸시의 각 에피소드가 앞에서 얘기한 대로 귀결되는지 살펴보자. 많은 시체들이 등장하고, 사인(死因)을 둘러싼 수수께끼는 각각의 에피소드마다 달라지며, 악당과 사건 해결의 장애물도 각각 다르게 나온다. 하지만 기본적인 틀, 이를테면 줄거리의 흐름, 수수께끼에서 출발해서 놀라운 반전을 거친 다음, 좋은 결과로 맺게 되는 과정은 항상 일정하다. 지금 여기서 이야기하려 하는 것은 바로 줄거리 진행의 공통성이다. 퀸시의 이러한 일정한 전개는 시청자들에게 조마조마한 긴장감과 동시에 그것을 견딜 만한 안도감을 선사한다. 다른 인물들, 다른 사건들이 등장하고, 다루는 내용이 다르기 때문에 "하나를 보면 전체를 다 본 것이나 다름없다"라고 할 수 없는 것이다.

이와 같이 이야기 진행에 있어서 공통되는 것을 내러티브라고 할 수 있다. 전혀 다른 내용을 가진 두 개의 텔레비전 시리즈물을 비교해 봐도, 줄거리 진행의 측면에서 보면 변하지 않는 흐름을 가지고 있음을 확인할 수 있다. 물론 두 프로그램은 전혀 다른 내용을 다루고 있는데도 말이다. 이러한 맥락에서 내러티브 또는 스토리에 대해 이야기하는 것은 어느 특정한 내러티브에 관한 설명과는 전혀 다르다(이것은 의학에서 어느 특정한 약과 약 일반이 갖는 차이와 같다고 할 수 있다.).

때때로 설교에 관한 책을 써내는 사람들이 내러티브 설교에 대해서 이야기할 때, 모든 설교는 스토리로 가득 차 있어야 하거나 하나의 긴 스토리가 되어야 함을 말하는 것이라고 사람들은 생각한다. 하지만 또 다른 측면이 있다. 물론 내러티브 설교라는 말의 의도적인 의미는 다분히 그것에 대해서 쓰는 사람들이 모든 설교는 내러티브적 진행을 따라야 한다고 생각할 것이라고 여기게끔 한다(발단에 갈등의 제시, 전개, 반전 그리고 짐작할 수 있는 대단원 순의 내러티브).

(사실 설교론을 가르치는 사람들 중에 앞에서 말한 내러티브라는 말이 가진, 이야기 진행에 있어서의 일관된 흐름이라는 의미를 제대로 파악하지 못하고 잘못된 비유를 끊임없이 늘어놓는 이들이 있기도 하다.)

내러티브(또는 스토리)란 말은 "두 아들을 둔 어떤 아버지가 있었는데…"로 시작되는 이야기처럼 어느 특정한 스토리를 의미할 수도 있다. 또 한편으로는 어떤 구술용 대본의 기초가 되는 진행의 흐름이나 전형적인 줄거리 전개 양상을 의미할 수도 있다. 첫번째는 내러티브의 내용으로, 두번째는 내러티브 형식으로 이해하는 것이 좋을 것 같다(물론 이것이 정확한 구분은 아니지만 이해에 도움이 될 것이다.). 어떤 경우, 나는 내러티브 형식을 의미할 때는 내러티브라는 말을, 특정한 내러티브를 가리킬 때는 스토리라는 말을 사용할 것이다. 또한 내러티브라는 용어가 특정한 형식으로 서술되는 스토리라는 부가적 의미를 지니게 될 경우에는 그 두 가지 용어를 엄밀하게 구분해서 사용하고자 한다.

이 용어 문제를 중요하게 취급하는 데에는 특별한 두 가지 이유가 있다. 하나는, 나 자신이 내러티브 설교에서 내러티브의 형식적인 면을 중요하게 보게 되었다는 점이다. 말하자면, 나는 모든 설교를 갈등의 제시에서 위기의 고조, 극적인 반전을 거쳐 결말에 이르는 시간 속의 사건(이전의 책에서 설교에 대해 이런 식으로 쓴 적이 있다)으로 파악하게 된 것이다(복음이 제시하는 삶의 계획은 이러한 방식으로 우리를 새로운 길로 인도한다.).

이런 점에서 이러한 형식이 사용된 설교는 그 모두를 일일이 세어가며 열거하기는 어렵다 하더라도, 최소한 부분적으로는 그런 범주에 속하게 된다. 이러한 내러티브 설교는 전체적으로 단일 스토리의 흐름으로 이루어져 있거나, 몇 개의 짧은 일화나 예화로 구성될 수도 있다. 하지만 위의 경우에 해당되는 것이든, 아니든 그것이 갈등에서 시작해서 해결에 이르는 내러티브의 전개 과정을 따르기만 한다면, 그 설교는 내러티브 설교라고 할 수 있다. 나는 그러한 내러티브 전개 과정에 따르는 것이 설교에 관한 가장 바람직한 원칙이라고 믿게 되었다.

나는 내러티브 설교의 방법을 보여주고자 시도했던 「이야기식 설교 구성」(The Homiletical plot, 한국장로교출판사 역간)과 그렇게 설교해야 하는 이유를 제시하려고 했던 「설교단 위에서」(Doing Time in the Pulpit)라는 책에서 이미 이 주제를 다룬 바 있다. 하지만 그 이후로 이 문제를 보다 심도 있게 다루려고 하지 않았다. 이제 나는 이 문제를 이 책의 제2부 "내러티브 설교를 위한 구상(構想)"에서 좀더 자세히 다루고자 한다.

스토리와 내러티브를 구분하려는 두번째 이유는 스토리와 내러티브의 문학적 의미를 보다 명확하게 이해하기 위해서이다. 많은 사람들이 성경이나 다른 곳에서 얻은 스토리를 설교에 사용하는 것에 대해서 기술하고 있다. 나는 그 내용에 대해서 상당부분 동의한다. 하지만 몇몇 필자들을 비롯해서 많은 독자들은 여기서 제시하는 스토리와 내러티브의 차이를 제대로 이해하지 못하는 것 같고, 따라서 내러티브 설교에 대해서 관심을 가진 사람들이 생각하는 바람직한 설교란 그저 스토리 형태를 갖춘 것이겠거니 하고 여긴다. 그런 사람들은 설교에 대한 이해의 폭을 아주 좁게 한정시켜 놓는 것이 규범적인 설교를 위한 것이라고 옹호하며, 설교에 대한 자신들의 이해가 그러한 설교관을 엄정하게 보장하는 것이라고 주장한다. 때때로 어떤 스토리가 그 의도한 바를 명확하게 전달했는지, 또는 스토리의 요지를 미리 밝히는 것이 더 낫지 않았는지 등에 대해서 논쟁이 있을 수 있다. 하지만 그런 논쟁들은 설령 내러티브 설교를 다루는 전문가들의 합의와 일치된 결과를 얻는다 해도 별 의미가 없는 것들이다. 분명히 내가 내러티브 설교에 대해서 말하려고 하는 것은 그런 것이 아니다.

성경본문과 설교형식의 관계

우리가 내러티브와 스토리의 차이를 명확하게 알아야 하는 보다 중요한 이유는 성경에 나오는 여러가지 비유와 스토리들의 형태, 양식, 분량, 구성 등이 참으로 다양하기 때문이다. 어떤 것은 짧고, 어떤 것은 길며, 복음의 기쁨을 전하는 것이 있는가 하면, 심판의 냉혹함을 전달하는 것도 있다. 그 답을 청중들에게 맡기는 수수께끼 형태를 띠고 있는 것이 있는가 하면, 분명한 경고의 내용을 담고 있는 것도 있다. 이렇게 다양한 양상을 가진 성경의 기사(記事)들을 똑같은 방식으로 설교하기란 분명히 불가능한 일이다. 아마도 그렇게 한다면, 번호를 매겨서 일일이 늘어놓는 것보다 더 나을 것이 없을 것이다. 가령 탕자의 비유는 아주 복잡하고 길지만, 바로 그 뒤를 이어서 언급하기 마련인 잃어버린 동전의 비유는 그에 비하면 짧고 단순하다 (어떤 설교자들은 이 두 비유를 따로따로 설교하기도 한다.). 이 두 스토리를 같은 내러티브 양식으로 설교하는 것은 바람직하지 않다.

간단히 말해서 우리는 다양한 성경의 스토리를 서로 다른 방식으로 다루고 있는 몇 가지 설교 방법에 대해서 살펴볼 것이다. 여기서는 스토리와 내러티브에 대해 본격적으로 설명하기 전에 우선 그 차이를 명확히 이해할 수 있도록 간단한 유비(analogy)를 들어보려고 한다.

차를 타고 여행을 하고 있다고 상상해 보라. 당신이 타고 있는 차는 너트, 볼트, 완충장치, 엔진, 두 개의 문짝, 핸들 등 다양한 부속들로 이루어진 특정한 것이다. 물론 당신은 다른 차를 몰 수도 있었을 테지만, 지금은 이 차 안에 타고 있다. 당신이 타고 있는 차는 그 안에 있는 사람들이나 짐들보다 훨씬 더 복잡하게 움직이고 있다. 차의 각 부분은 쉴 새 없이 움직인다. 바퀴들이 회전하고 휘발유가 연소되면서 달리고 있는 것이다.

당신의 여행은 도로를 따라가는 것뿐만이 아니라, 차의 여러가지 부속들과 그 움직임과 행선지 등으로 구성된 것이다.

당신이 날렵하고 빠른 차를 타고 가면 여행의 성격이 달라질 수도 있다. 또 크고 편안한 차를 타고 가면 더 편안한 여행을 할 수도 있다. 하지만 여행은 하나의 틀이며, 자동차는 그 틀을 만들어가는 데 소용이 되고 있다. 한 번도 차 밖으로 나오지 않고 하는 자동차 여행을 그려볼 수는 있지만 실제로는 그렇지 않을 것이다. 차는 여행을 가능케 하는 가장 기본적인 것일 뿐, 사람들은 자동차에서 내려서 버스여행을 하거나, 노새를 타고 협곡을 내려가기도 하며, 잠깐 동안 모터 보트를 타기도 하며 모텔에서 하룻밤을 묵기도 한다. 여행하는 동안 뭘 타고 다녔나를 분간할 수 있는지의 여부는, 물론 곰곰이 헤아려보면 알 수 있겠지만 그 여행의 이미지에 관련되어 있다.

따라서 '성경의 스토리는 특정한 내용, 즉 탈것이라고 할 수 있다.' '설교는 그 형식이 되는 것이다.' 예수님의 비유를 살펴보자. 비유는 때로 출발지에서 목적지에 이르는 여행과정 같은 줄거리 흐름을 가진 내러티브를 포함하고 있는 스토리이다. 물론 스토리와 내러티브적인 흐름의 관계는 차와 여행의 관계보다 훨씬 긴밀하게 얽혀 있다. 스토리는 바로 내러티브의 틀 위에 자리잡고 있는 것이다. 즉 스토리는 내러티브의 흐름 속에서 비로소 스토리가 되며, 그 흐름을 통해서 전개된다. 그와 마찬가지로 내러티브의 흐름 속에서 스토리가 얼마나 설득력을 가지느냐는 스토리 자체의 성격과 설교의 목적에 달려 있다. 그것은 자동차가 다르면, 여행의 성격이 달라지는 것과 같다.

   지금까지 말한 모든 것은 제2부에서 예시하고 있는 네 개의 설교 예문들을 다루면서 그 의미가 분명해질 것이다.

내러티브 설교를 위한 구상

2부

서문

 어떤 방식으로 설교를 할 것인가는 내러티브 설교를 만들어 가는 데 있어서 처음 단계가 아니다. 오히려 그것은 그 중요성에서나, 설교 준비 과정에 있어서 중심에 위치하는 것이다. 그러므로 설교를 만들어가는 과정에서 중심적인 과제, 즉 설교 방식을 제대로 선택하기 위해서는 그 과제에 직접 연관되는 단계들을 우선 살펴보아야 한다.

 설교자들은 인용할 성경본문 중에서 효과적이고 익숙한 표현을 찾아내는 것으로 설교 준비를 시작한다. 그렇지 않으면 설교가 유기적으로 구성되기 어렵기 때문이다. 이러한 '효과적이고 익숙한 표현' 안에는 지식과 신비로움, 이해하고 있는 것과 피동적으로 이해된 것, 성경을 활용하는 태도와 끌려가는 태도 등이 기묘하게 얽혀 있다. 여기서 '그것은 …이다' 라고 말하는 것보다 '그것은 …가 아니다' 라고 말하는 것이 더 쉬운 데도 불구하고, 대부분의 설교자들은 막상 상황이 닥쳐야 그것을 알게 된다.

설교를 준비하는 과정에는 수많은 장애물들이 도사리고 있다. 그 중 몇몇은 쉽게 그 정체를 파악할 수 있다. 설교 과정에서 극복되어야 할 장애물을 헤쳐 나가는 과정에서 설교자들은 준비 과정의 목적에 직접적으로 부합되는 단서들, 즉 '그것은 …이다' 라는 식의 것들을 찾아내느라, 그 시작을 더 어렵게 만든다.

설교를 준비하면서 제일 먼저 해야 할 일은 성경에 귀를 귀울이는 것이다. 그러므로 중요한 것은, 미리 그 대답을 마련하고 있는 전문가들에게 의지해서 우리가 미처 던지지도 않은 질문에 대해 아는 척하지 않는 태도이다. 나는 수많은 설교자들, 특히 성구를 맹목적으로 암송하는 사람들일수록 지나치게 성급하게, 한 번 읽은 성경본문을 간단하고 쉽게 설교에 활용할 수 있는 주석으로 정리하는 것을 보아 왔다. 여기서 내가 성경해석의 가치에 대해서 따지려는 것이 아님을 이해해 주기 바란다. 사실 성경의 이해를 돕는 해석이 없다면, 성경은 그저 읽을거리가 되고 말며, 성경적인 설교가 되어야 할 것이 그저 원론적인 설교를 교묘하게 변형시켜 놓은 것에 지나지 않을 것이다. 그것이 필요할 때와 장소가 있다. 하지만 지금은 아니다.

우리가 가장 먼저 해야 할 일은 성경에 귀를 기울이는 일인 까닭에, 우리 스스로 성경에 대해 열린 태도를 갖는 것이 중요하다. 설교를 계획하는 것은 훌륭한 일인 동시에, 어느샌가 다가오는 주일을 준비하기 위해서는 불가피한 일이기도 하다. 하지만 설교 준비 과정 초기에 우리가 할 일은 설교를 준비하려는 의도를 잠시 옆으로 밀어놓고 우리가 미처 의도하지 못했던 놀라운 일을 발견할 자세를 갖추는 것이다. 우리는 벌써 우리 자신의 관심사를 어떻게 성경 속에 밀어넣을까 궁리하면서 어려움을 겪고 있다. 자, 지금부터는 우리뿐만이 아니라 다른 사람의 관심사조차도 제쳐두도록 하자.

대신 나는 성경본문을 큰소리로 반복해서 읽어볼 것을, 그리고 될 수 있는 한 여러 종류의 다양한 번역본들을 읽어볼 것을 권한다. 가능하다면 원어로 된 성경을 읽어보기 바란다. 특별한 도움이 될 것이다. 그것은 해석의 엄밀함을 위해서가 아니라 성경에 좀더 귀를 기울이기 위한 것이다. 이 때 도저히 모르는 단어나 구절이 나와서 당혹케 하는 경우가 아니라면, 단어나 구절 연구는 잠시 미뤄두기 바란다. 지금은 그 성경본문을 전체로 받아들일 때이다. 부분부분 나누어서 상세하게 분석하는 일은 나중에 할 일이다.

아직까지는 스토리라는 차의 운전석에 들어갈 때가 아니다. 지금 우리에게 필요한 것은 성경과 대면하는 것이며, 성경과 대화를 준비하는 것이다. 그렇다면 우리는 말씀이 떨어질 때까지 그저 경건하게 기다려야만 하는 것일까? 나는 그렇지 않다고 생각한다. 우리가 할 수 있는 뭔가가 있다. 그것은 우리로 하여금 운전석에서 나와 있도록 해주며 우리의 가능성에 직면하도록 조언을 해준다. 우리의 문제를 찾아낼 수도 있다.

성경본문 중에서 적절하지 않은 무엇이 있는가? 여기 뭔가 이상한 것은 없는가? '이성이 제기하는 의혹'은 언제나 우리를 불편하게 만든다. 특히 그 대상에 우리 자신이 포함될 때는 더욱 그렇다. 그럼에도 우리가 다루고 있는 것은 거룩한 말씀이다. 따라서 그런 말씀에 대한 응답에는 그 보상이 따른다. 하지만 불확실한 것을 밝힌다는 긍정적인 면에서 '의혹'은 여기서 분명히 도움이 된다. 성경본문 안의, 그 주위의 그리고 그에 관해서 제기되는 골칫거리는 종종 새로운 자세로 성경에 귀를 기울이는 기회가 된다. 주요 핵심성구 워크샵을 진행하면서 나는 자주 참가자들에게 몇 명씩 모여 읽은 구절 중에 이상한 것을 찾아보라고 한다. 그 순간에는 그것이 우리가 쉽게 받아들인 것, 일상적으로 인정되는 사실, 안이하고 희미한 지식을 당연하게 여기고 있는 우리의 타성을 깨기만 하면, 어느 것이나 좋다. 이러한 것들은 우리 삶을 변화시키지 못한다.

때때로 지금 대하는 성경본문의 앞뒤 문맥을 살펴보기 전에는 잘 이해가 되지 않는 '골칫거리'가 나타나는 경우도 있다. 왜냐하면 우리가 읽고 있는 성경본문은 아무것도 없는 상태에서 튀어 나온 것이 아니기 때문이다. 그 부분이 성경 전체에서 그곳에 있는 까닭은 누군가 심사숙고해서 배치한 결과이다.

우리는 성경본문의 이슈, 즉 골칫거리들을 찾고 있다. 그런 골칫거리들을 대하면서 우리는 훌륭한 수사관처럼 그것들에 대한 연구를 시작하게 된다. 이제는 단어 연구나 뛰어난 주석과 서로 상충되거나 의미가 일치되는 구절들을 비교 분석해 놓은 성경 연구서 등 성경 해석에 관한 믿을 만한 모든 자료들을 사용할 차례다. 지금 우리는 생명력과 활력을 주는 발견에 이르는 철로 위에 서 있다. 하지만 그 대답을 구하려고 본문을 살펴보는 것과 문제를 찾아내기 위해서 살펴보는 것에는 차이가 있음을 주목해야 한다. 전자는 우리를 얽매이게 하지만, 후자는 비슷한 해석을 자꾸 찾아보게 함으로써 우리로 하여금 해설자가 아닌 수사관의 위치에 서게 한다. 우리는 하나님과 성경본문에 대해 잘 정돈된 좁은 울타리에 머물기보다는, 먼저 성경에 귀를 기울여야 한다.

이 모든 과정에서 우리는 설교 준비 과정 중 세 가지 주요한 국면에 접어들게 된다. 그 중 첫번째는 다음의 질문에 답하는 것이다. 본문의 초점이 무엇인가?(What is the focus of the text?)

초점이 무엇인지 묻는 질문은 본문에서 중요한 것이 무엇이며, 성경의 관심이 어디에 있는지, 가장 먼저 알려야 하는 사항이 무엇인지를 알고자 하는 요구에서 나온다. 여기서 내러티브의 흐름을 추구하려 한다면, 어쨌든 설교는 시작되겠지만, 불완전하고 서로 상충되며 확실한 내용이 없는 모호한 것이 되고 말 것이다. 지금으로서는 본문의 이슈가 무엇인지 직접적인 형태로 충분히 드러나기보다는 숨겨진 경우가 많다. 그것은 설교자가 초점을 찾아보려면 특정한 성경본문의 앞뒤 문맥을 읽어볼 필요가 있음을 의미한다. 또는 그 말씀을 처음 들었던 사람들의 반응을 상상해 보는 것도 도움이 될 것이다. 주일예배에 참석한 신도들의 반응이 어떨지 떠올려보는 것도 괜찮을 것이다.

나머지 두 가지 주요 국면은 다음의 질문에 대답하는 중에 접하게 된다. 설교에서 가장 중요한 전환(turn)을 어떻게 마련할 것인가? 설교의 기본 의도(aim)는 무엇인가?

이러한 설교 준비 과정의 예비단계에서 이 두 가지 질문에 대답하려는 시도는 섣부른 것일지도 모르지만, 이 예비단계는 두 질문의 목적과 의도하는 바를 짐작하고 그 의미를 파악하는 데 도움이 될 것이다.

내가 이해하고 있는 내러티브의 흐름은 설교의 전환에 관한 질문을 던지게 한다. 어떤 줄거리도 예상했던 것과 똑같이 끝나는 법은 없다. 따라서 독자들이 모든 것을 새롭게 만드는 극적인 반전을 예상하고 있는 것은 자연스러운 것이다. (가령, 퀸시가 처한 곤경과, 예수님이 율법사들의 까다로운 질문을 받는 위기가 한순간에 반전되듯이) 때때로 설교에 이용할 수 있는 결정적인 전환이 성경 스토리 속에 뚜렷이 제시되어 있는 경우도 있다. 탕자는 '제 정신을 찾고'는 집으로 돌아왔다. 하지만 때로는 결정적인 전환이 성경본문 스토리의 흐름에서 명백하게 드러나지 않는 경우도 있다. 이 책 후반부에 실려 있는 설교 중 하나는 중요한 전환이 성경본문의 앞단락에 제시되어 있다. 때로 그러한 전환은 설교자가 성경 이야기에 대한 반응이 어떨지 상상하는 중에 그 모습을 드러내기도 한다.

설교상의 전환을 찾는 데 있어서 가장 중요한 것은, 전환점이 어딘가에 분명히 있다는 것을 주지하는 것이다. 우리는 성경본문을 더 깊이 헤아려보면서 그 전환을 찾아볼 것이다(그 과정에서 알맞은 설교방식이 떠오르기도 할 것이다.). 사실 그러한 전환이 본문 어디에 나와 있는가를 알게 된다면, 설교자는 내러티브 설교의 모델을 자연스럽게 결정할 수 있다.

설교 준비 과정에서 세번째 중요한 과제는 설교의 목적 또는 의도를 결정하는 것이다. 말하자면, 이런 질문을 던지는 것이다. 설교를 마친 후 어떤 결과가 나오기를 바라는가? 설교 내용(message)에 대한 질문과 설교 의도(aim)에 대한 질문은 다르다. 하지만 우리는 설교 준비 과정에서 다소 성급하게 서두르는 탓에, 설교 의도를 한참 나중에나 정하게 된다.

세 가지 주요사항, 즉 설교 준비에 있어서 세 개의 중요한 과제인 초점(focus), 전환(turn), 그리고 의도(aim)는 모든 설교의 기본을 이루는 것이다. 어떤 방식의 내러티브 설교를 선택할 것인가 이전에, 우리는 첫번째 과제인 설교의 초점, 즉 본문의 이슈가 무엇인지에 집중해야 한다.

지각 있는 독자들이라면 내가 강조하고 있는 질문과 용어들이 이런 식의 글을 쓰는 사람들이 잘 쓰지 않는 것들임을 알아챘을 것이다. 사람들은 이런 식으로 설교에 대해 설명하는 책을 보면서 설교자는 설교의 테마를 결정해야 하며, 가능하면 그것을 한 문장으로 요약하는 것까지 해야 한다고 쓰여져 있을 것을 기대한다. 그렇게 하는 것이 설교 준비 과정에서 합리적인 것처럼 보일 수도 있다. 그런데 무슨 이유로 나는 테마 대신에 초점, 전환, 의도를 결정해야 한다고 했을까?

거기에는 여러가지 이유가 있으며, 그렇게 하는 것은 설교 준비 과정에서 부딪치게 되는 더 복잡한 장애물들을 극복하기 위해서이다. 첫번째, 우리는 테마를 한 문장으로 요약하는 작업을 통해서 도달하려고 하는 목적이 무엇인지 확인해 보아야 한다. 나는 설교의 목적을 분명히 하는 것이 테마 문장을 작성하는 목적이라고 생각한다. 사실 나는 수 년 동안 하나님의 창조에 대한 설교를 수없이 들었지만, 대부분은 그 의미에 대해서 갈피를 못잡고 변죽만 울리다 끝나곤 했다. (그 중에는 내 설교도 포함된다.) 종종 설교자는 마감기도를 꽤 길게 해서 자신이 느꼈던 난감함과 신자들이 받은 혼란스러운 느낌을 '정리'하는 경우도 있었다.

설교의 내용을 분명히 하는 것은 물론 중요한 일이다. 문제는 '어떻게 해야 하는가' 이다. 그 방법으로 설교의 테마를 한 문장으로 요약해 보는 것이 좋다고 하지만, 실은 그것이 잠재된 또 다른 문제를 일으키기도 한다.

첫째, 테마 문장은 설교의 내용을 한정시키는 경향이 있다. 설교의 목적이 교훈적인 방향으로만 한정되는 것이다. 사실을 전하고, 그 의미를 분명히 한 다음 현실에 적용시켜 보고 다시 부연하는 식으로 말이다. 그렇게 되면 어떤 설교가 잘된 것인지 그렇지 않은지는 '의미를 잘 전달하는' 인상적인 문장이 있는지의 여부에 따라 결정된다.

사실 설교 준비 과정에서 테마를 빨리 결정하면 할수록 성도들은 그 설교를 무슨 보고서를 듣듯이 묵묵히 앉아 있게 되는 경우가 많아진다. 두번째, 몇몇 예외적인 경우를 제외하면 테마 문장을 미리 작성하는 것은 종종 성도들의 감흥을 차단하는 결과를 가져온다. 이유는 간단하다. 그것은 다음 주의 설교에 대해서 그저 '그 교훈과 해답이 무엇일까' 라는 견지에서만 사고하기 때문이다. 비슷한 내용을 이리저리 변형시켜 봐야 별 소용이 없다. 내 경험에 의하면, 테마 문장을 작성하는 것으로 설교문을 시작하는 학생들은 대부분 테마 문장을 작성하자마자 연역적으로 결론을 내려버리는 경향이 있다. 문제 의식은 줄어들고 핵심은 궁리끝에 조심스레 뽑아낸 '내용' 에 지나지 않게 된다. 물론 항상 그런 것은 아니다. 그런 방법을 사용해서도 훌륭한 효과를 거두는 학생들이 있다. 하지만 대개 그런 학생들은 생각이 아주 기발하며, 해답을 찾아냈다고 해도 다른 가능성에 대해서 여전히 마음의 문을 열어놓는 학생들이다. 대부분의 학생들은 결론을 내린 뒤에 더 심도 있게 생각해 보지 않고 결론을 내렸다는 안도감에 안주하고 만다.

내가 권하는 방식과 다른 사람이 권하는 방식의 주된 차이는 내 방법이 '설교의 결론을 어떻게 내릴까' 가 아니라 '어떻게 질문을 던져야 하며 설교의 의도를 어디에 둘 것인가?' 라는 질문을 통해서 설교의 중요한 목표인 정확한 내용 정리에 도달하려는 데 있다. 따라서 나는 이 책을 읽는 독자들의 관심을 테마가 아니라 초점과 의도를 찾아내는 방향으로 끌어가려고 한다. 하지만 여기에도 또 다른 함정이 도사리고 있다.

내가 보기에 흥미롭게도 설교자들은 그 성향에 있어서 두 가지로 나누어져 있는 듯싶다. 그건 별로 이상한 일이 아니다. 목회자들이 갖춰야 할 자격 가운데 특별히 설교에서 중요한 두 가지가 있다. 하나는 학자로서의 자격이고 다른 하나는 유창한 설교자로서의 자격이다. 안타깝게도 우리 중 대부분은 설교를 잘 못하거나 안하는 학자풍의 목사, 또는 지식을 갖추지 못했거나 갖추려 하지 않는 설교자의 설교를 참고 들어야 했던 경험을 가지고 있다. 그래서 "뭔가 아는 사람들은 제대로 말을 할 줄 모르고, 말을 잘 하는 사람들은 아는 것이 없다" 고 말하는지도 모른다.

설교자는 지식과 언변 둘 다를 갖춰야 한다. 즉 끊임없이 성경을 연구해야 하며 동시에 설교라는 과제를 제대로 해낼 수 있어야 하는 것이다. 하지만 이것만으로는 부족하다. 가장 중요한 것은 설교 준비 과정 전반을 통해서 그 두 가지 모습을 동시에 갖춰야 한다는 점이다. 사실, 성경을 연구해야 할 때와 설교 방식과 형식을 잡아나가야 할 때가 서로 다른 경우도 있다. 하지만 그럴 경우에도 그 두 가지가 완전히 분리되지는 않는다.

설교 준비 과정에서 테마 문장을 써보라고 제안하는 사람들은 성경연구와 설교 형식의 결정 사이에서 꼭 그것을 해야 할 작업으로 여긴다. 그렇게 되면, 전체 과정을 분리해서, 딱하게도 각 과제를 학생들의 하루 시간계획표의 다른 색으로 칠해진 부분인 양 여기게 되는 예기치 못한 결과를 초래하고 만다. 설교 형식의 선택과 유기적으로 연결되어 있어야 할 성경연구가 테마 문장의 작성 때문에 그 범위가 축소되고 마는 결과를 가져오는 것이다. 나는 테마 문장을 작성하는 일이 불필요하며, 심지어는 역효과를 가져오기도 하는 준비 과정의 분리를 초래한다고 생각한다.

내 경우엔 테마 문장을 써야 한다 해도 준비 과정이 거의 끝날 때까지는 그것을 써내지 못한다는 것을 절감할 때가 참으로 많다. 더구나 일단 테마 문장을 작성하고 나면 설교자는 바로 스토리라는 차의 운전석에 들어가서 차를 몰려고 하는 경향이 있다.

그와는 달리, 경험이 많은 소설가나 내러티브에 관계된 예술 장르에 오랫동안 종사한 사람들은 자신이 쓰고 있는 스토리가 어떻게 진행될지, 어떻게 진행되어야 하는지에 대해서 그 작업이 끝날 때까지도 완전히 알지 못한다는 것을 확인하게 되는 경우가 많다. 설교자들 또한 설교 준비 과정 내내 마음을 열어놓음으로써 자신들이 가진 능력을 극대화시켜야 한다. 테마 문장은 열린 마음을 갖는 데 별 도움이 되지 않는다. 자 그렇다면, 본문에서 관건이 되는 사안, 곧 핵심 진술문을 상상력을 발휘하여 활용하는 문제에 대해 집중적으로 고찰해 보자. 그 다음에 설교 전개 과정상의 전환과 설교의 의도에 대해서 살펴보게 될 것이다.

설교 준비는 단순한 시작 이상이다. 성경본문에서 이해가 되지 않는 부분의 연구가 진행된다. 본문의 핵심이 최소한 예비적인 형태로나마 드러나며, 설교자는 중요한 성경 주석을 끌어온다. 설교의 의도가 무엇인지 드러나기 시작한다. 그런 다음 설교 형식과 방법을 살펴보게 되는 것이다.

설교 방식에는 어떤 것들이 있으며, 그 중 어떤 것을 선택해야 할까? 여기서 지금까지 해 왔던 준비 작업을 멈추고서 차를 타고 떠나는 여행처럼 성경본문을 내러티브의 흐름을 따라가는 하나의 스토리라고 생각해 보면 도움이 될 것이다. 설교에서 자동차에 해당되는 스토리와 그 차를 타고 떠나는 여행에 해당되는 내러티브의 양상은 아래에서 볼 수 있듯이 서로 밀접하게 연관되어 있는 동시에 상이하기도 하다. 스토리가 지금 이야기되고 있는 것들의 맥락을 정하는 배경이 될 때가 종종 있다. 그 경우 스토리는 배경 속에 녹아 있어서, 청중들은 자신들을 태우고 가는 차에 대해서 일시적으로 '망각' 하기도 한다. 다시 다른 자동차들이 나타나서 다양한 여행을 가능케 한다. 아래에 제시된 네 가지 설교 형식은 서로 다른 틀과 구성을 보여준다. 그 네 가지는 내용과 형식, 스토리와 그것이 전개되는 방식, 특정한 스토리와 내러티브의 관계가 서로 다른 방식으로 짜여져 있다.

설교를 이끌어가는 네 가지 방식

여기서 우리가 다루게 될 설교의 네 가지 형태는 다음과 같다. 스토리 진행(running the story), 스토리 보류(delaying the story), 스토리 유예(suspending the story), 스토리 전환(alternating the story). 각각의 특징에 대해서 간략히 설명해 보자.

스토리 진행(Running the Story)

이 기법은 성경본문을 내러티브 설교로 형상화하는 데 가장 간단하면서도 기본적인 것이다. 원칙적으로 내러티브 설교는 당일 설교에 해당되는 성경본문의 스토리(비유나 내러티브적 설명 등)를 성경본문 자체가 제시하는 실제 내러티브의 흐름 속에서 구성하는 것이다. 물론 설교자는 성경본문 안에서 특정 부분을 강조할 수 있고, 세련되게 꾸밀 수도 있으며, 상세하게 부연할 수도 있고, 또한 창조적으로 생동감 있게 구성해 볼 수도 있다. 그렇더라도 성경본문의 틀은 곧 그러한 내러티브 설교의 틀이 된다. 그것이 바로 스토리 진행의 의미이다.

스토리 보류(Delaying the Story)

설교중에 본문 제시를 보류해도 될 때가 종종 있다. 본문이 설교의 이슈에 대한 해답을 가진 경우가 그렇다. 때때로 어떤 목사들은 예배에 참석한 신자들의 현재 관심사를 꺼내면서 설교를 시작하기도 한다. 그리고 난 후 그 해결책을 구하기 위해 성경본문으로 관심을 돌린다. 이러한 방식은 본문이 상당히 짧거나 간단한 경우 유용하게 쓰일 수 있다. 또한 본문에 제시된 기사가 너무도 잘 알려진 것이어서 그것이 가진 놀라움과 힘을 제대로 전달할 수 없을 경우, 본문 제시를 보류하고 다른 소재를 가지고 설교를 시작하는 것이 큰 도움이 될 수 있다. 그 소재는 새로운 의미들을 제시함으로써 해당 본문을 새로이 보게

끔 하기도 한다. 그 이유가 무엇이든 본문 제시를 보류하는 방식이 설교의 기법으로 사용될 때, 나는 그러한 설교 방식을 스토리 보류라고 부른다.

스토리 유예(Suspending the Story)

내러티브 설교 기법 중에서 가장 자주 쓰이는 것이 스토리 유예이다. 이것은 성경본문으로 설교를 시작한다는 점에서는 스토리 진행과 같지만 다른 무엇이 스토리 진행상에 돌출할 수 있다는 점에서 구별된다. 대개 성경 이야기의 흐름은 혼란을 불러 일으키기도 한다. 우리가 보기에 예수님은 이해가 되지 않는 말씀을 하실 때가 있다. 아무리 생각해 봐도 그 말씀을 종잡을 수 없을 때가 있다. "왜 그런 말씀을 하셨을까?" 이런 질문은 종종 설교자에 의해 제기되는데 그 해답이 스토리 자체에 포함되어 있기도 하다. 그런 경우 설교는 스토리 진행이라는 설교 방식을 따르고 있는 것으로 보면 된다. 그 '혼란'에 대해서 해결할 수 있는 합의점을 찾을 수 없을 것같이 보이지만 여전히 본문에 제시되어 있는 것 같은 경우, 설교자는 분석적이고, 일반적인 방식으로 성경을 보는 데서 벗어나려고 할 것이다. 내가 유예(suspend)라는 용어를 선택한 것은 이 때문이다. 설교자는 해결책을 찾기 위해 현재의 상황으로 들어가기도 한다. 그 경우 다른 성경본문이 도움이 될 수도 있다. 가령 해당 본문의 앞부분, 이를테면 그 전 장(章)이 해결의 단서가 될 수도 있다. 널리 인정된 성경해석을 참고하는 것도 도움이 될 수 있다.

하지만 해당 본문의 앞뒤 문맥을 살펴보는 것이든 성경 외에 다른 것을 살펴보는 것이든, 스토리 흐름 선상에 있는 해당 본문을 떠나는 기법은 스토리 유예라고 할 수 있다. 설교자가 설교를 마무리짓기 위해서 다시 해당 본문으로 돌아오는 경우를 생각해 보면 이러한 설교 방식이 무엇을 의미하는지 분명해질 것이다. 설교자가 다시 해당 본문으로 돌아오지 않는 경우도 생각해 볼 수 있다. 그런 경우에 우리는 다른 용어를 사용할 것이다. 예를 들어, 한 설교가 두 개의 성경본문을 내용으로 하는 경우, A라는 본문의 스토리를 진행시키다가 그 흐름을 접어두고, B라는 본문으로 들어가서 설교를 마친다면, 그러한 설교 방식은 스토리 보류라고 하는 쪽이 더 타당할 것이다. 이 모든 것은 우리가 실제로 위에서 말한 방식대로 된 설교를 살펴볼 때, 더 분명해질 것이다.

스토리 전환(Alternating the Story)

이 설교 기법에서는 본문 스토리의 흐름이 부분별로, 삽화별로 또는 짤막짤막한 사건별로 나누어지면서 성경에 나오는 스토리가 다른 소재들로 더 풍성해진다. 나는 현재 관심사가 되고 있는 스토리가 그 안에 들어 있는, 성경을 소재로 한 내러티브 설교를 자주 들어보았다. 그런 설교에서 현재의 스토리는 성경 본문과 나란히 진행된다. 설교자는 성경에서 출발해서 다른 사안으로 옮겨가는 일반적인 방식을 변형시킨다. 성경은 성경 외의 설교 소재들 속에 산재되어 있기도 하다. (안타까운 일이기는 하지만 사람들은 대부분 이런 식의 설교에 관해서 궁색한 사례들을 더 많이 기억하고 있다. 설교자가 성경 스토리 중에 어느 부분을 꺼내서 전하고 나서는 그 '교훈'을 일반화시킨 다음, 더 많은 부분을 성경에서 언급하고 다시 일반화시키는 것을 한 번쯤은 들어본 적이 있을 것이다. 나는 이런 궁색한 사례를 들고 싶지는 않다.) 스토리 전환이라는 설교 기법이 제대로 구사된다면, 그것은 아주 매력적인 동시에 강렬한 인상을 주는 내러티브 설교 형식이 될 수 있다. 지금까지 네 가지 내러티브 설교 방식, 즉 스토리 진행, 스토리 보류, 스토리 유예 그리고 스토리 전환에 대해서 살펴보았다. 물론 이보다 많이 분류할 수도 있지만, 내가 알고 또한 경험한 바에 의하면, 내가 들었던 설교들은 어떤 것이든 이 네 가지로 나누어 볼 수 있다.

설교를 연구하는 방법

지금까지 말한 네 개의 설교 형식에 대해서 더 자세하게 말하는 것보다는 우선 실제 설교들을 접해 보고 논의해 보는 것이 더 도움이 되리라 싶다. 이 방법은 실제 설교에서는 우리가 앞에서 정리해 놓은 틀에 들어맞지 않는 부분들이 튀어 나올지도 모른다는 점에서 다소 '어수선하게' 보일 수도 있다.

지금 예배당에서 예배를 드리고 있다고 상상해 보자. 이제 설교 시간이다. 설교자가 설교단에 오르고 있다. 그 설교자는 프레드 크래독 박사(Dr. Fred B. Craddock), 린더 켁 박사(Dr. Leander E. Keck), 데니스 윌리스 목사(Dennis M. Willis), 그리고 필자인 나 중 한 사람이 될 것이다. 상상만으로는 실제로 듣는 것보다 현실감이 느껴지지 않을 것이므로, 이런 제안을 해보고자 한다. 여기에 실린 설교 원고를 소리내어 크게 읽어보라. 속으로 읽는 것은 안된다. 나는 그 안에 쓰여 있는 구절구절이 여러분에게 어떻게 들리는지 느껴보기를 바란다.

설교를 들어본 후에 예배당 옆에 있는 방에 들어가서 설교에 대해 논의한다고 상상해 보자. 나는 독자들에게 내가 이해하고 있는 대로 각 설교자의 설교를 형상화하는 방법에 대해서 논평을 제시하고 각각의 설교 방법론상의 특징을 설명할 것이다.

스토리 진행
(Running the Story)

이제 첫번째 방식의 설교를 읽어보고 논의해 보기로 하자. 여기에 쓰이는 본문을 읽다보면, 그 스토리들이 상당히 복잡하고 길며, 완결성을 갖추고 있음을 알게 될 것이다. 그 결과 설교자는 상황 이해를 위해, 또는 현재 일반적으로 인정된 성경 분석을 제시하기 위해서 성경의 스토리를 넘어서야 할 필요를 별로 느끼지 못한다. 거의 모든 것이 성경의 스토리 안에 통합되어 있다.

본질적으로 성경의 스토리는 바로 온전한 설교가 되고, 설교의 화법이 되며, 따라서 설교자가 성경의 스토리를 제시하고 나서 그것을 설명하거나 다른 자료들을 언급하느라 스토리를 벗어났다가 다시 그 스토리의 진행 흐름으로 들어가야 하는 등의 과정을 거쳐야 하는 설교보다 더 쉽게 합의점을 도출해 낼 수 있다.

이제 지금은 고인(故人)이 된 데니스 윌리스(Dennis M. Willis) 목사의 스토리 진행 방식의 설교를 들어보자.

설교 1   "노아는 의인이요"

데니스 윌리스(Dennis M. Willis)

홍수가 땅에 있을 때에 노아가 육백 세라 노아가 아들들과 아내와 자부들과 함께 홍수를 피하여 방주에 들어갔고 … 하나님이 노아와 그와 함께 방주에 있는 모든 들짐승과 육축을 권념하사 바람으로 땅 위에 불게 하시매 물이 감하였고 … 하나님이 노아에게 말씀하여 가라사대 너는 네 아내와 네 아들들과 네 자부들로 더불어 방주에서 나오고… 하나님이 노아와 그 아들들에게 복을 주시며 그들에게 이르시되 생육하고 번성하여 땅에 충만하라 … 하나님이 노아와 그와 함께한 아들들에게 일러 가라사대 내가 내 언약을 너희와 너희 후손과 너희와 함께한 모든 생물 곧 너희와 함께한 새와 육축과 땅의 모든 생물에게 세우리니 방주에서 나온 모든 것 곧 땅의 모든 짐승에게니라… 하나님이 가라사대 내가 나와 너희와 및 너희와 함께하는 모든 생물 사이에 영세까지 세우는 언약의 증거는 이것이라 내가 내 무지개를 구름 속에 두었나니 이것이 나의 세상과의 언약의 증거니라… 노아가 농업을 시작하여 포도나무를 심었더니 포도주를 마시고 취하여 그 장막 안에서 벌거벗은지라 가나안의 아비 함이 그 아비의 하체를 보고 밖으로 나가서 두 형제에게 고하매 셈과 야벳이 옷을 취하여 자기들의 어깨에 메고 뒷걸음쳐 들어가서 아비의 하체에 덮었으며 그들이 얼굴을 돌이키고 그 아비의 하체를 보지 아니하였더라 노아가 술이 깨어 그 작은 아들이 자기에게 행한 일을 알고 이에 가로되 가나안은 저주를 받아 그 형제의 종들의 종이 되기를 원하노라… 홍수 후에 노아가 삼백 오십 년을 지내었고 향년이 구백오십 세에 죽었더라.

(창 7:6-7; 8:1, 15-16; 9:1, 8-10, 12-13, 20-25, 28-29)

노아는 선한 사람이었습니다. 나는 그것이 여러분에게 무엇을 의미하는지 정확하게 알지 못합니다. 하지만 내 생각을 말씀드리자면, 선한 사람을 만나게 되면 우리의 기대는 높아지고, 이러한 기대감 때문에 그들은 부담감을 느낀다는 것입니다. 노아는 선한 사람이었습니다. 진실로 선한 사람이었습니다. 사실 세상이 모두 자멸의 길로 들어선 것처럼 보일 때, 하나님께서 노아를 잃게 되는 것을 견딜 수 없어하셨다는 것을 보면 그것을 알 수 있을 겁니다. 노아는 선한 사람이었습니다.

방주의 갑판에 서 있는 노아를 떠올려 보십시오. 바람이 불고, 물이 올라오며, 번개가 치고, 구름이 가득한데, 노아는 배가 요동하는 대로 무릎이 흔들리는 것을 느끼면서도 갑판에 발을 붙여놓은 것처럼 서 있습니다. 노아는 가늘게 눈을 뜨고 어슴프레한 어둠을 주시하고 있습니다. 한가닥 희망을 갖고 노아는 손가락이 퉁퉁 부을 때까지 키를 잡고 있습니다. 그것은 모든 소중한 생명을 지키기 위한 것입니다. 갑판 아래에는 가족들이 있으며, 가족들은 노아가 선한 사람인 것을 알고 있습니다. 요동치는 어둠 가운데서 노아의 아내는 아이들을 붙잡고 있습니다. 꽉 붙잡고 있습니다. 그리고 자기 위에 갑판 이상의 존재가 있음을 알고 있습니다. 그 위에는 바로 선한 사람 노아가 있는 것입니다. 노아는 정말로 선한 사람이었습니다. 선한 사람과 악한 사람들 모두에게 불어닥친 폭풍우가 결국 잠잠해지고, 하늘이 맑게 개이고, 물이 빠졌을 때, 방주는 육지에 다다를 수 있었습니다.

이제 선한 사람 노아의 시대가 되었고, 그의 가족은 새로운 삶을 시작하게 되었습니다. 다시 시작하는 것입니다. 노아는 선량한 사람이었습니다. 이미 여러분은 노아의 일생에 있어서 성경이 말하는 그 다음의 중대한 사건을 알고 있을 것입니다. 성경이 홍수 이후의 노아의 삶 중에서 중요하게 언급하고 있는 것은, 그가 술에 취했다는 것입니다. 그는 스스로 어리석게 행동했으며, 그의 아들 함에게 저주를 내렸습니다. 여러분은 술취한 선원을 어떻게 대하겠습니까? 술취한 사람을 어떻게 대하겠습니까? 이른 아침에 술취한 선원을 본다면 어떻게 하겠습니까? 우리는 어떻게 대해야 할까요? 선한 사람을, 악한 사람을, 노아를?

다른 상황에서의 노아를 상상해 봅시다. 노아는 지금 어두운 천막 안에 누워 있습니다. 눈은 감겨 있지만, 잠이 든 것은 아닙니다. 노아는 눈 뜨기를 두려워합니다. 천막 안에 어질러져 있는 것들과, 그것들처럼 추한 자신의 삶의 한 부분을 가리지 못할 만큼 어둡지 않을까봐 두려워하고 있습니다. 바닥에 널려 있는 찢어진 가족사진 같은 자신의 삶을 감추려 하고 있는 것입니다. 천막 한쪽 구석에는 방주의 선장이었던 노아가 받은 기념패가 있습니다. 거기에는 "우리는 당신과 함께라면 어디든지 갈 수 있습니다"라고 씌여 있습니다. 노아는 그것을 감히 쳐다보지도 못합니다. 그는 여전히 눈을 감고서 기도합니다. "오 하나님!" 히브리어에서 번역된 그 기도의 원래 의미는 이런 것이었으리라 생각됩니다. "그런 일이 다시는 일어나지 않게 해 주소서. 제발 사실이 아니기를, 사람들에게 알려지지 않기를 빕니다. 그렇지 않다면, 차라리 저를 죽여주소서. 하나님, 제발!"

천막 안은 무척 어두웠을 테지만, 노아는 아무런 대답도 듣지 못했습니다. 하지만 저 멀리 어디선가 사람들이 일어나 삶을 대면하며, 새로이 시작하는 소리가 노아에게 들려옵니다. 노아는 신음을 토하며, 이제는 눈을 떠야 한다는 것을 알고 있습니다. 일어나서 하루를 맞아야 합니다. 노아는 지금 자신의 모습을 아무에게도 보여줄 수 없습니다. 어디선가 누군가가 즐거운 목소리로 떠드는 것을 듣고 그는 그들을 증오합니다. 어디엔가 삶을 마주하는 것을 꺼려 하지 않는 듯한 사람들이 있음을 알고 그들을 미워합니다. 노아는 눈을 뜨고서 잠시 동안 어둠이 자신의 추하고 어지러워진 마음과 타락을 감춰준 것에 대해서 하나님께 감사의 기도를 드리려고 합니다. 자리에서 일어나 앉기 전 노아는 숨을 깊이 들이마십니다. 그것은 신선한 공기를 호흡하려는 것이 아니라, 고통스러운 뱃속을 진정시키려는 것입니다.

천막 밖에서 나는 소리가 점점 활기를 띠어 갈수록, 노아는 통증보다도 더 큰 두려움을 느낍니다. 그리고 천천히 고통스럽게 의자까지 기어가서는 기도합니다. "오 하나님!" 그의 기도를 이렇게 옮겨 볼 수 있습니다. "저는 이렇게 되는 것을 원치 않았습니다. 상처받기도 원치 않습니다. 멈추기를 원했습니다. 이제 그만 멈추게 해주소서. 이대로 두실 것이라면, 차라리 저를 죽게 해

주소서!" 아마도 밖에서 나는 소리가 너무 커서 하나님의 음성이 천막 안까지 들어오지 못했는지도 모릅니다. 노아는 자신을 지탱하려고 애쓰면서 생각하기 시작했습니다.

노아로서는 기억인지 꿈인지 희망사항인지 분간하기가 어렵습니다. 노아가 확신할 수는 없지만 아마도 지난 밤, 노아는 술이 다 떨어지기 전에 곯아떨어졌을지도 모르겠습니다. 내가 말하고자 하는 것은 언제나 기회는 있다는 것입니다. 하늘에 하나님이 계시다면, 어디엔가 틀림없이 술이 있어야 합니다. 그래서 노아는 자신도 모르게 천막 안을 두리번거렸을 것입니다.

눈에 띄지 않았으면 하는 물건들 사이를 허둥지둥 뒤지고 다니다가, 노아는 한쪽 편에 보관해 둔 포도주 가죽 포대를 발견했을 것입니다. 그것은 언제나 그대로인 것처럼 보입니다. 그 안에 포도주가 얼마나 들어 있는지 짐작하기 어렵습니다. 노아는 하나님을 찾았습니다. "오, 하나님!" 그 기도는 이런 의미였으리라 생각됩니다. "거기 충분한 양이 있게 하소서. 단지 내가 다시 힘을 얻고, 의욕을 가질 수 있을 만큼만 있게 하소서. 주님, 정말이지 저는 취하는 것을 원치 않습니다. 약속할 수 있습니다. 취하지 않겠습니다. 단지 다시 시작할 수 있고, 힘을 얻고, 의욕을 가질 수 있는 양만, 누가 보기 전에, 누군가 알아채기 전에 모든 흔적을 없앨 수 있는 정도의 양만 허락하소서." 그는 이미 포도주 포대 쪽으로 기어가고 있었으며, 하나님의 대답은 듣지 않았습니다. 노아는 포도주 포대를 집어올렸습니다. 다행스럽게도 포대는 비어 있지 않았습니다. 노아는 그 포대를 가까이 대고 흔들어 보기도

하고 고개를 돌리고 외면해 보기도 했습니다. 그러다가 그 차가운 감촉에 상기되었습니다. 마개를 열고, 냄새를 맡아보고는 그 향에 정신을 잃을 지경이었습니다.

개틀린 브라더스(Gatlin Brothers)가 부른 보호소로 가는 술꾼들의 노래가 있습니다. 보호소는 그들을 먹여주고 돌봐줍니다. 무엇이 가장 중요한 것인지 확신하지 못한 채 그들은 거리에 나와 사람들에게 돈을 조금씩 구걸해서 살아갑니다. 자정 무렵에 누군가 한 건 올리면, 그들은 좁은 골목길에 둥글게 모여 모건 데이빗(Mogen David — 포도주 상표 중 하나) 한 병을 들고 마치 주의만찬식이라도 하듯이 한 사람씩 차례로 건네며 마십니다. 취기가 오르면 노래를 합창하기 시작합니다. "오, 어머니! 모건 데이빗은 하늘나라에 올라갔나요? 오, 주여! 제가 알고 싶은 것은 그것뿐입니다. 모건 데이빗은 하늘나라에 들어갈 수 있을까요? 이런이런, 세상에 지옥 가기 바라는 사람이 어디 있을까요?" 이 노래는 바로 "길르앗에는 유향이 있지 아니한가(편집자 주: 예레미야 8:22상 참조할 것)?"라고 물어보는 것입니다.

노아를 위한 유향(진통제의 일종)은 없었습니다. 노아는 포도주 포대를 들 때부터 그것을 너무도 잘 알고 있었습니다. 한 모금도 많을 수 있고, 설령 천 모금을 마셔도 충분하지 않다는 것을 말입니다. 그래서 노아는 오직 그만이 알고 있는 기도를 드립니다. "오, 하나님!" 그 기도는 이렇게 풀이해 볼 수 있습니다. "저를 그냥 내버려 두십시오. 제발 저를 일으키려 하지 마소서. 아직은 안됩니다. 잠시만이라도 내버려두십시오." 노아는 머리카락을 만지작거리면서 포대를 들어 입술에 댑니다. 그리고 그 독을 마십니다.

저는 노아를 별로 좋아하지 않습니다. 아마도 여러분은 제가 노아를, 자기 스스로를 불쌍히 여기는 사람이며, 문제를 일으키는 파탄자라고 생각하고 있음을 알아챘을 것입니다. 그런 까닭에 저는 노아를 그다지 좋아하지 않습니다. 그런데 이후의 노아의 행적은 더욱 견디기 힘든 것입니다. 그 일은 노아의 생애에 있어서 최악이었습니다. 노아에게 그보다 더 나쁜 일은 없었습니다. 노아가 홍수 이후에 육백 년을 더 살았다 하더라도 그보다 더 나쁜 일은 결코 다시 일어나지 않았을 것입니다.

노아는 포도주 포대를 얼굴에 대고, 목구멍에 들이붓다시피 했습니다. 이윽고 날이 밝고, 천막 한 귀퉁이가 젖혀지면서 천막 안은 빛으로 가득 차게 되었습니다. 노아의 타락과 자신에 대한 방기, 혼란스러움을 감춰주었던 모든 그림자는 사라져버렸습니다. 노아를 숨겨주었던 모든 그림자가 없어져버린 것입니다. 그리고 천막 입구에 사람의 그림자가, 바로 그의 아들 함의 그림자가 서 있었습니다. 그 순간 아들의 얼굴을 보는 것은 노아의 일생에서 가장 견디기 힘든 최악의 상황이었을 것입니다. 그 얼굴에는 경멸과 역겨움이 어려 있었습니다. 그 순간 노아가 할 수 있는 일은 아무것도 없었습니다. 그저 노아는 사람이면 누구나 할 법한 일을 저질렀을 뿐입니다. 나는 노아를 좋아하지 않습니다. 그것은 노아가 저지른 일 때문만은 아닙니다. 누구라도 그랬을 테니까요. 노아로서는 그렇게 하는 수밖에 없었습니다. "너를 저주한다,

함! 이런 모습으로 있는 나를 보다니. 너를 저주한다. 너는 내가 지금 어떤 모습인지 모두 알고 있구나. 너를 저주한다, 함!"

함은 이 이야기에서 유일한 영웅이라고 할 수 있습니다. 노아는 위안과 진통제를 찾았지만, 함은 저주를 감수하는 데 타고난 사람이었습니다. 하지만 함은 떠났습니다. 자신에게 내려진 저주를 감수하고 먼 나라에 가서 살았습니다. 저는 함이 잘했다고 생각합니다. 그가 할 수 있는 일은 그저 그곳에 머물면서 아버지의 죽음을 지켜보는 것이었을 테니까요. 그 먼 나라는 각자 자기 집에서 받은 저주를 떠안고 온 영웅들로 가득 차 있었습니다. 노아는 다시 하나님을 찾았습니다. "오, 하나님!" 그 부르짖음은 이렇게 풀이될 수 있을 것입니다. "어째서 이런 일이 일어났습니까? 어떻게 이런 일이 저에게 닥칠 수 있는 겁니까? 왜 제 아이를 뒤쫓아가지 못하는 겁니까? 왜 이 일을 제가 해결할 수 없는 겁니까?"

"주님, 혹시 제가 너무 일찍 제 인생의 정점에 도달했던 것은 아닙니까? 방주에서 보냈던 날들, 제가 선량했던 날들을 생각해봅니다. 제가 착하지 않았나요? 주님, 저는 그 때 착했습니다. 하지만 이제 저는 더 이상 방주 안에 있지 않습니다. 주님, 한때 선장이었다는 것이 얼마나 멍에가 되는지 이해하지 못하신다면, 사람들이 나를 '선장님'이라고 부를 때마다 제가 얼마나 수치스러워하는지 이해하지 못하신다면, 당신께서는 제가 지금 얼마나 망가져 있는지 결코 이해하실 수 없을 겁니다."

다른 가족들은 함을 따르지 않았습니다. 여러분도 그들이 어떻게 했는지 알고 계실 것입니다. 당연히 아실 것입니다. 나는 그 가족들도 노아와 같은 병에 걸려 있었다는 것을 우리가 알아야 한다고 생각합니다. 그들 역시 자기 부정에 사로잡혀 있었으며, 그 외에는 아무것도 하지 못했습니다. 그들이 한 행동은 … 그들은 자신들의 모습을 응시하려고조차 하지 않았습니다. 하지만 노아는 분명히 그들을 칭찬했습니다. 노아는 분명히 그들에게 좋은 것들을 모두 말해 주었습니다 … 노아는 그들에게 복을 빌어주었습니다. 그들은 자신들의 추한 모습을 응시하려고조차 하지 않았습니다. 뒷걸음질쳐 천막 안으로 들어가 그것을 덮어버렸습니다.

    노아는 무엇을 했습니까? 나는 지금 그 이야기 속으로 들어가려 합니다. 하지만 여러분은 그 후에 무슨 일이 일어났는지 기록되어 있지 않다는 것을 알고 계실 것입니다. 우리는 무슨 일이 일어났는지 알지 못합니다. 우리는 노아가 결국 어떻게 되었는지 알지 못합니다. 정말 무슨 일이 일어났는지 모릅니다. 하지만 우리는 알고 있습니다. 무슨 일이 일어날 수 있었는지를 말입니다. 아마도 노아는 병들었을 것이며, 자신의 고통과 무너져가는 모습에 지쳤을 것입니다. 아마도 그 때문에 노아는 부두로 내려가 방주를 바라보지도 못했을 것입니다. 또는 예전 일을 망각해 버렸을 수도 있습니다. 아마도 노아는 모든 것이 옛날 같지 않음을 깨달았을 겁니다. 이전에는 하나님과 자신의 관계가 불가분의 관계였지만 지금은 그렇지 않다는 것을. 단순한 두 단어가 아니라 기도로 하나님과 대화를 할 수 있던 때가 있었습니다. 노아는 하나님과 자신이 나누었던 기도를 떠올렸을지도 모릅니다. 어느 날 아침 그 순간을 떠올리면서 하늘을 쳐다보다가 무지개를 보고서는 무지개가 언약의 증거임을 기억했을지도 모릅니다. 노아는 자신이 무지개를 보았을 때 어떤 감정을 느꼈는지를 떠올려보려고 기억 속을 더듬어보았을 것입니다. 자신이 무엇을 기억해야 하는지 말입니다. 그렇다면 무지개가 노아에 대한 증거가 아님을 깨달았을 것입니다. 무지개는 하나님에 대한 증거인 것입니다. 하나님은 온갖 빛깔로 화려하고 아름다운 무지개를 통해 사람들을 내려보셨고, 사람들이 파멸을 위해 창조된 것이 아님을 기억하셨을 것입니다. 노아가 그것을 기억해 낼 수만 있었다면.

노아가 단지 그것만 기억했다면 … 노아의 기억이 거기까지 미칠 수만 있었다면, 아마도 노아는 자신이 술 앞에서 무기력한 존재이며, 통제 불가능한 존재임을 깨달을 수 있었을 것입니다. 아아 다행스럽게도 노아가 그것을 기억할 수만 있었다면. 거기까지 기억할 수만 있었다면. 단지 한순간을 참을 수 있었더라면, 노아는 자기 자신보다 훨씬 더 큰 힘이 자신을 맑은 정신으로 회복시켜 줄 수 있음을 믿게 되었을 것입니다. 만일 그것을 기억해 낼 수만 있었더라면, 남은 삶 동안 술에 의지하는 일은 다시 없었을 것입니다. 술에 의지했던 것은 오직 그 날 하루로 충분했을 것입니다. 노아가 거기까지 기억할 수만 있었다면, 노아는 자신의 의지와 삶을, 무지개를 통해 모든 생명을 밝고 아름답게 보시는 하나님의 보호 아래 온전히 맡길 수 있었을 것입니다. 인간을 너무나 사랑하신 나머지 거룩한 몸을 우리 누구나 먹고 마실 수 있는 빵과 포도주로 변화시킨 하나님의 손길 아래 머물기로 했을 것입니다.

이 설교는 스토리 진행이라는 설교 방식의 좋은 사례이다. 성경본문의 도입부가 설교의 도입부가 되고 있다. 설교자는 몇 번인가 과거를 돌아보는 '회상의 순간'을 갖지만, 그럼에도 불구하고 그것들은 현재 진행되는 과정 속에 있다. 윌리스 목사가 스토리를 벗어나 본 것은 아주 간단하게 동시대인을 위한 설명을 할 때뿐이다.

윌리스 목사가 이 설교에서 사용한 다양한 기법을 보다 온전히 이해하기 위해서, 우리는 순서에 따라 설교를 논평하면서 좀 더 자세하게 살펴볼 것이다. 이러한 작업을 통해서 나는 윌리스 목사의 설교 방식과 이야기했던 것 중 일부분을 명명해서 정리해 보려고 한다. 이러한 설교 순서에 따른 분석은 우리가 성경연구 중에 많이 읽어본 성경해석과 그 형태에서 유사할 것이다. 우리는 이런 분석이나 논평을 설교의 석의(homiletical exegesis)라고 부를 수 있을 것이다. 그러한 작업을 하고 난 후에, 논평 중에 나타난 내러티브적인 특징을 요약해서 제시할 작정이다.

설교 순서에 따른 분석

노아는 선한 사람이었습니다. 나는 그것이 여러분에게 무엇을 의미하는지 정확하게 알지 못합니다. 하지만 내 생각을 말씀드리자면, 선한 사람을 만나게 되면 우리의 기대는 높아지고, 이러한 기대감 때문에 부담감을 느낀다는 것입니다. 노아는 선한 사람이었습니다. 진실로 선한 사람이었습니다. 사실 세상이 모두 자멸의 길로 들어선 것처럼 보일 때, 하나님께서 노아를 잃게 되는 것을 견딜 수 없어하셨다는 것을 보면 그것을 알 수 있을 겁니다. 노아는 선한 사람이었습니다.

설교는 스토리로 시작하고 있다. 첫 문장을 보면 어떤 선험적(先驗的)인 결론을 내릴 것 같지만 사실 그것은 성경에서 노아가 술에 취한 기사를 읽어본 사람에게 혼란스러움을 던져주고 있다. 성경에서 노아의 그러한 행적을 읽어본 후에도 설교자는 노아를 선한 사람이라고 할 수 있는가? 그리고 나서 설교자는 선한 사람이 다른 사람의 기대로 인해 갖게 되는 부담감을 다음 문장에서 말하면서도 여전히 노아는 선한 사람이라고 주장하고 있다. 하나님께서도 노아의 선함을 인정하셨다는 것을 언급하면서 말이다. 이렇게 보면, 도입부의 모호함은 성경본문에 대한 기술(記述) 중에 병치되어 있는 '선함'과 '부담감'이 뭐라 말할 수는 없지만 어떤 방식으로든 연결되었기 때문에 생긴 것으로 볼 수 있다.

방주의 갑판에 서 있는 노아를 떠올려 보십시오. 바람이 불고, 물이 올라오며, 번개가 치고, 구름이 가득한데, 노아는 배가 요동하는 대로 무릎이 흔들리는 것을 느끼면서도 갑판에 발을 붙여놓은 것처럼 서 있습니다. 노아는 가늘게 눈을 뜨고 어슴프레한 어둠을 주시하고 있습니다. 한가닥 희망을 갖고 노아는 손가락이 통통 부을 때까지 키를 잡고 있습니다. 그것은 모든 소중한 생명을 지키기 위한 것입니다. 갑판 아래에는 가족들이 있으며, 가족들은 노아가 선한 사람인 것을 알고 있습니다. 요동치는 어둠 가운데서 노아의 아내는 아이들을 붙잡고 있습니다. 꽉 붙잡고 있습니다. 그리고 자기 위에 갑판 이상의 존재가 있음을 알고 있습니다. 그 위에는 바로 선한 사람 노아가 있는 것입니다. 노아는 정말로 선한 사람이었습니다. 선한 사람과 악한 사람들 모두에게 불어닥친 폭풍우가 결국 잠잠해지고, 하늘이 맑게 개이고, 물이 빠졌을 때, 방주는 육지에 다다를 수 있었습니다.

윌리스 목사는 논리적으로 설득시키는 것이 아니라 단순히 손으로 만질 수 있을 것 같은 구체적인 장면 속으로 우리를 인도해서 경험을 환기시킨다는 점을 주목해야 한다. 위의 단락에서 윌리스 목사는 노아 자신의 진술에서 그의 가족에 대한 기록에 이르기까지 노아의 인간적 면모를 묘사해 가면서 갈등을 고조시킨다. 지금까지 청중들은 설교자, 하나님, 노아의 가족 등 몇몇 인물들의 목소리를 들어왔다. 폭풍우가 끝났다는 설교자의 예감에 스토리의 긴장은 약간 풀리는 감이 있지만, 전체적으로 보면 그렇지 않다.

이제 선한 사람 노아의 시대가 되었고, 그의 가족은 새로운 삶을 시작하게 되었습니다. 다시 시작하는 것입니다. 노아는 선량한 사람이었습니다. 이미 여러분은 노아의 일생에 있어서 성경이 말하는 그 다음의 중대한 사건을 알고 있을 것입니다. 성경이 홍수 이후의 노아의 삶 중에서 중요하게 언급하고 있는 것은, 그가 술에 취했다는 것입니다. 그는 스스로 어리석게 행동했으며, 그의 아들 함에게 저주를 내렸습니다. 여러분은 술취한 선원을 어떻게 대하겠습니까? 술취한 사람을 어떻게 대하겠습니까? 이른 아침에 술취한 선원을 본다면 어떻게 하겠습니까? 우리는 어떻게 대해야 할까요? 선한 사람을, 악한 사람을, 노아를?

현명하게도 설교자는, 폭풍우가 끝나서 위험이 없어지고 가족들이 안전해졌다고 여긴 다음에야 사람들이 다른 식의 갈등을 받아들일 준비가 되어 있음을 알고 있었다. 그런 까닭에 '다시 시작' 해야 할 때가 된 것이다. 그리고 나서 설교자는 노아가 술에 취했다는 이야기를 바로 꺼낸다. 긴장은 더욱 심화되어 윌리스 목사는 스토리의 사실성을 관망하면서 한 쪽 발은 스토리 안에 넣고, 다른 한 쪽은 빼둔 채 설교를 끌고 나갈 정도가 된다. 가령 다음과 같은 구절들을 보자. "성경이 중요하게 언급하고 있는"이라는 구절과 "여러분은 … 어떻게 대하겠습니까?"라는 구절은 바라볼 것을 요구하는 반면, "그가 술에 취했다…"는 구절과 "함에게 저주를 내렸습니다"라는 구절은 우리를 그 이야기 안에 서 있게 만드는 것이다.

설교자는 이야기 밖으로 지나치게 오래 빠져나가 있으면 안 된다는 것을 알고, '노아'라는 호칭을 적절하게 사용해서 다시금 청중을 이야기 속으로 온전히 인도한다.

다른 상황에서의 노아를 상상해 봅시다. 노아는 지금 어두운 천막 안에 누워 있습니다. 눈은 감겨 있지만, 잠이 든 것은 아닙니다. 노아는 눈 뜨기를 두려워합니다. 천막 안에 어질러져 있는 것들과, 그것들처럼 추한 자신의 삶의 한 부분을 가리지 못할 만큼 어둡지 않을까봐 두려워하고 있습니다. 바닥에 널려 있는 찢어진 가족사진 같은 자신의 삶을 감추려 하고 있는 것입니다. 천막 한 쪽 구석에는 방주의 선장이었던 노아가 받은 기념패가 있습니다. 거기에는 "우리는 당신과 함께라면 어디든지 갈 수 있습니다"라고 쓰여 있습니다. 노아는 그것을 감히 쳐다보지도 못합니다. 그는 여전히 눈을 감고서 기도합니다. "오, 하나님!" 히브리어에서 번역된 이 기도의 원래 의미는 이런 것이었으리라 생각됩니다. "그런 일이 다시는 일어나지 않게 해주소서. 제발 사실이 아니기를, 사람들에게 알려지지 않기를 빕니다. 그렇지 않다면, 차라리 저를 죽여주소서. 하나님, 제발!"

우리는 그 천막 안에서 우리 자신을 본다(노아와 설교자도 함께). 이제 윌리스 목사가 표현을 심화시키고 이야기를 점점 더 복잡한 양상으로 끌어나가는 데 감각적인 세부 묘사를 어떻게 활용하는지 눈여겨보자. 윌리스 목사는 스토리가 가진 비유적 능력(parabolic capacity)을 잘 알고 있는데, "추한 자신의 삶의 한 부분"을 "천막 바닥"에 어질러져 있는 것으로 표현하는 것은 그런 까닭이다. 윌리스 목사는 청중들이 그러한 연결을 이해하리라는 것을 알고 있으면서도, 의미를 분명히 하기 위해서 상징들을 집요하게 사용하고 있다. 그 결과 설교자 자신이나 우리들은 스토리의 흐름에서 멀어지지 않고서도 설교가 의도하는 성과를 얻어낼 수 있다.

설교 본문 중에 노아가 받은 기념패는 여기서 두 가지 중요한 의도로 사용되고 있다. 첫번째로, 그 기념패는 우리에게 노아가 선한 성품을 가지고 있음을 상기시키고 있다. 물론 그것은 술취한 장면에는 없는 것일 수도 있다. 경험이 부족한 설교자라면 그 경우, 노아가 하나님이 택하신 사람이고 지금은 비록 술에 취해 있지만 여전히 선한 사람이라는 등의 이야기를 직접적으로 했을 것이다. 그렇게 하는 대신에 윌리스 목사는 우리에게 노아가 받은 기념패를 보여주며, 우리를 스토리의 진행 속에 계속 참여시킨다. 두번째로 이런 식의 세부 묘사를 효과적으로 사용함으로써 내러티브의 특징인 긴장감의 상승을 지속적으로 유지하는 것이다. 청중들이 노아는 이제 선한 사람이 아니라고 결론을 내린다면, 그러한 긴장감은 떨어지고 말 것이다. 노아의 기념패는 설교의 긴장감을 상승시키는 역할을 하고 있다.

천막 안은 무척 어두웠을 테지만, 노아는 아무런 대답도 듣지 못했습니다. 하지만 저 멀리 어디선가 사람들이 일어나 삶을 대면하며, 새로이 시작하는 소리가 노아에게 들려옵니다. 노아는 신음을 토하며, 이제는 눈을 떠야 한다는 것을 알고 있습니다. 일어나서 하루를 맞아야 합니다. 노아는 지금 자신의 모습을 아무에게도 보여줄 수 없습니다. 그는 어디선가 누군가가 즐거운 목소리로 떠드는 것을 듣고 그는 그들을 증오합니다. 또 어디엔가 삶을 마주하는 것을 꺼려 하지 않는 듯한 사람들이 있음을 알고 그들을 미워합니다. 노아는 눈을 뜨고서 잠시 동안 어둠이 자신의 추하고 어지러워진 마음과 타락을 감춰준 것에 대해서 하나님께 감사의 기도를 드리려고 합니다. 자리에서 일어나 앉기 전 노아는 숨을 깊이 들이마십니다. 그것은 신선한 공기를 호흡하려는 것이 아니라, 고통스러운 뱃속을 진정시키려는 것입니다.

위와 같이 외부세계와 다른 사람들, 또 노아가 처한 상황을 더욱 악화시키는 사람들에 대한 직접적인 언급은 설교의 줄거리를 풍부하게 해준다. 설교자는 현명하게도 청중들이 노아로부터 너무 거리를 두게 되면, 바로 도덕적인 교훈이나 성급한 결론에 이르게 된다는 것을 잘 알고 있다. 그러한 것을 방지하기 위한 효과적인 방법은 청중들이 노아가 느끼는 대로 세상을 느껴보면서 노아의 눈으로 세상을 보게 하는 것이다. 그 결과가 감정이입이다. 우리는 노아가 "숨을 깊이 들이마십니다"라는 '긍정적인' 느낌을 주는 말에 안심이 되었다가, 그 이유를 알고 나서 충격을 받는다. 우리는 여기서 청중들이 균형감각을 잃고 있지만 그렇다고 혼란스러워하지는 않는다는 점에 주목해야 한다. 그렇기에 설교자는 하나님이 노아의 기도에 응답하지 않았

는지, 응답을 했는데도 들리지 않았던 것인지를 청중들 스스로
가 판단하게 하고 있다.

천막 밖에서 나는 소리가 점점 활기를 띠어 갈수록, 노아는 통증보
다도 더 큰 두려움을 느낍니다. 그리고 천천히 고통스럽게 의자까
지 기어가서는 기도합니다. "오, 하나님!" 그의 기도를 이렇게 옮
겨 볼 수 있습니다. "저는 이렇게 되는 것을 원치 않았습니다. 상처
받기도 원치 않습니다. 멈추기를 원했습니다. 이제 그만 멈추게 해
주소서. 이대로 두실 것이라면, 차라리 저를 죽게 해주소서." 아마
도 밖에서 나는 소리가 너무 커서 하나님의 음성이 천막 안까지 들
어오지 못했는지도 모릅니다. 노아는 자신을 지탱하려고 애쓰면서
생각하기 시작했습니다.
노아로서는 기억인지 꿈인지 희망사항인지 분간하기가 어렵습니
다. 노아가 확신할 수는 없지만 아마도 지난 밤, 노아는 술이 다 떨
어지기 전에 곯아떨어졌을지도 모르겠습니다. 내가 말하고자 하는
것은 언제나 기회는 있다는 것입니다. 하늘에 하나님이 계시다면,
어디엔가 틀림없이 술이 있어야 합니다. 그래서 노아는 자신도 모
르게 천막 안을 두리번거렸을 것입니다.

청중들은 점점 더 깊이 노아의 의식 내면으로 끌려들어간다.
노아가 자신의 의도와 현실간의 불일치에 대해서 한탄하고 있
을 때도 그렇다. 윌리스 목사가 우리에게 그렇다고 말하는 것이
아니라, 노아가 직접 말하게 하고 있다. 이러한 비극적인 딜레
마는 더 이상 과거가 아니며, 지난 밤의 술자리 같은 것이 아니

다. 그것은 이제 현재시제이며, 우리는 노아의 내부세계에서 벌어지고 있는 격렬한 싸움에 대한 새롭고 자세한 내막을 듣는다. 그것은 반복 표현을 창조적으로 구사하는 윌리스 목사의 탁월한 "오, 하나님!" 같은 구절에서 확인해 볼 수 있다. 여기서 윌리스 목사가 내러티브적인 해설을 들여온다는 것을 청중들에게 어떤 식으로 알려주는지 주목할 필요가 있다. 윌리스 목사는 그 기도가 '실제로, 정말로 이런 내용이다'라고 말하지 않는다. "이렇게 옮겨 볼 수 있습니다. 내 생각에는 이렇습니다"라는 표현을 써서 암시를 하는 것이다.

눈에 띄지 않았으면 하는 물건들 사이를 허둥지둥 뒤지고 다니다가, 노아는 한쪽 편에 보관해 둔 포도주 가죽 포대를 발견했을 것입니다. 그것은 언제나 그대로인 것처럼 보입니다. 그 안에 포도주가 얼마나 들어 있는지 짐작하기 어렵습니다. 노아는 하나님을 찾았습니다. "오, 하나님!" 그 기도는 이런 의미였으리라 생각됩니다. "거기 충분한 양이 있게 하소서. 단지 내가 다시 힘을 얻고, 의욕을 가질 수 있을 만큼만 있게 하소서. 주님, 정말이지 저는 취하는 것을 원치 않습니다. 약속할 수 있습니다. 취하지 않겠습니다. 단지 다시 시작할 수 있고, 힘을 얻고, 의욕을 가질 수 있는 양만, 누가 보기 전에, 누군가 알아채기 전에 모든 흔적을 없앨 수 있는 정도의 양만 허락하소서." 하지만 그는 이미 포도주 포대 쪽으로 기어가고 있었으며, 하나님의 대답은 듣지 않았습니다. 노아는 포도주 포대를 집어올렸습니다. 다행스럽게도 포대는 비어 있지 않았습니다. 노아는 그 포대를 가까이 대고 흔들어 보기도 하고 고개를 돌리고 외면해 보기도 했습니다. 그러다가 그 차가운 감촉에 상기되었습니다. 마개를 열고, 냄새를 맡아보고는 그 향에 정신을 잃을 지경이었습니다.

윌리스는 선한 동기와 악한 행동 사이에서 우리를 계속 긴장하고 갈등하게 만들어서 궁지에 몰아넣는다. 경험이 부족한 설교자 같으면 악한 행위는 반드시 악한 동기의 반영이라고 결론을 내릴 테고, 그러면 설교는 곧 활기를 잃게 되고 교훈만을 전달하는 것이 될 것이다. 이 설교의 내러티브적 연결이 가지는 힘은 특별히 "그 차가운 감촉에 상기되었습니다"와 같은 구절에서 잘 드러난다. 이 구절에서처럼 어떤 단어들이 우리가 예상하고 있는 것과 달리 실제로는 그 정반대의 의미를 전달하게 되는 경우를 산문으로 설명해 내려면 얼마나 긴 문장이 필요할지 생각해 보라. 윌리스는 단지 네 단어만으로도 훌륭하게 표현해 내고 있다.

개틀린 브라더스(Gatlin Brothers)가 부른 보호소로 가는 술꾼들의 노래가 있습니다. 보호소는 그들을 먹여주고 돌봐줍니다. 무엇이 가장 중요한 것인지 확신하지 못한 채 그들은 거리에 나와 사람들에게 돈을 조금씩 구걸해서 살아갑니다. 자정 무렵에 누군가 실적을 올리면, 그들은 좁은 골목길에 둥글게 모여 모건 데이빗(Mogen David — 포도주 상표 중 하나) 한 병을 들고 마치 주의만찬이라도 하듯이 차례로 건네며 마십니다. 취기가 오르면 노래를 합창하기 시작합니다. "오, 어머니! 모건 데이빗은 하늘나라에 올라갔나요? 오, 주여! 제가 알고 싶은 것은 그것뿐입니다. 모건 데이빗은 하늘나라에 들어갈 수 있을까요? 이런이런, 세상에 지옥 가기 바라는 사람이 어디 있을까요?" 이 노래는 바로 "길르앗에는 유향이(진통제) 있지 아니한가?"라고 물어보는 것입니다.

위 단락은 유일하게 윌리스 목사가 스토리를 벗어난(또는 스토리를 조망하지 않는) 부분이다. 나는 윌리스 목사가 이 부분을 넣을지 말지를 두고 얼마나 오랫동안 고심했을지 이해할 수 있다.

위 단락은 내러티브의 진행을 중단시키고 있다. 하지만 그것은 전적으로 필요에 따른 것이었다(위 단락의 마지막 문장이 다음 단락과 어떻게 직접적으로 연결되는지 눈여겨 볼 필요가 있다.). 이러한 시도는 성과를 거두고 있다. 윌리스 목사는 설교의 결론을 앞당겨 살짝 보여주고자 했던 것이다(이처럼 복선은 외관상 무관하게 보이거나 그냥 지나치게 되지만 나중에 이야기가 진행되는 힘에 따라 정리될 내용이나 구절을 미리 끌어오는 기술을 의미한다.).

노아를 위한 진통제는 없었습니다. 노아는 포도주 포대를 들 때부터 그것을 너무도 잘 알고 있었습니다. 한 모금도 많을 수 있고, 설령 천 모금을 마셔도 충분하지 않다는 것을 말입니다. 그래서 노아는 오직 그만이 알고 있는 기도를 드립니다. "오, 하나님!" 그 기도는 이렇게 풀이해 볼 수 있습니다. "저를 그냥 내버려 두십시오. 제발 저를 일으키려 하지 마소서. 아직은 안됩니다. 잠시만이라도 내 버려 두십시오." 노아는 머리카락을 만지작거리면서 포대를 들어 입술에 댑니다. 그리고 그 독을 마십니다.

저는 노아를 별로 좋아하지 않습니다. 아마도 여러분은 제가 노아를, 자기 스스로를 불쌍히 여기는 사람이며, 문제를 일으키는 파탄자라고 생각하고 있음을 알아챘을 것입니다. 그런 까닭에 저는 노아를 그다지 좋아하지 않습니다. 그런데 이후의 노아의 행적은 더욱 견디기 힘든 것입니다. 그 일은 노아의 생애에 있어서 최악이었습니다. 노아에게 그보다 더 나쁜 일은 없었습니다. 노아가 홍수 이후에 육백 년을 더 살았다 하더라도 그보다 더 나쁜 일은 결코 다시 일어나지 않았을 것입니다.

우리는 이미 위 단락 전에 나온 예화가 노아에 관한 내러티브의 흐름을 중단시켰다는 것을 주지하고 있다(또한 그 예화의 효과에 대해서도 잘 판단이 서지 않았을 것이다.) 일단 그 예화를 집어넣은 것을 긍정적으로 보기로 했다면, 여기서 우리가 가장 주목해야 할 것은, 설교자가 그것을 어디에 집어넣었는가 하는 것이다. 보통의 설교자라면 그러한 예화를 '동작을 그친 동안'에 집어넣었을 것이며, 그렇게 하는 것이 덜 거슬릴 것이라고 여길 것이다. 실제로는 그 정반대가 옳다. 사람들은 '동작을 그친 동안'에 내러티브의 진행으로부터 떠나게 되면, 다시 내러티브의 흐름으로 돌아오려 하지 않는다. 윌리스는, 노아가 술을 마시기 바로 직전에 내러티브를 중지시키고 있다는 점을 눈여겨봐야

스토리
진행

한다. 그 동작의 진행을 잠시 보류시켜 놓음으로써 설교자는, 청중들이 내러티브의 흐름에 복귀할 수 있는 가능성을 높이는 것이다. 간단히 말해서 이러한 복선은 분명히 일단락된 부분에서가 아니라 다소 모호한 부분에서 삽입되어야 한다는 것이다.

여기서 설교자가 "나는 노아를 좋아하지 않습니다"라고 말하는 것은 설교자가 지금까지 노아에게 공감해 왔다는 점을 감안해 보면, 분명히 역설적이다.

노아는 포도주 포대를 얼굴에 대고, 목구멍에 들이붓다시피 했습니다. 이윽고 날이 밝고, 천막 한 귀퉁이가 젖혀지면서 천막 안은 빛으로 가득 차게 되었습니다. 노아의 타락과 자신에 대한 방기, 혼란스러움을 감춰주었던 모든 그림자는 사라져버렸습니다. 노아를 숨겨주었던 모든 그림자가 없어져버린 것입니다. 그리고 천막 입구에 사람의 그림자가, 바로 그의 아들 함의 그림자가 서 있었습니다. 그 순간 아들의 얼굴을 보는 것은 노아의 일생에서 가장 견디기 힘든 최악의 상황이었을 것입니다. 그 얼굴에는 경멸과 역겨움이 어려 있었습니다. 그 순간 노아가 할 수 있는 일은 아무것도 없었습니다. 그저 노아는 사람이면 누구나 할 법한 일을 저질렀을 뿐입니다. 나는 노아를 좋아하지 않습니다. 그것은 노아가 저지른 일 때문만은 아닙니다. 누구라도 그랬을 테니까요. 노아로서는 그렇게 하는 수밖에 없었습니다. "너를 저주한다, 함! 이런 모습으로 있는 나를 보다니. 너를 저주한다. 너는 내가 지금 어떤 모습인지 모두 알고 있구나. 너를 저주한다, 함!"

윌리스는 은유적 표현을 통해서 겉으로 드러난 노아의 행동과 내면의 진실을 동시에 설득력 있게, 그리고 집요하게 포착해 내고 있다. 최악의 상황에 빠진 노아에게 다른 선택의 여지가 없다는 점을 주목해 보라. 그런 까닭에 우리는 노아에 대한 감정의 문을 닫아버리는 것이 아니라, 계속해서 그와 교감을 나누게 된다. 이와는 반대로, 대부분의 설교자들은 도덕에 관한 방정식은, 선택의 자유 더하기 악한 동기는 곧 악한 행동 더하기 그에 대한 비난이 되어야 한다고 생각한다. 하지만 우리의 설교자는 그렇지 않다. 따라서 청중들은 용서의 분위기에 휩쓸리는 것이 아니라, 노아가 느끼는 절절한 후회에 공감하게 되는 것이다.

함은 이 이야기에서 유일한 영웅이라고 할 수 있습니다. 노아는 위안과 진통제를 찾았지만, 함은 저주를 감수하는 데 타고난 사람이었습니다. 하지만 함은 떠났습니다. 자신에게 내려진 저주를 감수하고 먼 나라에 가서 살았습니다. 저는 함이 잘했다고 생각합니다. 그가 할 수 있는 일은 그저 그곳에 머물면서 아버지의 죽음을 지켜보는 것이었을 테니까요. 그 먼 나라는 각자 자기 집에서 받은 저주를 떠안고 온 영웅들로 가득 차 있었습니다. 노아는 다시 하나님을 찾았습니다. "오, 하나님!" 그 부르짖음은 이렇게 풀이될 수 있을 것입니다. "어째서 이런 일이 일어났습니까? 어떻게 이런 일이 저에게 닥칠 수 있는 겁니까? 왜 제 아이를 뒤쫓아가지 못하는 겁니까? 왜 이 일을 제가 해결할 수 없는 겁니까?"

위와 같은 함에 대한 묘사는 아주 힘있는 것이지만, 설교에서는 매우 위험한 것이기도 하다. 윌리스 목사는 이 점을 분명히 알고 있다. "그 먼 나라는 각자 자기 집에서 받은 저주를 떠안고 온 영웅들로 가득 차 있었습니다"와 같은 문장은 설교자가 사람을 끄는 강한 힘을 가지고 있음을 보여준다. 청중들은 그 문장의 뛰어난 함축적 표현에 이끌려서, 쉽게 윌리스 목사의 다른 설교를 떠올릴 수도 있다. 일탈의 위험은 이러한 자극적인 표현에서 기인하는 것이다. 이러한 문장이 한 번 더 반복된다면, 우리는 이 설교의 나머지 부분을 놓치고 말았을 것이다. 하지만 윌리스 목사는 "오, 하나님!"을 힘주어 반복함으로써 다시 청중들을 설교 안으로 데려온다.

"주님, 혹시 제가 너무 일찍 제 인생의 정점에 도달했던 것은 아닙니까? 방주에서 보냈던 날들, 제가 선량했던 날들을 생각해 봅니다. 제가 선하지 않았나요? 주님, 저는 그 때 선했습니다. 하지만 이제 저는 더 이상 방주 안에 있지 않습니다. 주님, 한때 선장이었다는 것이 얼마나 멍에가 되는지 이해하지 못하신다면, 사람들이 나를 '선장님'이라고 부를 때마다 제가 얼마나 수치스러워하는지 이해하지 못하신다면, 당신께서는 제가 지금 얼마나 망가져 있는지 결코 이해하실 수 없을 겁니다."

다른 가족들은 함을 따르지 않았습니다. 여러분도 그들이 어떻게 했는지 알고 계실 것입니다. 당연히 아실 것입니다. 나는 그 가족들도 노아와 같은 병에 걸려 있었다는 것을 우리가 알아야 한다고 생각합니다. 그들 역시 자기 부정에 사로잡혀 있었으며, 그 외에는 아무것도 하지 못했습니다. 그들이 한 행동은 … 그들은 자신들의 모습을 응시하려고조차 하지 않았습니다. 하지만 노아는 분명히 그들을 칭찬했습니다. 노아는 분명히 그들에게 좋은 것들을 모두 말해 주었습니다 … 노아는 그들에게 복을 빌어주었습니다. 그들은 자신들의 추한 모습을 응시하려고조차 않았습니다. 뒷걸음질쳐 천막 안으로 들어가 그것을 덮어버렸습니다.

이제는 노아가 처한 비극에 대해 곰곰이 생각해 봐야 할 때이다. 위 단락을 들으면서 청중 대부분은 다음과 같이 일반적인 결론을 내린다. "비극이구나, 방주를 통해 하나님으로부터 구원을 받은 한 인간이 모든 것을 망쳐버렸구나!" 윌리스 목사는 거리를 둠으로써 우리가 이런 식으로 결말을 짓지 않도록 하고 있다. 오히려 윌리스 목사는, 노아가 기억을 더듬으면서 생각하게 한다. 기억의 회상은 설교자가 직접 하는 것이 아니라 등장 인물을 통해서 이루어질 때, 훨씬 더 큰 힘을 얻게 된다는 점을 눈여겨보라. 그 결과 그러한 회상은 강조하기 위해서 또한 밖으로 드러나는 일반화(이러한 일반화는 스토리를 느슨하게 만든다)가 아니라 내면세계의 회상을 위해서 스토리 전개를 잠시 중단하는 것이 꼭 필요할 때 중단될 수 있게 한다.

한편, 윌리스 목사는 청중들에게 죄악이란 항상 관련된 사람들 서로간에 넓게 연관되어 있음을 상기시키기 위해 각 등장인물들의 잘못된 반응을 요령 있게 압축해서 보여주고 있다.

노아는 무엇을 했습니까? 나는 지금 그 이야기 속으로 들어가려 합니다. 하지만 여러분은 그 후에 무슨 일이 일어났는지 기록되어 있지 않다는 것을 알고 계실 것입니다. 우리는 무슨 일이 일어났는지 알지 못합니다. 우리는 노아가 결국 어떻게 되었는지 알지 못합니다. 정말 무슨 일이 일어났는지 모릅니다. 하지만 우리는 알고 있습니다. 무슨 일이 일어날 수 있었는지를 말입니다. 아마도 노아는 병들었을 것이며, 자신의 고통과 무너져가는 모습에 지쳤을 것입니다. 아마도 그 때문에 노아는 부두로 내려가 방주를 바라보지도 못했을 것입니다. 또는 예전 일을 망각해 버렸을 수도 있습니다. 아마도 노아는 모든 것이 옛날 같지 않음을 깨달았을 겁니다. 이전에는 하나님과 자신의 관계가 불가분의 관계였지만, 지금은 그렇지 않다는 것을. 단순한 두 단어가 아니라 기도로 하나님과 대화를 할 수 있던 때가 있었습니다. 노아는 하나님과 자신이 나누었던 기도를 떠올렸을지도 모릅니다. 어느 날 아침 그 순간을 떠올리면서 하늘을 쳐다보다가 무지개를 보고서는 무지개가 언약의 증거임을 기억했을지도 모릅니다. 노아는 자신이 무지개를 보았을 때 어떤 감정을 느꼈는지를 떠올려보려고 기억 속을 더듬어보았을 것입니다. 자신이 무엇을 기억해야 하는지 말입니다. 그렇다면 무지개가 노아에 대한 증거가 아님을 깨달았을 것입니다. 무지개는 하나님에 대한 증거인 것입니다. 하나님은 온갖 빛깔로 화려하고 아름다운 무지개를 통해 사람들을 내려보셨고, 사람들이 파멸을 위해 창조된 것이 아님을 기억하셨을 것입니다. 노아가 그것을 기억해 낼 수 있었다면.

윌리스는 다시 내러티브의 흐름으로 들어가려고 하지만 그럴 수 없다. 이제 이야기해야 될 스토리는 끝난 셈이다. 하지만 아직 윌리스 목사가 설교 중간에서 넘어갔던 부분이 남아 있다. 우리는 스토리 자체에 너무 깊숙이 빠져 있던 나머지 무지개에 관한 부분을 잊어버리고 말았다. 어쩌면 윌리스 목사는 우리가 정말 무지개에 관한 것을 잊기를 바랐는지도 모른다. 우리가 설교에서 어느 부분을 잊고 지나쳤는지 눈치채지 못했다는 것은 중요한 의미를 갖는다. 만일 설교자가 성경 순서에 한 치도 어긋나지 않고 설교를 진행했다면, 무지개에 관한 희망은 지나치게 빨리 나왔을 테고, 설교의 내러티브적 긴장감은 곧 사라지고 설교는 어떤 사건에 대한 재연이 아니라, 결론만을 보고하는 것처럼 딱딱하게 들렸을 것이다. 내가 경험한 바에 따르면, 설교자가 사건 중심으로만 성경본문을 다루게 되는 경우, 청중들은 대개 설교자가 그냥 무시하고 넘어가 주었으면 하는 부분을 의외로 쉽게 기억하는 경향이 있다. "그런데요?" 하는 식의 의문이 화제가 되는 논리적 논쟁을 할 때 꼭 들어가는 순서처럼 말이다. 하지만 이야기가 되풀이될 때는 자연스럽게 '그 흐름에 빠져드는' 경향이 있는 것 같다.

　이제는 희망을 말해야 할 때이며, 앞에서 그냥 지나쳤던 내용이 노아가 언약을 상기하는 과정을 형상화하는 것을 통해서 현재화되는 때이다. 흔히 그렇듯이 희망은 새로운 소식의 출현으로 갑작스럽게 등장하는 것이 아니라, 이미 알고 있던 것을 확인함으로써 얻게 되는 것이다. 이 설교에 있어서 결정적인 전환은 그 내용 속에서 이미 언급된 것이라는 점을 주목해야 한다. 그러한 전환은 그 동안 기대되어 왔던 언약에 대한 노아의 회상을 통해서 나타날 수 있게 되는 것이다.

노아가 단지 그것만 기억했다면 … 노아의 기억이 거기까지 미칠 수만 있었다면, 아마도 노아는 자신이 술 앞에서 무기력한 존재이며, 통제 불가능한 존재임을 깨달을 수 있었을 것입니다. 아아 다행스럽게도 노아가 그것을 기억할 수만 있었다면. 거기까지 기억할 수만 있었다면. 단지 한순간을 참을 수 있었더라면, 노아는 자기 자신보다 훨씬 더 큰 힘이 자신을 맑은 정신으로 회복시켜 줄 수 있음을 믿게 되었을 것입니다. 만일 그것을 기억해 낼 수만 있었더라면, 남은 삶 동안 술에 의지하는 일은 다시 없었을 것입니다. 술에 의지했던 것은 오직 그 날 하루로 충분했을 것입니다. 노아가 거기까지 기억할 수만 있었다면, 노아는 자신의 의지와 삶을 무지개를 통해 모든 생명을 밝고 아름답게 보시는 하나님의 보호 아래 온전히 맡길 수만 있었을 것입니다. 인간을 너무나 사랑하신 나머지 거룩한 몸을 우리 누구나 먹고 마실 수 있는 빵과 포도주로 변화시킨 하나님의 손길 아래 머물기로 했을 것입니다.

일단 무지개를 통해서 결정적인 전환이 이루어지고 난 후에, 설교는 곧 마무리되고 있다. 물론 무지개는 급작스럽게 등장했다. 우리는 전혀 기대하고 있지 않았는데도 말이다. 무지개 이야기가 등장하고 나서는 설교가 다시 내러티브로 돌아가지 않는다. 설교자가 무지개를 통한 희망을 제시하면서 그것을 일일이 설명하게 되는 함정을 피해 나가고 있는지 주목할 필요가 있다. 설교 마지막 부분의 핵심 의도는 무지개의 이미지를 통해 하나님께서 맺으신 계약이 결국 어떤 의미를 가지는지 단순명료하게 설명하려는 데 있다. 마지막 단락을 살펴보자. 이 단락은 하나님의 사역에 대한 암시를 내포하며, 그 사역이 얼마나 중요한 것인지 선포하고 있다. 윌리스 목사는 현명하게도 "이제 노아는 결단을 통해서 자신의 삶을 추스르게 되었습니다"라고 직설적으로 말하지 않는다. 우선 윌리스 목사는 노아가 이제 더 이상 "술에 의지하는 일은 다시 없었을 것이다"라고 말함으로써 중요한 암시를 하고 있다.

더구나 설교자는 스스로에게 지금까지 설교를 진행해 왔던 것처럼 생생하게 이미지가 살아 있는 식으로 마무리해야 한다는 과제를 던지고 있다. 대개 설교자들은 설교라는 그림을 잘 그려나가다가도 결론에 이르면 초라하게 끝나는 경향이 있다. 윌리스 목사는 이런 문제를 포도주가 가진 성체(聖體)의 이미지를 제시함으로써 극복하고 있다. 윌리스 목사는 그로써 술의 이미지를 전혀 다르게 바꾸어놓고 있다. 한때 저주가 되었던 것이 이제 최고의 축복으로 변한 것이다.

내러티브를 이끌어가는
역량과 기법 그리고 내러티브의 규범

나는 윌리스 목사의 설교 "노아는 의인이요"가 갖는 내러티브의 성격 중 몇몇을 자세하게 살펴보는 것이 도움이 될 것이라고 생각한다. 그 중 일부분은 설교 순서에 따른 내용 분석에서 다룬 바 있다. 이제 우리는 그것들을 더 자세하게 살펴볼 수 있을 것이다. 나는 세 가지 범주로 나누어보려고 한다. 내러티브를 이끌어가는 역량, 내러티브에 관한 기법 그리고 내러티브의 규범이 그것이다. 자, 이제 윌리스 목사가 우리에게 가르쳐 준 것들을 제대로 정리해 낼 수 있는지 살펴보자.

내러티브를 이끌어가는 역량

확장된 청취행동(Widened Listening Behavior)

사람들은 무언가를 읽을 때와 마찬가지로 어떤 스토리 자체에만 귀를 기울이지는 않는다. 나는 스토리의 형식이 다양한 기대와 판단을 불러일으키기도 한다고 믿는다. 누군가 어떤 일에 대해서 설득력 있게 이야기를 하면, 그는 그 이야기의 핵심 내용의 범위를 훨씬 더 유연하게 설정할 수 있게 된다. 사람들은 대개 최대한 방해를 받지 않으면서 이야기의 '흐름을 따라가려고' 하는 경향이 있다. 만일 설교자가 어떤 장면을 그리는 데 중점을 두고 설교한다면, 사람들이 설교자가 엉뚱한 곳에 초점을 맞추고 있다고 비난하는 일은 별로 없을 것이다. 이러한 현상에는 최소한 두 가지 이유가 있다.

첫째, 내러티브는 연역적이 아니라 귀납적으로 시작되기 때문에 청중들은 이야기가 어떻게 일반화될지 그 '기본적인 선'에 대해서 다소 무뎌지며, 따라서 설교자가 마음에 두고 있는 결론과 다른 결론을 고려할 가능성이 줄어든다. 이와는 달리 연역적으로 논증하려고 하는 주제 설교의 경우, 청중들은 좀더 대립적인 태세를 지니게 된다. 예를 들어, 내가 성삼위일체에 대해 올바로 이해하는 것이 기독교 신앙의 핵심이며, 따라서 성삼위일체의 중요한 요소가 무엇인지 차분하게 설명하려고 한다면, 청중들은 내가 의도하는 방향과는 다른 곳을 볼 수도 있다. 하지만 내가 청중들의 그런 식의 반응이 얼마나 이상한 것인지를 언급하면, 사람들은 잠시 판단을 보류하고, 뭐가 어떻게 이상한 것인지 알아보려고 한다.

두번째, 어떤 사안이 그 자체로 권위를 가진 것이라 할지라도, 나는 그 스토리가 폭넓은 수용력을 갖게 되는 데는 다른 이유가 있기 때문이라고 믿는데, 미학적인 즐거움이 그것이라고 생각한다. 잘 짜여진 스토리를 듣는 것은 비록 그 내용이 애절하더라도 즐거운 일이다. 스토리를 구사하는 것은 극적인 성격의 예술이 아니라 내러티브적인 예술이지만, 그것은 사람들에게 극장에 있는 듯한 느낌을 갖게 할 수 있으며, 사람들은 '의심을 기꺼이 접어두게' 된다. 이러한 이유들로, 스토리는 설교자에게 핵심적인 내용의 범위를 정하는 데 더 많은 재량권을 부여하는 것이다.

핵심의 문제를 차치하고라도, 내러티브는 얼마나 믿을 수 있을까 하는 사람들의 기대를 변화시킨다. 그럴듯한 내러티브는 논리적인 설득보다 더 큰 설득력을 갖는 것 같다. 어떤 장면을 떠올리게 하고, 사건을 환기시키고, 사건의 추이를 묘사하는 스토리의 흐름은 논리적으로 잘 짜여진 주장보다 더 큰 호소력을 갖는다. 스토리는 동시에 여러 국면에 걸쳐 있을 수 있다. 위에서 본 설교에서 윌리스 목사가 밑도 끝도 없이 던져놓은, 노아가 선하다고 하는 진술을 길게 설명할 필요가 없었던 까닭은 그 때문이다. 윌리스 목사는 단지 청중들을 몇 분 정도 노아의 아내와 함께 갑판 밑으로 데려갈 뿐이다. 거기서 설교자는 우리에게 보여주고 싶은 것들을 자유롭게 그려내고 있다. 모든 예술은 관념적으로 이해되기 이전에 사람들을 사로잡을 수 있는 잠재력을 가지고 있다. 그 때문에 윌리스 목사는 우리에게 적절한 이미지들을 보여주기도 전에, 등장인물의 성격에 대한 자신의 진술을 펼쳐 보일 수 있는 것이다. 그와 마찬가지로, 청중들은 그러한 잠재력에 사로잡히게 되어 하나님의 무지개를 볼 수 있는 곳에서 계속 벗어나 있게 되는 것이다. 설교자가 그에 대한 것을 말하려고 할 때에야, 우리는 비로소 그 무지개를 보게 된다.

비유적 '덤' (The Parabolic 'More')

앞에서 우리는 어떤 여자가 꽃가게에 장미 몇 송이를 사러 들어갔다는 스토리가 장미꽃이나 꽃가게 이상의 의미를 갖지 않는다면, 그런 스토리를 하지 않는다는 것을 살펴보았다. 이제 여기서는 언어를 명확하게 비유적으로 쓰는 것에 대해 이야기해 보려고 한다. 설교에서 비유적 '덤'은 스토리에 나오는 모든 것들에 해당되며, 모든 것이 설교자가 말하는 것 이상을 의미할 가능성을 가지고 있다. 노아가 비틀거리고 있는 천막 바닥에 어질러져 있는 잡동사니들은 단지 천막 안에 있는 잡동사니가 아니라 그 이상의 의미를 지닌다. 천막 한 쪽 천이 펄럭이면서 그 틈으로 새어 들어온 빛도 마찬가지로 그러한 사실 이상의 의미를 가진다. 시각적, 청각적으로 묘사된 세부사항들이 모두 그렇게 강렬한 은유적인 의미를 갖는 것은 아니지만, 그러한 가능성 때문에 청중들은 핵심을 놓칠까봐 설교에 더 주목하게 된다. 스토리 중 은유적인 언어로 사용되지 않은 것도 있다. 하지만 듣는 사람으로서는 확실히 알 수 없다.

게다가 비유적 '덤'을 통해서 실제 언어 이상을 말할 수 있다는 사실 때문에 설교자는 설교 중에 어떤 것을 어떻게 특화시키고 일반화시킬지에 대해서, 또한 구체화와 추상화에 대해서 별로 고민할 필요가 없다. 아마도 사람들은 어떤 이야기를 듣는 과정에서 무언가를 얻으려면 추상화의 사다리를 적절히 오르내려야 한다는 충고를 들은 적이 있을 것이다.

하지만 이 설교가 귓속을 채우고 있는 동안, 천막 바닥에 어질러진 잡동사니들은 특수한 것인 동시에 일반적인 것일 수 있다. 그것은 무지개와 그늘에 대해서도 마찬가지다(탕자가 들어간 돼지 우리나 잃어버린 동전도 마찬가지다.). 은유적인 어떤 말이나 구절이 특수한 것과 일반적인 것을 분간해서 살펴야 하는 수고를 덜어주기는 하지만, 은유를 제대로 구사하기 위한 심미안이 설교자에게 새로이 요구되고 있다는 점은 짚고 넘어가야 한다.

언어의 경제성(Economy)

학창시절, 특히 고등학교와 대학교 때 나는 시적 언어란 겉치장에 불과한 수식과 장식에 관련된 것이라고 생각했다. 그것은 언어의 조형성에 대해 찬물을 끼얹는 것이나 다름없다. 내가 어떻게 해서 그런 생각을 갖게 되었는지 또 누구 때문인지는 나도 모른다. 하지만 나는 은유나 다른 형식의 '회화적인' 이야기들이 강한 인상을 주기 위해서는 수식이 필수적이며, 그렇지 않으면 공허해질 수도 있다는 생각을 하게 되었다. 그것은 내가 은유를 구사하는 화법이 실제로 생각을 전달하는 것뿐만 아니라 더 강렬하게 전달할 수 있다는 것을 배우고 난 이후이다. 더 중요한 것은, 시적 언어가 때로 생각을 훨씬 더 경제적으로 전달한다는 점이다.

윌리스의 설교는 그러한 점을 잘 보여주고 있다. 이미 나는 설교 순서에 따른 분석에서 "그 차가운 감촉에 상기되어"라는 표현이 여러 줄에 걸쳐 표현해야 할 것을 단 네 단어로 제시하고 있으며, 더군다나 그 짧은 표현이 어떤 장면을 강렬하게 환기시키는 힘을 가지고 있다는 점을 밝힌 적이 있다. 예수 또한, 희망을 잃고, 모든 재산을 잃어버렸으며, 심지어는 자신에 대한 정체성마저도 놓쳐버린 탕자를 그런 방식으로 전달하고 있다. 예수는 그저 "돼지치기가 되어 우리에 들어갔다" 라고 언급한다. 그 탕자에 대해 장황한 설명을 늘어놓을 필요가 없는 것이다.

이 같이 놀라운 은유적 언어의 경제성은 염두에 두어야겠지만, 몇 가지 명심해야 할 것이 있다. 첫째, 모자란 것이 넘치는 것보다 낫다는 점이다. 그 안이 훤히 들여다보이는 은유들로 채워진 이야기는 활기를 잃고 만다. 왜냐하면, 청중들이 지나치게 많은 은유와 암시들을 제대로 이해하기란 힘들기 때문이며, 또한 일단 청중들은 설교자가 기교를 남발한다는 것을 눈치채고 나면, 그 효과에 대해서 심리적으로 거리감을 두기 때문이다.

두번째, 어떤 설교자들은 명사와 동사가 아니라 형용사와 부사를 사용해서 시적인 표현을 하려는 습관에 빠져 있다. 그 결과 우리는 의심이 산처럼 크고, 나치식의 독설을 입에 달고 사는 고집불통을 표현할 때, '산더미 같은 의심' 또는 '히틀러식의 말투'라고 표현하는 것을 듣는 수가 있다. 내 생각에 그 설교자들이 자신도 모르게 형용사와 부사를 많이 사용하는 까닭은 은유를 진정으로 믿지 않기 때문이며, 따라서 안전하게 의미를 전달하려다 보니 은유를 '원래 의미'의 명사나 동사와 결합시키기 때문인 것 같다. 그것은 농담을 설명하려는 것과 같다. 농담을 이해한 사람은 그 설명을 들으려 하지 않을 것이고, 그렇지 못한 사람 또한 설명을 듣는다고 웃음을 터뜨리지는 않기 때문이다.

내러티브를 이끌어가는 기법

반복 표현(Use of Repetition)

월리스 목사는 다음 두 구절에서 반복 표현을 효과적으로 구사하고 있다. "노아는 선한 사람이었습니다"와 "오, 하나님!"이 그것이다. 이 두 구절은, 월리스 목사가 '미리 다 준비해 놓은' 것이기는 하지만, 각각 다른 방식으로 준비해 놓은 것이다. 우리는 월리스 목사로부터 이 구절을 반복해서 사용하는 것이 분명히 어떤 효과를 가져온다는 것을 배웠다. 나는 그 효과를 '의미의 전달량 증가'라고 부르고자 한다. 그 구절이 반복되면서 그 내용의 동향이 보다 명확해지는 것이다. 그것은 이미지와 생각을 보충함으로써 내용을 분명히 하는 것이기도 하며, 스토리를 새로운 각도로 보게 하는 것일 수도 있다. 또한 그러한 반복은 어떤 장면을 다른 느낌으로 연출하기도 한다. 각각의 경우, 반복된 구절들은 내용 면에서는 동일하지만, 점점 더 강렬해진다. 또한 전달되는 의미의 양이 증가함에 따라서 그 성격 자체가 변화되기도 한다. 만일 내가 어떤 사람의 편을 들어 좋은 면모들을 열거하려 한다면, "아주 지혜롭지"라고 한 다음 다른 좋은 점을 말하고, 다시 "아주 지혜로워"라는 말을 붙일 수 있다. 하지만 다소 비열한 구석을 꼬집을 때도 같은 말을 덧붙일 수 있는데, 그 결과 내용을 보다 강하게 표현할 수 있으며, 의미를 극적으로 역전시킬 수 있다. 내용상의 변화가 없을 때나, 플롯의 전환이 없는 경우, 단지 반복을 위한 반복은

피해야 한다. 그런 경우 청중들은 어떤 구절을 반복해서 말하는 것은 설교자가 다음에 무엇을 말할까 생각이 잘 나지 않아서 시간을 끄는 것이라고 생각하기 쉽다.

반복 표현을 쓰는 데 있어서 윌리스 목사의 또 다른 뛰어난 점은 "오, 하나님!"이라는 표현에 있다. 의미의 전달량 증가를 가져오는 공식이 여기서도 아주 효과적으로 사용되고 있다. "오, 하나님!"과 "노아는 선한 사람이었습니다"라는 구절이 우리에게 주는 인상은 다른데, 그것은 박자와 리듬의 차이에서 기인한다. "노아는 선한 사람이었습니다"라는 구절은 주위를 강하게 환기시키는 역할을 한다. 말하자면, 그 구절은 앞에서 이끌어온 이야기를 수습하는 역할을 하는 것이다. 반면, "오, 하나님!"은 이야기를 차분하게 끌어내리는 것이 아니라 급상승시킨다. 즉 이 구절은 앞과는 다른 이야기를 준비하는 역할을 한다.

흑인들의 전통 집회를 이끄는 설교자들에게서 이 같은 반복 표현을 효과적으로 구사하는 것을 들을 수 있다. 다양한 형태의 반복 표현이 담긴 녹음 테이프를 들어보면 이 같은 표현 기법을 배우는 데 아주 큰 도움이 될 것이다.

이 설교에서 다른 역할을 하는 또 다른 방식의 반복 표현을 볼 수 있다. 윌리스 목사는 또 한 번 효과적인 반복법을 보여준다. 여기서 내가 말하려 하는 것은 어떤 구절을 똑같이 반복하는 것이 아니라, 동일한 생각과 이미지를 다양하게 변형시켜 제시하는 것이다.

때때로 청중들에게 가장 필요한 것은 바로 시간이다. 설교자가 이야기하고 있는 것이 도대체 무엇인가를 파악하기 위해서는 충분한 시간이 필요하다. 설교자들은 자신들이 일 주일 내내 연구한 성경본문과 설교의 줄거리와 자신들의 사고의 내역이 아주 짧은 시간 내에 청중들에게 전달되고 있음을 고려하지 못할 때가 자주 있다. 설교자들은 병원에 갈 때조차도 설교에 대해서 심사숙고하고, 써놓은 초안들을 계속해서 쳐다보곤 하면서 이리저리 궁리한다. 하지만 청중들은 설교시간에 듣고 끝나면 그뿐이다. 설교자가 반복할 수 있는 방법을 찾지 못한다면 말이다. 설교자들은 원래 목적을 잃고 헤매는 수가 있다. 글로 씌여졌을 때는 다음에 나오는 이야기가 뭔가 앞뒤가 안맞는다고 느낄 때 눈으로 거슬러 올라가 보는 것이 쉽다. 하지만 설교는 정해진 시간 내에 하고 나면 그뿐이다. 마치 음악 연주처럼.

청중들은 설교자가 말하는 것을 일일이 생각해 가며 듣지 않는 경향이 있다. 따라서 설교의 내용을 충분히 이해하기 위해서는 시간이 필요하다. 방주가 흔들리고, 노아의 아내가 아이들을 붙잡아주고 있는 장면이 나오는 윌리스 목사의 설교 도입부를 기억해 보라. 윌리스 목사는 이렇게 말한다. "선한 사람과 악한 사람들 모두에게 불어닥친 폭풍우가 결국 잠잠해지고, 하늘이 맑게 개이고, 물이 빠졌을 때, 방주는 육지에 다다를 수 있었습니다." 여기서 이렇게 물어보는 사람도 있을 것이다. "다소 장황한 것 아닙니까? 왜 쉽게 말하지 않습니까? '폭풍우가 그쳤다'고 하면 되지 않습니까?" 하지만 윌리스 목사는 그렇게 말하는 것으로 끝내고 나면 폭풍우가 그쳤다는 사실을 충분히 알리지 못한다는 것을 잘 알고 있다. 청중들이 방주 안에 있고 배가 흔들리고 있음을 조금이라도 느끼게 된다면, 그들은 스스로 정리하기 위한 시간이 얼마간 필요하다. 그 때, 같은 상황을 여러 구절로 엮어서 표현하는 것은 매우 큰 도움이 된다. 각각의 구절들은 상호 보완의 효과가 있고, 설교에 리듬감을 주며, 청중들에게 타이밍 감각을 갖게 한다. 그것은 매우 중요하다. 그런 후에 설교자는 다시 설교를 끌어나갈 수 있다.

세부 묘사(Use of Detail)

어느 설교자든지 특정한 성경 이야기 전부를 내러티브 설교에 활용하고자 하면, 언제나 성경 이야기에서 강조되는 것이 무엇인가 하는 질문을 중요하게 다루기 마련이다. 어떤 스토리를 이야기하면서 모든 것에 다 매달릴 수는 없다. 우선 예수께서 말씀하신 비유 중에서 탕자의 비유같이 세밀한 짜임새를 가진 것을 세부적인 것까지 다 언급하려면 시간이 너무 오래 걸린다. 두번째, 설교에는 반드시 진행 속도의 변화와 다양성이 담겨 있어야만 한다. 아무리 이야기가 좋고 말을 잘한다고 해도, 똑같은 빠르기로 스토리를 계속해서 진행해 나간다는 것은 청중에게 여간 곤혹스런 일이 아니다. 그런 까닭에 설교자는 핵심 이슈를 쟁점으로 부각시키고, 중요한 인물을 묘사하고, 줄거리의 흐름을 잡아 나가기 위해서 어떤 부분을 세밀하게 다룰지를 선택하게 된다. 세부 묘사를 어떻게 구사해야 하는가는 이러한 여러가지 목적을 달성하기 위해서 중요한 것이다. 윌리스 목사의 설교는 단지 세부 묘사를 얼마나 잘 구사하는지를 보여주는 것만이 아니라, 세부 묘사가 전체와 잘 조화되려면 어떻게 해야 하는지를 잘 보여주고 있다. 구체적으로 살펴보면, 윌리스 목사는 세부 묘사를, 중요한 내용을 전면에 부각시키고 앞으로 일어날 일을 암시하는 데 사용하며, 또 등장인물의 회상을 묘사할 때 사용하고 있다. 간단하게 이 세 가지 경우를 살펴보자.

첫째, 중요한 내용을 전면에 부각시키는 데 사용되는 세부 묘사이다. 설교를 기억하고 있다면, 천막 바닥에서 노아의 발부리에 이리저리 채이고 있던 기념패를 떠올려보자. 그 패에는 이런 글귀가 새겨져 있다. "우리는 당신과 함께라면 어디든지 갈 수 있습니다." 자, 윌리스 목사는 왜 이런 구절을 넣었을까? 내 생각에 이 술취한 장면에서 — 이 장면은 또한 노아가 술 마시는 장면의 전조가 되기도 한다 — 윌리스 목사는, 청중들이 노아를 도덕적으로 판단하는 것을 막고 심리적으로 노아를 가깝게 느끼도록 의도했던 것이 아닌가 싶다. 설교자는 우리로 하여금 노아가 항상 이런 추한 모습이 아니었음을 상기시키려면 노아의 좋은 점을 말할 필요가 있었다. 윌리스 목사는 극적으로 진행되고 있는 스토리를 멈추고, "노아는 하나님과 동행한 사람"이었으며, 또한 말씀에 순종해서 방주를 만드는 데 헌신했기에 하나님께서 구해 주셨다는 사실을 말해 줄 수도 있었다. 하지만 이런 식의 방법은 일반화를 위해서 스토리로부터 설교자를 이탈시키는 결과를 가져온다. 그 대신에 윌리스 목사는 천막 바닥 위에 있는 기념패를 등장시키는데, 그것은 현재 진행되고 있는 일의 한 부분이 된다. 줄거리의 흐름은 그대로 유지되며, 설교자는 일시적으로나마 스토리를 벗어날 필요가 없고, 그럼에도 중요한 내용은 전달될 수 있는 것이다.

윌리스 목사는 어떻게 이런 작업을 절묘하게 해냈을까? 나를 비롯한 대부분의 사람들이 윌리스 목사와 같은 뛰어난 감각은 갖지 못했지만, 기본적인 원칙은 그리 어려운 것이 아니다. 다음 주 설교를 준비한다고 상상해 보자. 예수님의 비유를 기초로 한 내러티브 설교를 준비하는 것이다. 뭔가 딱딱하지만 중요한 내용을 중간에 이야기해야 하는데, 그렇게 하면 자칫 스토리 진행에서 순간적으로 벗어날 위험이 있다. 그 때, 어떻게 하면 전체적인 흐름에 거스르지 않고 이 내용을 끼워넣을 수 있을까 하고 고민하기보다는, 잠시 멈추고 다른 식의 질문을 던져보자. 여기서 머리에 떠올릴 수 있는 사물이나 사람, 사건으로는 무엇이 있을까? 가까이 있는 가구가 그 대상이 될 수도 있다. 탕자의 비유에서는 탕자가 아버지를 떠나는 순간이 그 대상이 될 수 있다. 아버지가 아들을 떠나 보내면서 하는 말을 떠올려보자. 그 말이 중요한 내용을 부각시킬 수 있다. 사실 여기서 중요한 것은 이러한 유용한 기술을 어떻게 활용할 수 있는지를 아는 것이 아니라, 듣는 사람이 고개를 끄덕일 수 있는 사물이나 사건, 또는 사람을 찾아내는 것이다. 대개 청중들은 그리 까다롭지 않다. 예를 들어보자. 어째서 노아의 천막 안에 기념패가 있느냐는 질문이 청중들에게서 나올 법도 하지만, 그렇지 않다. 청중들은 그 장면을 떠올린다. 그게 전부다.

두번째, 암시하는 것이다. 암시는 스토리에서 앞으로 일어날 중요한 일을 예고하고 강조하는 역할을 한다. 암시는 겉으로 보기에는 내용과 무관해 보이고 별로 중요한 것 같지 않지만, 실제로는 다음 부분에서 중요한 것을 짧게 세부사항을 통해서 집어넣는 것이다. 탕자의 비유를 설교할 때면, 나는 언제나 탕자가 집을 떠나는 순간에서 아버지가 말하는 장면을 묘사한다. "애야, 어디를 가든지 소식을 전하거라… 그리고 애야,… 네가 어떤 사람인지 잊지 말아라." "예, 그렇게 할께요, 염려 마세요." 이 대화는 작별의 순간에 나올 법한 아주 평범하고 일상적인 것처럼 보일 수 있다. 사실 "네가 어디를 가든지 소식을 전하라"는 아버지의 당부를 집어넣은 의도는, 그 아들이 먼 이국에서 겪는 외로움을 더 절박하게 보여주려는 데 있다. 그 당부는 부자가 다시 만나게 되는 순간을 암시하는 것이기도 하다. "네가 어떤 사람인지 잊지 말아라"라는 말은, 탕자가 이국에서 어느 농부의 돼지에게 먹이를 주려고 우리로 들어가게 된 처지를 더욱 강렬하게 표현하려는 의도를 담고 있다.

노아에 대한 설교에서는 개틀린 브라더스의 노래를 설명하는 데서 암시가 나타난다. 윌리스 목사는 '무심한 듯이' 한 사람씩 술을 한 모금씩 마시면서 '주의 만찬식을 하듯이' 술을 나눈다는 것을 말하고 있다. 이 부분은 그저 평범한 이야기처럼 들린다. 사실 이 설교가 주의만찬의 이미지로 끝난다는 것을 예상하게 할 수 있는 것은 아무 데도 없다. 곰곰이 돌이켜 생각해 보면, 사람들이 술 한 병을 함께 나누는 것은 애처롭지만 주의 만찬과 비슷한 것이라고 할 수 있다. 그것은 단순히 우연의 일치가 아니다.

설교 준비 과정에서 이러한 암시를 포함시키려면 일반적으로 역순으로 생각하는 것이 필요하다. 준비 과정의 후반부에서 이미 플롯이 짜여지고 난 이후에, 설교자는 뒤에 나오는 중요한 사건이나 순간의 단서가 되는 것이 앞부분에 있는지를 자문하게 된다. '은밀하게 숨겨놓은 것을 살짝 드러내놓지 않는다면' 어떻게 기대를 불러일으킬 수 있겠는가? 이러한 암시를 설교 사이에 끼워넣는 것은 앞으로 등장하게 될 결정적인 내용을 더욱 강조하는 효과를 낳는다.

세번째는 현재의 스토리가 가진 긴장감을 해치지 않고 과거에 있었던 일을 집어넣는 방법(플래시백 기법)으로써 등장인물의 과거 회상을 기술하는 것이다. 노아는 자신의 모습을 함에게 보이게 되며, 그 날 아침 이후에 일어날 것 같은 사건들이 분명히 그 이전에 일어났던 일처럼 기술되고 있다. 설교의 극적인 모습을 계속 유지해 나가려고 하는데, 어떠한 시점에서든 노아의 과거를 회상하느라고 방해가 되어서는 안된다. 설교자는 그 순간에 과거가 어떤 식으로든 현재화되어야 한다는 것을 누구보다 잘 알고 있다. 그래서 노아는 기도를 시작하며, 과거의 하나님을 기억해 낸다. 물론 청중들 역시 기억하고 있다. 노아는 하나님께 자신이 얼마나 무거운 감투를 쓰고 있는지 알린다. 사실 그것은 청중들이 알아야 할 것이기도 하다. 물론 우리는 노아에 대해서 그리 반박하지 않는다. 다른 사람의 기도를 반박할 사람이 누가 있겠는가? 내러티브를 가진 수많은 문학 장르에서 회상이 얼마나 자주 쓰이는지 살펴보라. 그 목적은 과거로부터 현재 상황으로 뭔가 중요한 것을 가져오기 위한 것이다. 그러면서도 현재의 흐름은 깨지 않기 위해서 말이다.

이런 질문을 던져볼 수도 있다. '그런데 어째서 과거의 사건이나 상황을 그것이 일어났던 때에 말하지 않는가?' 물론 윌리스 목사는 폭풍우가 끝난 직후에 노아가 걸머진 책임에 대해서 말할 수도 있었다. 하지만 그렇게 했다면 이상하게 느껴졌을 뿐더러 설교를 제대로 진행하지도 못했을 것이다. 노아의 책임이 나중에 나오는 것은 대조의 효과를 강조하기 위한 것이다.

이러한 기법은 쉽게 익힐 수 있는 것이다. 설교를 준비하는 과정에서 플롯의 흐름이 결정적인 순간에 도달하는 순간, 줄거리의 대부분을 과거에서 현재 순으로 이끌어오는 데 할애하느라 이야기의 힘이 소진되었을 때, 등장인물이 회상하는 장면을 집어넣어 보는 것이다. 중요한 것은 그러한 회상이 현재를 방해하면 안된다는 것이다. 구체적 방법을 들어보자면, 등장인물에게 질문을 던져보는 것이 있다. 그 때 등장인물이 대답하고 나서 과거를 회상하도록 하면 안된다. 회상은 질문과 대답 사이에 일어나는 것이다. 다시 말해, 중요한 것은 이야기의 흐름이 멈출 때까지 기다려서는 안된다는 것이다. 탕자의 비유에서 아버지는 동생이 돌아온 것을 환영하는 잔치에 가자고 큰 아들에게 간절히 당부하고 있다. 탕자의 형은 어떻게 하고 있는가? 그는 아버지에게 지난 일을 상기시킨다. "보세요, 지난 수 년 동안…."

여기서 우리는 등장인물의 회상이 다른 시간에 일어난 사건들을 강하게 대조시키기 위한 유일한 방법이 아니라는 것을 알아둘 필요가 있다. 플롯의 흐름을 완전히 다른 방식으로 진행시키는 방법도 있다. 알다시피 내러티브 설교를 이끌어 나가는 방법 중에서 지금 우리가 다루고 있는 것은 스토리 진행이다. 또 다른 방법은 스토리 진행을 유예시키는 것인데, 이 방법에서는 과거의 사건 자체 끌어오기가 사용된다. 이 방법은 다음 설교 예문에서 다뤄볼 것이다. 하지만 잠깐 미리 살펴본다면, 월리스 목사가 노아에 대한 설교를 천막 안 장면에서부터 시작해서, 현재 진행되는 것을 멈춰놓고 홍수가 일어났던 순간으로 거슬러 올라가는 식으로 할 수 있다는 것이다. 더 자세한 것은 뒤에서 다루기로 하겠다. 여기서는 등장인물의 회상을 통해서 어떤 효과를 얻을 수 있는지 알아두어야 한다. 즉 스토리의 현재 흐름을 차단하지 않으면서도 과거의 사건을 현재로 끌어내는 방법에 대해서 말이다.

주제 반복(Reprise)

이 방법은 그 개념을 설명하는 것보다 직접 보여주는 편이 더 낫다. 반복, 즉 '리프라이즈'(reprise)란 말은 주제 소절을 반복한다는 뜻으로 음악에서 쓰이는 말이지만, 여기서는 표현 기법상 원래의 주제로 다시 돌아간다는 의미로 쓰이고 있기 때문에 음악에서 쓰이는 의미와 정확히 일치하지는 않는다. "자, 한 번 더" 재즈 악단의 리더는 사람들이 연주가 끝났다고 생각할 때, 이렇게 외친다. 내가 말하려고 하는 것이 바로 이것과 비슷하다. 여기서 이야기하려고 하는 것은 내러티브의 여정이 끝났다고 해서 설교가 끝난 것은 아니라는 것이다. 설교자는 설교의 어떤 순간 — 주로 복음의 메시지가 설교의 결정적인 전환을 마련하는 때 — 으로 다시 돌아가서 어떤 식으로든 그것을 다시 상기시킨다. 그리고 나서 나머지 부분을 일일이 반복하지 않고 설교단에서 내려온다.

마지막 문장의 바로 앞문장은 설교를 마무리하는 것으로 보인다. "노아가 거기까지 기억할 수만 있었다면, 노아는 자신의 의지와 삶을 무지개를 통해 모든 생명을 밝고 아름답게 보시는 하나님의 보호 아래 온전히 맡길 수 있었을 것입니다." 분명히 설교는 다 끝났다. 윌리스 목사는 이미 무지개의 이미지를 통해서 희망을 상기시켰고, 바로 복음의 메시지를 제시했다. 결론적으로 노아가 복음, 그 무엇보다 우선되는 복음의 메시지에 귀를 기울이게 되면, 그의 삶이 얼마나 달라질 수 있는지를 보여준 것이다. 이제 우리는 설교가 다 끝났다고 여기지만, 윌리스 목사는 그렇지 않다. 그는 한 문장을 더 덧붙인다. "인간을 너무나 사랑하신 나머지 거룩한 몸을 우리 누구나 먹고 마실 수 있는 빵과 포도주로 변화시킨 하나님의 손길 아래 머물기로 했을 것입니다."

여기에는 적어도 세 가지 의미가 있다. 첫째, 내러티브 설교든 그렇지 않든 어느 설교나 핵심적인 것은 설교단 뒤에 남겨지는 경향이 있다. 청중들이 참여할 수 있는 여지가 더 큰 내러티브 설교에서조차, 청중들과 가까이 밀착해 가기는 하지만 핵심적인 것은 여전히 접어두는 경우가 많다. 하지만 간단히 말해서 "한 번 더"라고 할 수 있는 이 기법이 어떤 효과를 나타내는지 살펴보자. 복음이 다시 한 번 선포되고, 그 결과는 언급되지 않을 때, 청중들 입장에서의 반복은 거기서 끝이 난다! 간단히 말해서, '덧붙이는 말'은 그 설교의 과제를 청중들에게 던지는 역할을 하는 것이다. 노아에 대한 설교 마지막 문장에서 윌리스 목사는 "노아가 먹고 마실 수 있는"이 아니라, "우리 누구나 먹고 마실 수 있는"이라고 말하지 않는가? 윌리스 목사는 "우리가 … 할 수 있는"이라고 말하고 있다.

두번째, 복음이 이미 선포되고 그 결과까지 언급되고 난 후에, 신속하게 다시 한 번 반복함으로써 설교자는 그 내용을 더 강렬하고, 세련된 이미지로 전달할 수 있다. 청중들은 결론을 이미 알고 있으며, 의혹 또한 사라졌다. 이제는 마음에 떠오르는 것을 받아들일 때가 된 것이다.

세번째, 설교자는 이러한 방법을 통해서 설교의 마지막 구절을 인간의 반응이 아니라 거룩한 사역에 초점을 맞출 수 있다. 청중들은 자신들에게 무엇이 필요하고, 무엇을 해야 하며, 자신들에게 주어진 명령이 무엇인지 설교자가 지금까지 상세하게 이야기해 온 내용에 점점 익숙해지게 된다. 반복의 기법은 청중들의 마음에 하나님께서 무엇을 하셨는지를 남겨준다. 그 자체가 내게는 훌륭한 신학으로 보인다.

노아에 대한 설교에서 마지막의 '덧붙이는 말'은 한 문장이다. 하지만 항상 그럴 필요는 없다. 다른 설교의 경우, 그 특성상 더 길어질 수도 있다. 중요한 것은 너무 길어져서 청중들이 설교자가 그전에 말한 것을 잊어버린 것은 아닌지 의아해할 정도가 되면 안된다는 것이다. 거기에 쓰이는 언어들은 설교 전체에서 가장 구체적이고 이미지를 환기시키는 힘이 가장 강렬한 언어들이어야 한다. 그럴 때, 마무리 문장은 윌리스 목사의 설교에서 주의만찬 이미지처럼 은유적인 것이 된다. 설교자는 그런 방식으로 사람들에게 은유적인 효과를 지속적으로 남기게 된다.

내러티브의 규범

이 설교에서 사용된 여러가지 내러티브의 규범 가운데 몇 가지 눈여겨 봐야 할 것이 있다.

시점(Point of View)

여기서 나는 시점을 내러티브 문학 이론의 표현 기법상에서 다루는 것보다 더 넓은 의미를 가진 개념으로 사용하고자 한다. 나는 스토리를 이끌어가는 위치뿐만 아니라, 화자와 스토리 간의 거리 변화에 대해서도 고려하고 있다.

  이러한 내러티브의 원칙을 이해하기 위해서 당신이 아이를 데리고 큰 강에서 유람선을 타는 경우를 상상해 보자. 당신은 카메라로 기념이 될 만한 순간들을 찍으려고 한다. 당신은 아이가 승선권을 안내원에게 건네는 장면과 유람선의 모습을 찍는다. 어떤 사진 속에서는 강가 언덕을 배경으로 아이가 선장 모자를 쓰고 배 앞머리에 앉아 있는 모습이 예쁘게 담겨져 있다. 또 배가 요동하는 바람에 윤곽이 흐릿하게 나온 사진을 빼놓으면, 정말 배에서 찍었나 싶을 정도로 풍경을 선명하게 담은 사진도 있다. 아이에게 카메라를 줘서 당신을 찍게 한 사진도 있을 테고, 승무원에게 부탁해서 아이와 함께 찍은 사진도 있다. 유람선에서 내린 다음 박물관에 가서 예술품들을 보고 깊은 인상을 받고 나서 유람선의 건조과정을 묘사한 그림을 사진에 담는다. 결국 당신은 유람선, 박물관, 강 그리고 언덕에 이르기까지 모든 장면을 파노라마와 같이 스냅 사진들 속에 담았다. 당신이 사진을 찍고 있는 동안에도 강물은 계속해서 흐르고 있고, 사진 속의 배는 선착장에 가만히 정박해 있는 것처럼 보이겠지만, 배의 엔진은 쉬지 않고 돌아가고 있다. 여기서 모든 사진들은 실제의 움직임과 시간적, 공간적 거리가 각각 다르다는 것을 주목해야 한다. ~이전, ~하는 동안, ~의 안에서, ~에 대해서, ~로부터, ~에서, 그리고 ~옆에서 등의 단어들로 당신과 유람선 승선의 다양한 관계를 나타낼 수 있다. 이와 비슷한 것을 설교자와 설교자가 성경의 스토리를 전개해 나가는 것의 관계에 적용해 볼 수 있다.

"노아는 선한 사람이었습니다." 이 도입부는 설교자의 편집자적인 논평에 해당된다. "방주의 갑판에 서 있는 노아를 떠올려 보십시오. 바람이 불고, 물이 올라오며…," 이제 청중들은 스토리의 진행 속에 참여하게 되지만, 여전히 바라보고 있는 것이기도 하다. "여러분은 술취한 선원을 어떻게 대하겠습니까?" 이 구절은 사실 노아의 현존을 반드시 필요로 하지 않는다. "우리는 당신과 함께라면 어디든지 갈 수 있습니다" 라는 구절은 다른 화자에 의한 또 하나의 편집자적 논평이지만, 본문에 포함되어 있다. "오, 하나님!"은 노아 자신의 내면에서 나온 것이다. "노아는 포도주 포대를 집어올렸습니다. 다행스럽게도 포대는 비어 있지 않았습니다" 이 구절은 두 가지 시점이 함께 섞여 있으며, '모건 데이빗'(Mogen David) 부분은 상황 설정이 다르게 되어 있다. 그렇다면, 스토리를 끌고 나가는 것에 적용할 수 있는 원칙은 무엇일까?

무엇보다 이 설교를 이끌어 나가는 힘은 화자와 스토리의 움직임 간을 밀착시키는 데 집중되어 있다. 월리스는 결코 한쪽 발은 스토리 안쪽에 다른 발은 바깥에 둔 채로 오래 끄는 법이 없다. 그런 까닭에 다른 구절들에 비해서 일반화될 수 있는 여지가 큰 편집자적 논평은 상당히 제한되어 있으며, 설교자가 스토리를 풀어나가는 방식 자체가 설교자가 직접 스토리에서 빠져 나와 청중들에게 말해 주지 않아도, 청중들에게 설교자의 위치를 알려주기 때문에 그러한 논평도 있음직한 사실로 보인다.

설교자는 단 한 번 스토리에서 빠져 나와 다른 이야기를 하는데, 그 이야기는 넓은 의미에서 본다 해도 성경의 맥락에 포함될 수 있는 이야기는 결코 아니다.

지금까지 살펴본 것에서 우리는 '화자와 스토리간의 거리'의 연속선상에 따라 놓여 있는 여러가지 위치들을 개념화시켜 볼 수 있을 것이다. (1) 등장인물의 내면에서, (2) 스토리 안에서, (3) 등장인물을 바라보는, (4) 스토리 자체를 바라보는, (5) 스토리로부터 떨어져서 등이 그것들이다. 물론 이러한 분류는 지나치게 단순하고 자의적인 것이 아닌가 하는 감이 다소 있다(위의 분류는 등장인물이 하나일 때를 가정한 것이다.). 하지만 적어도 우리가 다루고자 하는 개념을, 그림을 그리듯이 보여주는 데는 도움이 되리라고 생각한다.

물론 이런 분류는 스토리와 다른 상황 및 요소에 따라 달라질 수 있지만, 내 경험으로는 성경적인 스토리를 토대로 한 설교는 두번째와 다섯번째 시점이 적절히 섞여 있을 때, 명료하고 설득력 있는 훌륭한 설교가 된다. 확실히 첫번째 시점이나 다섯번째 시점으로 설교를 오래 끌게 되면 혼란에 빠지게 된다. 그 이유는 다음과 같다.

설교자가 "그는 … 했다"에서 일인칭 관찰자 시점으로, 즉 극적인 인물묘사로 전환했을 때는(위의 분류에서 두번째에서 첫번째로 옮겨가는 것) 위험에 빠질 우려가 있다. 일단 설교자가 어느 등장인물이 되고 나면, 청중들은 설교자가 그 역을 얼마나 잘 연기해 내는지 살펴보는 경향이 있으며, 따라서 보다 잘 관찰하기 위해서 거리를 두기 시작한다. 윌리스 목사는 노아가 드리는 아주 짧은 기도를 통해서 노아의 내면으로 들어가고 있다는 점을 눈여겨봐 둘 일이다. 우리는 성경의 다른 본문에서 다음 내용을 쉽게 상상해 볼 수 있다. "아버지는 큰아들에게 잔치에 가자고 간절히 당부했다. 하지만 아무 소용이 없었다. '제게는 언제 잔치 한 번이라도 베풀어주신 적이 있습니까?' '얘야, 내 모든 것이 이미 네 것이라는 것을 잘 알고 있지 않느냐.' 하지만 큰아들은 외면하고 창고로 돌아갔다." 자, 여기서 삼인칭 시점에서 시작된 사건이 어떻게 일인칭 시점으로 옮겨가고, 일인칭 시점에서 간략하게 진행되었다가, 다시 삼인칭 시점으로 마무리되는지 잘 살펴보라. 명심해야 할 것은 청중들 대부분이 일인칭 서술은 짧을 경우에만 주목해서 듣는다는 것이다.

그런 까닭에 대부분의 설교자들은 스토리 내부의 시점에서 (두번째와 세번째 시점) 머물다가, 스토리를 끝내고 나서 교훈적인 결론을 내리고 그 결론을 원론적인 수준에서 더욱 의미를 덧붙이는 식의 지루한 설교를 해본 적이 있었을 것이다. 적어도 윌리스 목사가 스토리에서 벗어난 경우는(다섯번째 시점), 다른 스토리를 꺼내려고 할 때이지, 원론적인 이야기를 하려고 한 것은 아니었다. 게다가 윌리스 목사가 스토리에서 벗어난 것은 한 번뿐이었다.

지금까지 나는 스토리 흐름에 될 수 있는 한 가까이 있으면서, 스토리를 벗어나서 편집자적인 논평이나 요약은 거의 하지 않는 편이 더 낫다고 해 왔지만, 실제로는 모든 성경본문에 그런 단순한 원칙이 적용되는 것은 아니다.

성경에 나오는 이야기 중에는 완성된 내러티브 설교로 엮어 나가기에는 너무 짧은 것들도 있다. 어떤 것은 너무 복잡해서 성경본문과 그 맥락에 관해서 해설을 곁들이지 않고는 설교하기가 힘든 경우도 있다. 어떤 것은 일직선상으로 그 내용이 전개되다가 이내 막다른 곳에 다다르게 되어 설교자로부터, 다른 성경본문에서, 또는 그 전에 일어났던 사건 등에서 단서를 얻어와야 하는 경우도 있다. 이런 이유 때문에 우리는 다른 설교 예문에서 다른 설교방법을 살펴볼 필요가 있는 것이다. 하지만 그러기 전에 이런 질문을 던져볼 수 있다. "간단히 말해서 다른 제재나, 설명 또는 편집자적인 언급이 필요할 때, 어떻게 해야 하는가? 이러한 전환이 꼭 필요할 때, 어떻게 하면 스토리 흐름을 해치지 않고 할 수 있을까?" 그 점에 대해서는 윌리스 목사가 우리에게 도움을 줄 수 있을 것이다.

전환(Transition)

우리는 이미 설교 순서에 따른 분석에서 윌리스 목사가 어떻게 노아가 술을 마시려고 하는 장면에 끼여들어서 개틀린 브라더스(Gatlin Brothers) 의 노래를 설명하고 있는지를 살펴보았다. 노아는 포도주 포대의 마개를 열어놓았고, 그 향에 정신을 잃을 지경이었지만 아직 술을 마신 것은 아니었다. 당연히 설교자가 다른 이야기를 하기가 쉽다. 하지만 별 의미 없는 전환도 있다.

스토리로부터 먼 곳에서 가까운 곳으로 옮겨갈 때는, 전환이 전혀 필요없는 경우가 많다. "노아는 선한 사람이었습니다"라고 해놓고는 윌리스 목사는 곧 "갑판 위에 있는 노아를 생각해 보십시오"라고 말한다. 문제는 이야기의 진행에 밀착해 있다가 먼 곳으로 이동하는 전환에 있다.

때때로 평서문 형태의 진술보다는 질문이 효과를 보는 때가 많다. 설교자가 함에게 짧은 시선을 던지고 바로 거두고 마는 것은 다시 노아의 이야기로 돌아갈 필요가 있기 때문이다. 함에 대한 간단한 언급이 끝나자마자 윌리스 목사는 이런 질문을 던진다. "당신이라면 … 에게 어떻게 하겠습니까?" 이 질문은 지금 이야기하고 있는 영역을 벗어난다는 것을 의미한다.

윌리스 목사는 전환을 가져오는 데 일반적인 방법을 사용하기도 한다. 구체적으로 살펴보자. 개틀린 브라더스의 노래에 대한 묘사를 끝내고 나서 윌리스 목사는 노아가 이제 막 포도주 포대를 입술에서 떼놓는 장면으로 돌아간다. 전환을 자연스럽게 처리하기 위해서 윌리스 목사는 개틀린 브라더스 이야기를 "길르앗(Gilead)에는 유향이 있지 아니한가?"라는 말로 끝낸다. 그리고 그 다음 문장을 "노아를 위한 유향(진통제)은 없었습니다"로 시작한다. 윌리스 목사는 청중들이 노아가 술을 막 마시려고 했던 것을 기억하는 줄 알고 있고, 따라서 계속 청중들을 기다리게 한다. 자, 여기서 윌리스 목사가 "한 모금도 많을 수 있고, 설령 천 모금을 마셔도 충분하지 않다는 것을 말입니다"라는 구절을 어디에 배치하는가 눈여겨보기 바란다 ― 이 구절은 실제로 술에 대한 일반적인 결론이 된다 ― 윌리스 목사는 노아의 짧은 두 마디 기도를 언급하기도 한다. 그리고 나서 이렇게 말한다. "노아는 머리카락을 만지작거리면서 포대를 들어 입술에 댑니다. 그리고 그 독을 마십니다."

가까운 거리에서 먼 곳으로의 전환은 원칙적으로 딱딱한 말보다는 이미지를 잘 환기시킬 수 있는 언어를 사용할 때 그 효과가 커지는 경우가 많다. 과거에 대해 짧게 언급하고자 할 때, 윌리스 목사는 "과거에는 그의 인생에서…"라고 말할 수도 있었겠지만, 그렇게 말하지 않는다. "그 전에는 … 때도 있었습니다" 라고 말한다. 이러한 전환이 성공적인 효과를 거둘 수도 있지만 가장 안전한 원칙은 간단하다. '모호한 부분을 남겨두라. 다 끝내지 말고, 돌아갈 때는 같은 문으로 들어가라' 는 것이다. 그리고 스토리에 밀착해 있다가 조금 설명해야 할 필요가 있어서 스토리에서 떨어져야 한다면, 스토리의 흐름을 해설부분이 요구하는 데 따라서 맞추어야 한다.

가령, 당신이 선한 사마리아인의 이야기로 설교를 하다가 스토리에서 벗어나 어떤 논평을 했다고 하자. 그 때 당신은 사마리아인이 강도당한 사람을 도와주려고 발길을 멈춘 것이 매우 충격적인 사건임을 알고 있어야 한다. 그것은 단순히 (우리가 흔히 알고 있듯이) 사마리아인이 선행을 베풀었기 때문만이 아니라, 당시의 유대인들은 곤경에 처했다고 하더라도 그런 도움을 원치 않을 수도 있기 때문이다. 자, 보자. 그 시대의 율법학자들이나 다른 유대인들에게는 그 이야기가 충격적인 것이었겠지만, 오늘날 대부분의 사람들은 그렇지 않다. 사람들은 이런 식의 해설이 스토리를 뒤덮고 있는 것에 짜증을 낼 수도 있다. 그 까닭은 그런 상세한 해설을 일일이 듣기 싫어하기 때문만이 아니라, 그런 해설이 길어지면 스토리가 힘을 잃기 때문이다. 더구나 사람들은 스토리가 결정적인 순간으로 접어들 무렵에 "자 이제, 우리는 선행을 베푼 사람이 바로 사마리아인이라는 것과, 유대인들이 서로에게 어떻게 대했는지 주목해야 합니다"라는 말로 그 흐름이 중단되는 것을 달가워하지 않는다.

그럴 때는 이런 식의 말로 돌파구를 찾을 수 있다. "강도당한 사람은 다른 사람이 자기 쪽으로 걸어오고 있는 소리를 듣습니다. 아마도 그 사람은 도와줄지 모릅니다. 하지만 강도당한 사람의 바람은 순식간에 허물어지고 맙니다. 그 사람이 다른 사람들처럼 자기를 그냥 지나쳤기 때문이 아니라, 정말 멈춰 섰기 때문입니다."

여기서 청중들은 설교자의 의도대로 의아해하며, 설교자가 이렇게 말할 때까지 순간적으로 혼란스러워한다. "그 순간 강도당한 사람은 '사마리아인의 도움을 받아들이는 유대인은 하나님 왕국의 도래를 지연시키는 사람들이다'라는 말을 떠올릴 것입니다. 그는 사마리아인이 제발 그냥 지나쳐주기를 기도했을 것입니다. 하지만 그렇지 않았습니다." 이렇게 함으로써 그 상황에 대한 설명은 그것이 꼭 필요할 때 스토리의 흐름을 방해하지 않는 범위에서 제시되는 것이다.

내러티브 흐름의 변화(Variation of Narrative Movement)

어떤 스토리의 줄거리든지 청중들이 '스토리라는 배에서 이탈하지 않도록' 긴장과 갈등의 변화를 가지고 있다. 그것은 단순히 그 스토리 안에 긴장감이 있는 것만으로는 부족하다. 기억을 더듬어보면, 설교 도입부에서 윌리스 목사가 스토리라는 배를 해안에 안전하게 끌어다 놓는 것을 확인해 볼 수 있을 것이다. 윌리스 목사는 이미지가 풍부한 어휘들을 통해서 청중들이 긴장감을 점차 늦추도록 하고 있다. 물론 긴장감이 줄어드는 순간은 그리 오래 지속되지 않는다. 이전의 갈등이 점차 해소되는 순간 더 큰 갈등이 제시되기 때문이다. 우리는 이미 설교 순서에 따른 분석에서 윌리스 목사가 몇몇 결정적인 전환점에서 중요한 의미를 청중들이 충분히 받아들일 수 있도록 설교의 완급을 조절하고 있음을 살펴보았다.

이러한 내러티브 흐름의 변화를 이끌어내는 데는 수많은 방식이 동원될 수 있다. 그 안에는 물론 음성의 높낮이, 말하는 속도, 목소리, 억양과 같은 음성적인 요소들이 포함된다. 하지만 그런 것들뿐만이 아니라 내러티브의 완급을 효과적으로 조절하려면 의미의 중요성과 전달되는 속도, 선택한 어휘의 복잡성 여부, 사용되고 있는 문체 그리고 사용되고 있는 단어 자체가 가지는 특성 등의 변수들도 고려해야 한다. 내러티브 흐름에 있어서 모든 문제는 설교 리듬이 갖는 음악적인 기능으로 귀결된다고 할 수 있다. 나는 이 문제에 대해서 설교자에게 자신이 오케스트라의 지휘자가 되었다고 하고 말 그대로 설교문의 어휘들을 지휘한다고 상상하는 것이 큰 도움이 될 것이라고 생각한다(물론 그것은 설교문을 작성할 때이지, 청중들 앞에서 그러라는 것은 아니다.).

인물묘사(Characterization)

나는 성경 스토리를 기반으로 한 설교의 신뢰성은 상당 부분 설교자가 청중들을 주요 등장인물의 내면으로 끌어들이는 그 여부에 달려 있다고 생각한다. 우리가 등장인물을 바라보는 한, 우리는 '같은 편이냐 반대편이냐'라는 양극단 중 한쪽에 서려는 경향을 갖는다. 등장인물의 행동에 대해서 성급한 판단을 내리게 되고, 그런 판단에는 최소한의 관용이나 이해도 무시되는 수가 있다. 이상하게 들릴지도 모르지만 오히려 관용과 이해는 등장인물과 시선을 같이 할 때 생기는 것이다. 우리가 '등장인물의 입장에' 서게 되는 것은 갑작스레 이루어지는 것이다. 등장인물과 '시선을 같이 하기' 위해서는 등장인물의 내면으로 들어가야 한다. 등장인물의 내면에 들어가게 되면, 외부에서 바라보았을 때와는 달리 놀라울 정도로 다른 것들을 발견하게 된다. 그것은 밖에서 행동을 보는 것과 동기를 이해하는 것의 차이와 같다. 행위가 '객관적'으로 관찰된다면, 동기는 그보다 훨씬 더 '주관적'으로 파악된다. 따라서 확실한 단정을 내릴 수 없다. 나는 종종 학생들에게 설교에서 어떤 그릇된 행위를 비난하기 전에, 그 행위를 친한 친구가 했으면 어떻게 했을지 상상해 보라는 주문을 한다.

 그것은 비신앙적인 행위에 대한 변명거리를 찾기 위해서가 아니라, 원인과 결과를 정확하게 규명하기 위해서이다. 더욱이 설교 내용이 어려운 것일수록 몇 개의 굵직굵직한 구체적인 에피소드들로 짜여지기보다는 내러티브의 지속적인 흐름으로 이루어지기 때문이다. 가령, 간음하다 끌려온 여인의 이야기에서 설교자가 그 때 남자들이 그 여인을 돌로 치려고 했던 것은 그들이 간음에 관계되었기 때문이라고 성급한 결론을 내리고 나면, 열려진 내러티브 또는 유동적인 내러티브에는 역효과를 초래할 뿐이라는 점을 주목해야 한다. 이 지점에서 설교는 삐걱거리게 된다. 아마도 설교자가 그런 결론을 내리게 되는 것은, 그 순간에 시선이 악역으로 설정된 인물들에게 쏠리는 상태에서, 그 불순한 행동을 비난해야 한다고 느낀 나머지 그들의 못된 행동에 부합되는 악한 동기를 찾아내려고 하기 때문일 것이다. 만일 그 이야기에서 예수가 그들과 함께 돌을 던지고 "나 역시 저 여자와 관계하지 않았다"고 말했다면, 그 사람들은 영웅이 되었을지도 모른다.

 노아에 대한 설교에서 가장 핵심적인 것은, 노아가 술에 취한 사건에 있다. 그것은 성경의 영웅에게는 가당치 않은 이야기이다. 다시 말해, 윌리스 목사는 청중들을 내러티브의 유동적인 흐름에 참여시키고 있는 것이다.

 지금까지 윌리스 목사의 "노아는 의인이요"라는 설교를 가지고 짚고 넘어가야 할 부분, 즉 내러티브 형식의 적합성, 사용된 표현 기법, 내러티브의 규범에 대해서 살펴보았다. 이제는 다른 내러티브의 틀을 보여주는 설교에 대해서 다뤄보자.

스토리 보류
(Delaying the Story)

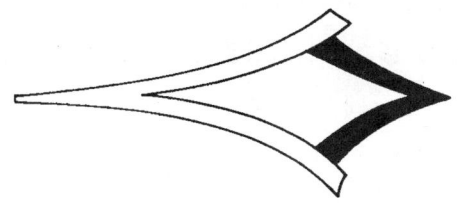

성경의 이야기를 내러티브 설교의 틀 안에서 다루는 데 있어서 스토리 진행이 가장 효과적인 것만은 아니다. 앞에서 이야기했던 것처럼, 성경의 스토리를 보류시키고 다른 곳에서 설교를 시작하는 것이 더 나을 수도 있다. 예일대학 신학부 학장인 린더 켁(Leander E. Keck) 교수의 "부족한 능력, 무한한 가능성"이라는 제목의 설교가 그 사례이다.

린더 켁 교수가 스토리 보류 방식을 선택한 데에는 최소한 두 가지의 주요한 이유가 있는데, 그 중 하나는 설교를 둘러싼 상황적 요인이다. 이 설교는 신학부 채플시간중에 행해진 것이며, 린더 켁 교수는 거기서 신약 성서학 교수로 재직하고 있었다. 분명히 린더 켁 교수는 신학생들이 모여 있는 곳에서 이런 내용의 설교를 해야겠다고 마음먹은 순간 성직자로서의 의무감을 느꼈을 것이다. 더구나 린더 켁 교수가 선택한 성경본문은 그러한 성직자로서의 직분에 부합되는 것이다. 읽어보면 알겠지만,

설교자가 설교 안에 본격적으로 들어가기 전까지 성경본문을 제시하는 것도 보류되어 있다. 일단 설교자는 지금 다루어야 할 문제가 무엇인지 밝히고, 그것이 더 복잡한 양상을 나타낼 때 비로소 성경본문을 제시한다. 린더 켁 교수가 신약 성서학 교수인 점을 감안할 때, 그가 성경본문으로 설교를 시작하지 않은 것은 많은 청중들에게 다소 놀라운 일일 수 있으며, 그것은 설교의 도입부에서부터 강렬한 인상을 주고 있다.

자, 이제 스토리 보류의 방법을 사용하고 있는 린더 켁 교수의 설교에 귀를 기울여보자.

설교 2   "부족한 능력, 무한한 가능성"
린더 켁(Leander E. Keck)

때때로 우리 모두는 방황합니다. "지금 내가 여기서 무엇을 하고 있는 걸까?" 제가 여기서 관심을 기울이는 것은 소명의식이 불확실하기 때문에 생기는 혼란에 대해서가 아닙니다. 나는 신학생들이 종종 자신이 부족하다는 느낌을 갖게 될 때마다 시달리는 무기력함과 고통에 대해서 말하려고 합니다.

사실 이곳의 커리큘럼은 학생들로부터 확신을 빼앗기 위해 만들어진 것처럼 보이기도 합니다. 한편으로, 우리의 지식과 사고의 범위가 너무 좁기 때문에 우리는 우리가 직면하고 있는 거대한 문제들 속에서 짓눌리고 있습니다. 그것에 비해 교회 강단에서 내리는 단순한 답변은 그 내용이 너무도 빈약해 보입니다. 우리가 대면해야 할 사람들의 뒤틀리고 상처받은 심성을 치유하는 일은 단순히 '그리스도를 위한 결단' 을 내리는 것만으로는 부족합니다. 우리에게 부여된 그 사역이 너무나 거대해서 어떻게 해 볼 수 없는 것처럼 느껴지는 그 순간에도, 우리는 부모님의 기대, 고향 마을 사람들의 기대, 우리 스스로가 자신에게 거는 기대로부터 벗어날 수 없다는 것을 더욱 절실하게 깨닫습니다. 더구나 우리 사회의 얽힌 매듭을 푸는 일은 복음전도의 십자군들과 그들의 전도사역보다도, 힘겹게 싸워 이긴 선거에서의 승리보다도 더 벅찬 일일 것입니다. 인플레이션에 대한 타개책과 경기 불황에 대한 타개책 사이의 대립과 긴장은 우리 사회가 얼마나 복잡하게 얽혀 있는지를 잘 보여줍니다. 우리가 처한 상황은, 모세가 이스라엘 민족을 이끌던 시절 이스라엘 정탐꾼이 가나안 땅에 들어갔던 때와 아주 흡사합니다. 여러분도 아시겠지만, 가나안 땅에 들어갔던 이스라엘 정탐꾼이 입에 달고 온 소식은 젖과 꿀에 관한 것만은 아니었습니다. 그들의 가슴 속에는 공포심이 가득했습니다. 그 땅은 거인들이 다스리고 있었으며, 그들은 너무나 강한 반면, 히브리인들은 너무도 허약해서 그들을 도무지 대적할 수 없을 것처럼 보였습니다.

다른 한편으로는, 우리의 사명을 이룰 수 있을 것 같던 느낌이 바로 신학교에서 겪은 경험으로 닳아 없어지기도 합니다. 우리는 예전에 우리가 믿었던 것만큼 그렇게 확고하게 믿고 있지 않다는 사실을 깨닫습니다. 그것은 우리가 복음의 내용을 더 많이 알게 되어서가 아니라, 어느 날 밤 늦게 우리 자신이 더 이상 복음을 확신하지 않는다는 사실을 깨달았기 때문입니다. 이렇듯 비관적인 분석들은 우리 모두에게 적용됩니다. 그리고 신학 학부가 학생들을 그렇게 만드는 것은 좋은 것이기도 합니다. 로마 황제들을 암살한 것이 역사적인 승리가 되었다고 할지라도, 그 순간 우리가 그렇게 했을 것인가는 장담할 수 없습니다. 우리는 우리가 가진 무기를 사용할 수 있을지 확신하지 못하고 있습니다. 사실 우리는 우리가 가진 무기가 무엇들로 이루어졌는지는 압니다. 여러분이 배운 J,E 문서설 같은 복잡하기 짝이 없는 각종 성서비평학 지식들, 누가복음이 공관복음서의 기초라는 그리고 바울의 회심 등이 그런 것들입니다. 하지만 지금 우리는 그것들을 어떻게 다시 짜맞추어야 하는지를 모릅니다. 어떤 이들은 그 무기가 가장 필요할 때, 제대로 작동되지 않을까봐 두려워하며, 또 어떤 이들은 자신들의 무기가 성경에 씌여진 대로 효과를 낼 수 있을지 의심합니다.

이렇듯 커다란 불안과 심리적인 동요는, 우리가 우리 자신이 누구이며, 우리에게 가장 귀중한 능력이 무엇인지에 집중할 수 있을 때 진정될 수 있습니다. 현재의 자기 모습을 밝혀내고자 하는 것은 바람직한 자기 상(像)을 그리는 것보다 더 중요합니다. 왜냐하면, 우리는 혼란스러운 문화 속에서 살아가고 있으며, 끊임없이 의미있고 중요한, 의지할 만한 무언가를 찾는 그런 시대와 공간 속에 던져진 존재이기 때문입니다.

유럽에서 온 우리 선조들이 처음으로 인디언들을 해안에서 몰아내기 시작한 이래로 우리 후손들이 우리 선조들보다 더 낫다고 장담할 수 없게 되었습니다. 또한 우리 후손들은 앞세대가 소비 지향적이고 낭비를 일삼는 경제로 자신들을 파탄으로 몰고 간 것에 대해서 책임을 져야 한다고 무섭게 대들기도 합니다. 이 사회에서 우리 세대가 교육자들과 정치가, 성직자들에 의해 찬양되고, 신성시되기까지 한 미국식 생활방식에 대한 온갖 선전들을 귀가 따갑도록 듣기 시작한 것은 그리 오래되지 않았습니다. 하지만 동시대를 함께 살아가고 있는 사람들에게 진실을 말해 줄 수 있는 현명하고 통찰력 있는 사람은 어디에 있습니까? 진실을 목청껏 소리높여 말하기는 쉽습니다. 하지만 누가 그것을 설득력 있게 말할 것이며, 새로운 대안을 제시할 수 있겠습니까? 우리의 교회 역시 그들이 추구하고 지켜 나가는 이 땅의 문화처럼 불확실하기는 마찬가지입니다. 한 면에는 온갖 딜레마와 위기가 실려 있고 그 다음 면에는 교회에 대한 광고들 — 무언가에 주리고 갈구하는 사람들에게 아무런 도움이 되지 않을 것 같은 설교와 행사들을 뻔뻔하게 알리는 그런 광고들 - 로 가득 찬 토요일판 신문보다 더 절망적인 것이 어디에 있겠습니까?

바꿔 말하면, 우리 자신의 행복만을 추구하는 이기심을 버릴 때, 우리는 세상과 우리 자신에 대해서 정확하게 알게 되리라는 것입니다. 바로 우리 자신을 바로 보게 하는 이러한 자극이 우리로 하여금 진리의 말씀과 고귀한 사역을 갈구하게 합니다. 만일 해야 할 것은 너무도 많은데 가진 능력이 턱없이 부족하다고 느끼는 사람이 자신뿐이라고 생각한다면, 어리석은 것입니다. 교사들, 사회 활동가 그리고 경제학자들도 그런 고민을 합니다. 하지만 저는 바로 그런 여러분들에게 관심을 가지고 있습니다.

우리의 진단이 온전한 것은 아닙니다만, 어떤 이야기에 귀를 기울여 보는 것이 어떨까 싶습니다. 이상하게 들릴지도 모르겠지만, 이 이야기는 단순히 그 내용만 듣는다면, 핵심을 놓칠 수도 있습니다. 사실 어떤 점에서는 이 이야기가 전적으로 믿을 수 없는 것이기도 하고, 한편으로는 믿을 수 있을지도 모르겠지만 … 이야기를 들어보기도 전에 미리 실망할 필요가 뭐 있겠습니까?

사도들이 예수께 모여 자기들의 행한 것과 가르친 것을 낱낱이 고하니 이르시되 너희는 따로 한적한 곳에 와서 잠간 쉬어라 하시니 이는 오고 가는 사람이 많아 음식 먹을 겨를도 없음이라 이에 배를 타고 따로 한적한 곳에 갈새 그 가는 것을 보고 많은 사람이 저희인 줄 안지라 모든 고을로부터 도보로 그곳에 달려와 저희보다 먼저 갔더라 예수께서 나오사 큰 무리를 보시고 그 목자 없는 양 같음을 인하여 불쌍히 여기사 이에 여러가지로 가르치시더라 때가 저물어 가매 제자들이 예수께 나아와 여짜오되 이곳은 빈 들이요 때도 저물어가니 무리를 보내어 두루 촌과 마을로 가서 무엇을 사 먹게 하옵소서 대답하여 가라사대 너희가 먹을 것을 주라 하시니 여짜오되 우리가 가서 이백 데나리온의 떡을 사다 먹이리이까 이르시되 너희에게 떡 몇 개나 있느냐 가서 보라 하시니 알아보고 가로되 떡 다섯 개와 물고기 두 마리가 있더이다 하거늘 제자들을 명하사 그 모든 사람으로 떼를 지어 푸른 잔디 위에 앉게 하시니 떼로 혹 백씩, 혹 오십씩 앉은지라 예수께서 떡 다섯 개와 물고기 두 마리를 가지사 하늘을 우러러 축사하시고 떡을 떼어 제자들에게 주어 사람들 앞에 놓게 하시고 또 물고기 두 마리도 모든 사람에게 나누어 주시매 다 배불리 먹고 남은 떡 조각과 물고기를 열두 바구니에 차게 거두었으며 떡을 먹은 남자가 오천 명이었더라.

(막 6:30-44)

이 이야기는 우리가 어디에 있는지, 또 무엇을 기대하고 있는지를 깨닫게 해줍니다. 그렇지만 이 이야기를 제대로 이해하기는 쉽지 않아 보입니다. 우리는 이 이야기를 오병이어의 기적이라고 불러 왔으며, 예전에는 바로 그 자리에 교회가 세워졌지만 지금은 폐허만 남은 곳에 성지 여행 가이드를 따라서 가보기도 합니다. 하지만 마가는 우리처럼 기적에는 관심을 보이지 않습니다. 사실 마가는 그 떡과 물고기가 어떻게 되었는지는 말하고 있지 않습니다. 이제 이야기로 돌아가 봅시다.

여기 수많은 사람들이 예수 곁에 모여 있습니다. 예수께서 보시기에, 그들은 목자 없는 양 떼 같았으며 이리저리 방황하고 있었습니다. 목자 없는 양 떼를 본 적이 있습니까? 조지아(Georgia) 농장에서 울타리를 쳐놓고 키우는 열 마리 정도의 양들을 상상하지는 마십시오. 로키 산맥 서쪽 태평양 연안 일대의 양 떼들을 봤다면 이해하기 쉬울 것입니다. 이 양 떼들은 먹이와 보호를 전적으로 양치기에게 의존합니다. 양치기와 개가 어디로 사라져버리면, 양 떼들은 밤새도록 두려움으로 "메에, 메에" 하고 울면서 헤매고 다니다가 위험에 빠지거나 심지어 죽기까지 합니다. 우리는 비록 도시에 살고 있지만 충분히 상상은 해볼 수 있습니다. 따를 만한 지도자는 찾아볼 수 없고, 우리를 채워줄 진리도 없습니다. 바로 지금이 우리의 갈증과 주림을 채워야 할 때입니다.

제자들은 그 상황과 사람들의 요구에 민감했습니다. 또한 그들은 자신들이 어디에 있는지 - 그곳에는 팔레스타인의 산들과 협곡들만 있다는 것을 잘 알고 있었습니다. 그래서 제자들은 이렇게 말합니다. "이곳은 빈 들이요 때도 저물어 가니 무리를 보내어 두루 촌과 마을로 가서 무엇을 사 먹게 하옵소서." 이처럼 현실을 분별할 줄 알면서도 따뜻한 연민을 보이는 마음이 또 어디에 있겠습니까? 그들은 기독교 사회윤리에 기초한 책임과 사회적 행동의 가치를 분명히 알고 있었습니다.

하지만 예수께서는 다른 생각을 하고 계셨습니다. 아주 현실적인 제자들의 제안에 예수께서는 참으로 말도 안되는 주문을 합니다. "너희가 먹을 것을 주라." 제자들은 어안이 벙벙합니다. 그래서 "우리가 가서 이백 데나리온의 떡을 사다 먹이리이까?" 하고 분통을 터뜨립니다. 당시의 이백 데나리온은 여덟 달 임금에 해당되는 돈입니다. 제자들이 그 돈을 당장 어디서 구해 오겠습니까? 그 때는 신용카드도 없었을 텐데요.

이러한 모습은 바로 우리의 모습이기도 합니다. 그렇지 않다고요? 우리에게 요구하는 것에 압도되어 있고, 우리 자신의 보잘것 없는 능력에 주눅이 들어 있지만, 그럼에도 우리는 "너희가 먹을 것을 주라"는 명령을 듣습니다. 우리의 선배들과 마찬가지로 우리는 우리에게 너무 큰 기대를 걸고 있다고 불평을 터뜨립니다. "우리보고 먹을 것을 구해 오라는 것입니까?" 이 말은 이렇게 옮겨 볼 수 있을 것입니다. 에모리(Emory) 신학대학원에 들어가서 최소한 신학석사 학위라도 받아야 한다는 것입니까? 틸리히(Tillich)나 몰트만(Moltmann), 또는 류터(Ruether) 같은 신학자들에게 뭔가 구해 와야 한다는 것입니까? 성장을 거듭하는 교회의 보수적인 목사들에게 가라는 것입니까? 아니면 카리스마적인 목사들에게 가라는 것입니까?

하지만 예수께서는 제자들을 아무 곳에도 보내지 않았으며, 먹을 것을 구해 오라고 하지도 않았습니다. 오히려 예수께서 물어본 것은 너무도 간단하고 엉뚱한 것이라, 제자들은 '지금 저분이 어떤 상황인지나 알고 저러시는 걸까?' 했을 것입니다. "너희에게 떡 몇 개나 있느냐 가서 보라." 가지고 있는 떡이 몇 개가 된다 한들 그게 무슨 소용이겠습니까? 얼마나 된다고 그 많은 사람들을 먹일 수 있겠습니까? 하지만 그럼에도 불구하고 제자들은 가서 알아보았습니다. 아마도 얼마 정도는 얻을 수 있다고 생각했을 것입니다. 그리고 돌아와서 퉁명스럽게 말합니다. "선생님, 떡 다섯 개와 물고기 두 마리가 있습니다." 생각했던 것보다 훨씬 더 나빴습니다. 그 정도 갖고는 예수님과 제자들이 먹기에도 부족했습니다. 한 사람이 떡 반쪽과 생선 한 토막을 먹는다고 하더라도 말입니다.

이제 예수께서는 현실을 직시하고 군중들을 해산시켜야 하겠죠. 가진 것이 아무것도 없으니까요. 우리는 제자들이 어떤 처지에 있는지 너무도 잘 알고 있습니다. 우리 역시 거기에 떡 다섯 개와 물고기 두 마리를 들고 서서 세상의 요구에 직면해 있습니다. 또 다른 옛날이야기들을 해봅시다. 이스라엘의 정탐꾼들과 가나안의 거인들, 다윗과 골리앗, 에베소에서의 바울, 아프리카 오지의 슈바이처, 몽고메리 시의 마틴 루터 킹 그리고 이곳 애틀랜타의 여러분과 저. 하지만 우리가 가진 것을 나누기 원한다면 세상을 만만하게 봐서는 안됩니다. 세상이 안락하고 친근하게 느껴진다고 하더라도 말입니다.

예수께서는 난처해하지 않으셨습니다. 예수께서는 사람들을 오십 명씩, 백 명씩 모여앉게 하셨습니다. 그리고는 그 떡과 물고기를 들어 감사의 기도를 한 다음, 나누어 주셨습니다. 모든 유대인 가정에서 그 아버지들이 하는 것처럼 말입니다. 예수께서는 떡과 물고기를 제자들에게 주어 사람들에게 나누어 주라고 하셨습니다. 한 번 생각해 보십시오. 먹을 것을 얻기 위해 사람들은 길게 줄을 서 있고, 오천 명이 넘는 사람들에게서 배고픔으로 꼬르륵 거리는 소리가 울려 나오며, 만 개가 넘는 눈동자들이 자신들을 응시하고 있음을 느꼈을 때, 제자들은 얼마나 난처했겠습니까?

이제 우리는 호기심을 거둬들여야 합니다. 우리는 예수께서 어떻게 했을지 궁금해합니다. 군중들은 배불리 먹었지만 우리의 호기심은 계속 굶주린 상태에 있습니다. 마가는 우리가 떡이 아닌 사람들을 보기를 원합니다 군중들이 배불리 먹고도, 남은 음식이 열두 광주리나 되었습니다. 또 그 광주리가 어디서 났느냐고 묻지는 마십시오.

오병이어 기적에 대한 마가의 묘사는 여기서 끝이 납니다. 군중들은 예수께서 부족하지만 그것을 받아들이고 감사기도하셨을 때 배불리 먹을 수 있었습니다. 이것은 바로 신학생 여러분에게도 해당되는 하나님의 말씀입니다. 우리의 부족한 능력으로도 사람들을 먹일 수 있습니다. 사람들이 배불리 먹을 수 있는 것은 그 떡과 물고기가 우리 것이기 때문도 아니고, 그 떡과 물고기가 무슨 마법을 가진 것이라서도 아니며, 오직 우리가 가진 것을 예수께 맡길 때 가능한 것입니다. 이것은 우리가 설령 떡 한 개와 물고기 한 마리를 가졌다 하더라도 마찬가지며, 모든 사람들에게 해당되는 진실입니다.

이러한 진실을 공관복음서에서 충분히 깨닫지 못했다면, 고린도후서에 나오는 바울의 이야기를 들어보시기 바랍니다. 고린도인들은 바울이 어떤 사람인지 알지 못했습니다. 바울은 고린도인들에게 그들이 복음을 모르기 때문에 자신의 사명을 이해하지 못한다고 했습니다. 고린도인들은 바울의 힘있는 언변을 수사학이나 철학을 공부한 결과이거나, 신비한 체험을 했기 때문일 것이라고 여겼습니다. 이러한 기준으로 평가되면, 바울의 선교사역은 아무런 소용이 없습니다. 그가 가진 것이라고는 떡 다섯 개와 물고기 두 마리뿐이지만, 그는 수많은 고린도의 똑똑한 사람들을 먹여야 합니다. 고린도인들은 자신들이 자랑할 수 있을 만한 설교자를 원하고 있었습니다.

사도 바울이 말합니다. 자 여러분, 나 역시 자랑할 수 있습니다. 바울이 어떻게 자랑하는지 들어봅시다. "나는 유대인들에게 다섯 번 끌려가서 서른아홉 번의 채찍질을 당했습니다. 끌려가서 몽둥이에 맞은 적도 세 번이나 있었습니다. 한번은 돌에 맞기도 했습니다. 세 번이나 조난을 당해서 온 종일 바다에서 헤매기도 했으며, 여행을 다니다가 강에 빠질 뻔하기도 하고, 강도를 만나기도 했으며, 동족으로부터 위협을 받기도 했고, 이방인에게 잡혀 위험에 처하기도 했으며, 광야에서, 또는 번화한 도시에서 수도 없이 많은 위기를 겪었습니다. 그럼에도 불구하고 내게는 모든 교회에 대한 걱정이 끊이지 않았습니다." 이것이 어디 자랑이 될 수 있겠습니까? 바울은 자신이 가진 것이라곤 떡 다섯 개와 물고기 두 마리뿐임을 자랑하고 있는 것입니다. 그래서 바울은 이렇게 말합니다. "내게 자랑할 것이 있다면, 그것은 내가 나의 약함을 자랑스럽게 내보일 수 있다는 것입니다."

만일 바울이 얼마나 약한 사람이었는지 기록된 것이 없다 하더라도, 마음 속으로 그는 스스로에게 그렇게 말했을 것입니다. 그래서 바울은 자신의 선교여행을 들려줄 수 있었으며, 고린도와 소아시아에서 정말로 위대한 선교사역을 해냈습니다. 바울은 환상에 사로잡혀 놀라운 일들을 듣습니다. 그것은 분명히 바울에게 초라한 떡 다섯 개 이상을 보여줍니다. 바울의 말을 계속 들어봅시다. "주님께서는 수많은 계시를 통해서 제가 자만에 빠지지 않도록 하셨으며, 내 살에 박혀 있는 가시를 내버려 두셨습니다. 그것은 저로 하여금 자만에 빠지지 않게 하려는 것이었습니다. 저는 주님께 그 아픔을 없애 달라고 세 번이나 간청했습니다. 하지만 주님께서는 이렇게 말씀하셨습니다. '내 은혜가 네게 족하도다 이는 내 능력이 약한 데서 온전하여짐이라.'"

여러분도 그와 같은 처지에 있습니다. 제자들이 가지고 온 그 빈약한 식사거리를 보시면서도 개의치 않으셨던 주님께서는 바울에게 "네가 가진 떡 다섯 개 가운데서 내 능력이 온전해진다"고 말씀하시는 것입니다. 그제서야 주의 복을 깨닫게 된 바울은 이렇게 말합니다. "나는 이제 나의 약함을 더욱 더 담대하게 자랑할 수 있게 되었습니다. 주님은 나의 약함을 통해 그 능력을 드러내십니다. 나는 나의 약함과, 내가 당한 모욕과 고난과, 내가 겪은 온갖 고생을 기쁜 마음으로 받아들일 수 있습니다. 내가 약할 때가 바로 내가 강건해지는 때이기 때문입니다." 바울은 그리스도께서 자신의 약함을 통해서 복 주셨기 때문에 자신은 약할지라도 자신이 전하는 복음은 강한 것이라고 말합니다. 마가는 아마도 이렇게 말했을 것입니다. "제자들이 가진 것은 떡 다섯 개와 물고기 두 마리뿐이었지만, 그것만으로도 충분한 것이었다. 왜냐하면 그리스도께서 그것을 충분히 먹고도 남을 만큼 늘려주시기 때문이다." 나는 이렇게 말하려고 합니다. "부족한 능력으로 세상을 대면하지만 내가 당황하지 않는 까닭은, 그리스도께서 복 주심으로 충분하게 채워주시기 때문입니다."

한번은 제가 한 설교가 너무도 초라하게 느껴져서 뒷문으로 도망이라도 갔으면 하는 생각이 든 적이 있었습니다. 그런데 문 앞에서 누군가가 설교의 어느 부분이 자신에게 참으로 도움이 되었다고 말해 주는 것이었습니다. 그분은 설교에 대해서 거의 말한

적이 없던 분이었습니다. 지금까지도 저는 제 설교의 어느 부분이 그분에게 도움이 되었는지 알지 못합니다만, 분명한 것은 제가 가진 부족한 떡 다섯 개가 복을 받았고, 그분은 충만함을 얻었다는 것입니다.

또한 보스턴 시립병원에서 병원목회 수련을 하던 중 이런 일이 있었습니다. 하루는 병원 담임목사가 우리 중 누군가가 들러보았던 환자를 찾아간 적이 있었습니다. 그 환자는 담임목사에게 한 학생의 병문안을 받았을 때 마치 하나님께서 직접 와 주신 것 같았다고 말했습니다. 담임목사는 보고서를 뒤지면서 그토록 놀라운 일을 한 학생이 누군지 찾아내려고 열심이었습니다. 하지만 담임목사는 그 환자를 방문했던 학생이 아무런 보고서도 작성해 놓지 않았음을 알게 되었습니다. 그 학생은 자신이 거룩하신 분의 현존을 드러내는 매개가 된다고는 생각조차 못했던 것입니다. 하지만 그가 가진 떡은 주님의 복을 받았고, 외로운 환자의 배고픔을 채워주기에 충분했습니다.

이러한 놀라운 일들은 모두 우리가 가진 떡 다섯 개를 내놓을 때 가능해집니다. 십오 년 전, 학생들은 모두 똑같이 떡 다섯 개밖에 안되는 결단으로 식탁에 둘러앉았습니다. 그런데 그들에게 놀라운 변화가 생기기 시작했습니다. 여러분이나 내가 앞으로 어떤 부름을 받게 될지 어떻게 알겠습니까?

만일 여러분이 사람들을 먹이기 위해 여러분이 가진 떡 다섯 개를 담대히 내놓는다면, 여러분도 놀라운 역사에 참여할 수 있을 것입니다. 오병이어의 기적이 다시 한 번 재현될 것입니다. 왜냐하면 이 이야기의 핵심은 떡과 물고기의 변화에 있는 것이 아니라, 그것이 복을 받았을 때 사람들에게 어떤 변화가 일어났느냐에 있기 때문입니다. 대대로 계속해서 수많은 사람들은 그리스도의 복 주심 가운데 자신들의 떡 다섯 개를 베풀었던 연약한 사도들에 의해 주린 배를 채울 수 있었습니다. 이것이야말로 사도들이 거둔 진정한 성공이며, 이제는 우리의 차례가 되었습니다. 여러분이 그들에게 먹을 것을 주십시오.

스토리 보류의 전형을 보여주는 데 이보다 더 훌륭한 설교는 없을 것이다. 이 설교는 정확하게 내러티브 설교 모델에 부합된다. 이제 설교 순서에 따른 분석을 통해서 하나씩 살펴보자. 그런 다음, 몇 가지 내러티브 성격에 따라 분석해 볼 것이다.

설교 순서에 따른 분석

때때로 우리 모두는 방황합니다. "지금 내가 여기서 무엇을 하고 있는 걸까?" 제가 여기서 관심을 기울이는 것은 소명의식이 불확실하기 때문에 생기는 혼란에 대해서가 아닙니다. 나는 신학생들이 종종 자신이 부족하다는 느낌을 갖게 될 때마다 시달리는 무기력함과 고통에 대해서 말하려고 합니다.

린더 켁 교수는 갈등을 제시하는 것으로 설교를 시작하고 있다. 여기서 세 가지 점을 눈여겨 볼 필요가 있다. 첫번째, 그 갈등은 청중들에 관한 것이지, 설교자에 관한 것이 아니라는 점이다. 린더 켁 교수는 청중들이 접하는 세계로부터 설교를 시작하고 있다. 두번째, 설교자는 그 갈등이 어떤 것인지 분명히 말하고 있다. 그것은 청중들의 오해를 막기 위한 것이다. 세번째, 관련된 성경본문을 제시하지 않고 있다. 이 점은 설교자가 신약성서학 교수이며, 신학교 채플시간에 한 설교라는 점을 감안해 볼 때, 의외의 일이다.

사실 이곳의 커리큘럼은 학생들로부터 확신을 빼앗기 위해 만들어진 것처럼 보이기도 합니다. 한편으로, 우리들의 지식과 사고의 범위는 너무 좁아 우리는 우리가 직면하고 있는 거대한 문제들 속에서 짓눌리고 있습니다. 그것에 비해 교회 강단에서 내리는 단순한 답변은 그 내용이 너무 빈약해 보입니다. 우리가 대면해야 할 사람들의 뒤틀리고 상처받은 심성을 치유하는 일은 단순히 '그리스도를 위한 결단'을 내리는 것만으로는 부족합니다. 우리에게 부여된 그 사역이 너무나 거대해서 어떻게 해볼 수 없는 것처럼 느껴지는 그 순간에도, 우리는 부모님의 기대, 고향 마을 사람들의 기대, 우리 스스로가 자신에게 거는 기대로부터 벗어날 수 없다는 것을 더욱 절실하게 깨닫습니다. 더구나 우리 사회의 얽힌 매듭을 푸는 일은 복음전도의 십자군들과 그들의 전도사역보다도, 힘겹게 싸워 이긴 선거에서의 승리보다도 더 벅찬 일일 것입니다. 인플레이션에 대한 타개책과 경기 불황에 대한 타개책 사이의 대립과 긴장은 우리 사회가 얼마나 복잡하게 얽혀 있는지를 잘 보여줍니다. 우리가 처한 상황은, 모세가 이스라엘 민족을 이끌던 시절, 이스라엘 정탐꾼이 가나안 땅에 들어갔던 때와 아주 흡사합니다. 여러분도 아시겠지만, 가나안 땅에 들어갔던 이스라엘 정탐꾼이 입에 달고 온 소식은 젖과 꿀에 관한 것만은 아니었습니다. 그들의 가슴 속에는 공포심이 가득했습니다. 그 땅은 거인들이 다스리고 있었으며, 그들은 너무나 강한 반면, 히브리인들은 너무도 허약해서 그들을 도무지 대적할 수 없을 것처럼 보였습니다.

곧바로 도입부의 갈등은 더 복잡한 양상으로 전개된다. 설교자가 청중들을 딜레마에 빠뜨리고 있는 점을 주목해 볼 필요가 있다. 한편으로 학생들은 신학교 교육과정을 통해서 세상이 그들에게 너무나 많은 것을 요구하고 있음을 깨닫고는 자신감을 잃는다. 동시에 학생들은 그것을 통해 더 많은 능력을 가져야 함을 깨닫게 되며, 그로 인해 그 동안 자신들이 가진 것으로 여겼던 자질이 부족한 것이라는 생각에 절망하기도 한다. 하지만 이런 문제들만으로는 충분치 않다. 린더 쾍 교수는 다른 것은 차치하더라도, 학생들이 신학의 위기로부터 자유롭지 않다는 것을 보여주면서, 이러한 양 극단에 청중들을 붙잡아두고 있다. 이러한 상황은 단순히 개인적 실존에 관한 것만은 아니다. 그것은 혼란스러운 사회 상황 속에서 구체화되는 것이다. 갈등을 더욱 복잡하게 만드는 네번째 것은 바로 이것이다. 하지만 아직까지도 우리는 설교의 다음 막으로 좀처럼 넘어가지 못하고 있다. 또한 우리는 설교자가 어떻게 청중들을 원래 의도대로 계속

확실하게 붙잡아두고 있는지 살펴봐야 한다. 설교자는 일부 청중들이 이러한 갈등의 원인이 되는 신학교를 성급하게 비난할 가능성에 대해서 미리 선수를 친다. 주저함 없이, 우리가 알고 있는 것처럼 설교단에서 내놓는 대답들은 실로 빈약하다는 것이다.

아직까지도 성경본문은 제시되지 않고, 학생들은 점점 더 긴장감을 느끼며, 원래 가지고 있던 그저 그럴 것이라는 기대감은 점점 더 고조되어 가고 있다. 결국 성경을 언급하게 되는데, 여기서 어떤 청중들은 지금 언급하고 있는 성경내용이 설교의 기본 바탕이 될 것이라고 여길지도 모른다. 하지만 그런 생각은 설교를 제대로 이해하는 데 오히려 방해만 될 뿐이다. 분명히 설교자는 청중들의 자의식을 한 마디로 표현하자면, 바로 '두려움'이 될 것임을 누구보다 잘 알고 있었다. 아마도 청중들은 설교가 시작될 때까지 잊고 있었을지 모르지만.

다른 한편으로는, 우리의 사명을 이룰 수 있을 것 같던 느낌이 바로 신학교에서 겪은 경험으로 닳아 없어지기도 합니다. 우리는 예전에 우리가 믿었던 것만큼 그렇게 확고하게 믿고 있지 않다는 사실을 깨닫습니다. 그것은 우리가 복음의 내용을 더 많이 알게 되어서가 아니라, 어느 날 밤 늦게 우리 자신이 더 이상 복음을 확신하지 않는다는 사실을 깨달았기 때문입니다. 이렇듯 비관적인 분석들은 우리 모두에게 적용됩니다. 그리고 신학 학부가 학생들을 그렇게 만드는 것은 좋은 것이기도 합니다. 로마 황제들을 암살한 것이 역사적인 승리가 되었다고 할지라도, 그 순간 우리가 그렇게 했을 것인가는 장담할 수 없습니다. 우리는 우리가 가진 무기를 사용할 수 있을지 확신하지 못하고 있습니다. 사실 우리는 우리가 가진 무기가 무엇들로 이루어졌는지는 압니다. 여러분이 배운 J,E 문서설 같은 복잡하기 짝이 없는 각종 성서비평학 지식들, 누가복음이 공관복음서의 기초라는 그리고 바울의 회심 등이 그런 것들입니다. 하지만 지금 우리는 그것들을 어떻게 다시 짜맞추어야 하는지를 모릅니다. 어떤 이들은 그 무기가 가장 필요할 때, 제대로 작동되지 않을까봐 두려워하며, 또 어떤 이들은 자신들의 무기가 성경에 쓰여진 대로 효과를 낼 수 있을지 의심합니다.

이제 우리가 발 디딜 만한 최소한의 발판마저 밑으로 꺼져버렸다. 우리는 신학공부로는 아무것도 이루지 못했으며, '복음이 무엇인지' 조차 확신할 수 없게 되었음을 인정해야 한다. 설교자가 이렇듯 충격적인 현실을 깨닫는 일이 하룻동안에 일어난 것이 아니라, '어느 날 밤 늦게' 일어난 사건으로 표현했음을 주목해야 한다. 설교자는 언어의 비유적인 속성을 제대로 이해하고 있는 것이다.

이제 린더 켁 교수는 비유를 들어 설명하고 있는데, 이 점은 눈여겨 봐야 할 부분이다. 비유는 어떤 것이든지 강렬한 이미지를 환기시킬 수 있는 잠재력과 생각을 예기치 못했던 방향으로 끌고 갈 가능성을 동시에 가지고 있다. 총의 이미지는 아주 명확하고 현실적인 것이다. 청중들은 그 총이 작동되리라는 것을 의심치 않는다. 설교자는 성경연구의 틀에 대해서도 명확하고 사실적인 진술을 하고 있다. 그것들 역시 그 효과가 분명하다. 문제는 그 무기에 있다. 그것은 오히려 우리의 부족함으로 인해 효과적으로 사용될 수 있다. 글쎄, 아마도 어떤 이들은 의구심을 가질지도 모르겠다. 그 이후부터 설교자는 여러 부류의 청중들을 계속 언급해 나간다. 이러한 부분적인 진술이 없었더라면, 청중들 중 일부를 소외시키는 결과를 초래했을 것이다. 설교자는 이러한 점을 잘 알고 있다.

이렇듯 커다란 불안과 심리적인 동요는, 우리가 우리 자신이 누구이며, 우리에게 가장 귀중한 능력이 무엇인지에 집중할 수 있을 때 진정될 수 있습니다. 현재의 자기 모습을 밝혀내고자 하는 것은 바람직한 자기 상(像)을 그리는 것보다 더 중요합니다. 왜냐하면, 우리는 혼란스러운 문화 속에서 살아가고 있으며, 끊임없이 의미있고 중요한, 의지할 만한 무언가를 찾는 그런 시대와 공간 속에 던져진 존재이기 때문입니다. 유럽에서 온 우리의 선조들이 처음으로 인디언들을 해안에서 몰아내기 시작한 이래로 우리 후손들이 우리 선조들보다 더 낫다고 장담할 수 없게 되었습니다. 또한 우리 후손들은 앞세대가 소비지향적이고 낭비를 일삼는 경제로 자신들을 파탄으로 몰고 간 것에 대해서 책임을 져야 한다고 무섭게 대들기도 합니다. 이 사회에서 우리 세대가 교육자들과 정치가, 성직자들에 의해 찬양되고, 신성시되기까지 한 미국식 생활방식에 대한 온갖 선전들을 귀가 따갑도록 듣기 시작한 것은 그리 오래되지 않았습니다. 하지만 동시대를 함께 살아가고 있는 사람들에게 진실을 말해 줄 수 있는 현명하고 통찰력 있는 사람은 어디에 있습니까? 진실을 목청껏 소리높여 말하기는 쉽습니다. 하지만 누가 그것을 설득력 있게 말할 것이며, 새로운 대안을 제시할 수 있겠습니까? 우리의 교회 역시 그들이 추구하고 지켜 나가는 이 땅의 문화처럼 불확실하기는 마찬가지입니다. 한 면에는 온갖 딜레마와 위기가 실려 있고 그 다음 면에는 교회에 대한 광고들 — 무언가에 주리고 갈구하는 사람들에게 아무런 도움이 되지 않을 것 같은 설교와 행사들을 뻔뻔하게 알리는 그런 광고들 - 로 가득 찬 토요일판 신문보다 더 절망적인 것이 어디에 있겠습니까?

청중들의 문제가 어떤 것인지 다각도로 보여주고 난 후에, 린더 켁 교수는 그에 대한 해답을 제시하려고 하지만, 이 첫번째 해답은 충분치 않다는 점에 주목하자. 이 부분에서, 설교자가 자신의 메시지에 대해 어떤 반응을 기대하는지 감을 잡은 청중들도 있을 것이다. 하지만 설교자는 여기서 일부 청중들이 해답일 것이라고 생각한 것을 간단하게 무시한다. 물론 설교자는 청중들이 이제 준비가 되었음을 확신한다. 어떤 설교자라도 청중들이 불편함을 참고 계속 들을 수 있을지, 또 들어주려고 할지도 모르는 상황에서, 어떤 문제에 대해 이렇게 자세하게 분석적으로 늘어놓지는 못할 것이다. 해답을 찾으려는 욕구는 그 만큼 큰 것이라, 청중들은 이러한 딜레마에서 빠져 나오고 싶어한다. 린더 켁 교수는 그런 욕구가 청중들에게서 자연스럽게 나오는 '본성'임을 알고 있었다. 하지만 린더 켁 교수는 그런 욕구를 중간에 차단한다.

린더 퀙 교수는 미국 역사를 들먹이기도 하고, 현재의 경제와 정치적 선전들에 대해서, 또한 교회생활에 대해서도 늘어놓는다. 이러한 언급은 이제 막 손에 넣은 것 같은 해답을 다시 의심해 보게 한다.

바꿔 말하면, 우리 자신의 행복만을 추구하는 이기심을 버릴 때, 우리는 세상과 우리 자신에 대해서 정확하게 알게 되리라는 것입니다. 바로 우리 자신을 바로 보게 하는 이러한 자극이 우리로 하여금 진리의 말씀과 고귀한 사역을 갈구하게 합니다. 만일 해야 할 것은 너무도 많은데 가진 능력이 턱없이 부족하다고 느끼는 사람이 자신뿐이라고 생각한다면, 어리석은 것입니다. 교사들, 사회 활동가 그리고 경제학자들도 그런 고민을 합니다. 하지만 저는 바로 그런 여러분들에게 관심을 가지고 있습니다.

린더 퀙 교수는 위와 같이 문제를 정리하고 있다. 설교자가 이런 식으로 요약했을 때, 두 가지 중요한 결과가 발생한다. 첫째, 청중들의 삶의 범위가 미치지 못하는 곳에다 문제를 갖다 놓음으로써 문제를 객관화한다. 이렇게 함으로써 설교상의 갈등을 줄이는 결과를 가져온다. 하지만 결국은 그 반대가 된다. 앞에서 린더 퀙 교수가 청중들이 부딪치는 문제에 대해서 여러 각도로 조명한 것을 기억할 것이다. 그가 이런 식으로 문제를 요약하지 않는다면, 그 결과 핵심을 다루기가 어려웠을 것이며,

설교 내용은 산만해졌을 것이다. 두번째, 문제를 이렇게 말끔하게 정리해 놓음으로써 청중들이 해답에 접근할 준비를 할 수 있게 한다.

우리의 진단이 온전한 것은 아닙니다만, 어떤 이야기에 귀를 기울여보는 것이 어떨까 싶습니다. 이상하게 들릴지도 모르겠지만, 이 이야기는 단순히 그 내용만 듣는다면, 핵심을 놓칠 수도 있습니다. 사실 어떤 점에서는 이 이야기가 전적으로 믿을 수 없는 것이기도 하고, 한편으로는 믿을 수 있을지도 모르겠지만 … 이야기를 들어보기도 전에 미리 실망할 필요가 뭐 있겠습니까?

여기서 청중들은 분명히 안도감을 느끼며 해답을 찾을 수 있는 이야기를 기대하게 된다. 신약 성서학 교수인 설교자가 이제야말로 성경적인 답을 제시할 것이기 때문이다. 지금까지 청중들은 끈기 있게 기다려 왔다. 그런데 설교자는 그 이야기가 전혀 해결책을 제시하지 못할 수도 있다고 말한다. 사실 그 이야기는 '믿을 수 없는' 것이기 때문이란다.

〔마가복음 6:30-44〕

이 이야기는 우리가 어디에 있는지, 또 무엇을 기대하고 있는지를 깨닫게 해줍니다. 그렇지만 이 이야기를 제대로 이해하기는 쉽지 않아 보입니다. 우리는 이 이야기를 오병이어의 기적이라고 불러 왔으며, 예전에는 바로 그 자리에 교회가 세워졌지만 지금은 폐허만 남은 곳에 성지 여행 가이드를 따라서 가보기도 합니다. 하지만 마가는 우리들처럼 기적에는 관심을 보이지 않습니다. 사실 마가는 그 떡과 물고기가 어떻게 되었는지는 말하고 있지 않습니다. 이제 이야기로 돌아가 봅시다.

여기서 설교자는 훌륭한 성서학자가 되어서, 청중들이 어떻게 듣고 있는지를 판단하고 있다. 다시 한 번 린더 켁 교수는 청중들이 갈피를 못잡고 곧바로 기적에 대해서 골몰하고 있음을 감지한다. 우리도 그랬다면, 우리 역시 설교자의 의도에서 멀리 벗어나 있는 것이다. 우리는 설교에서 이야기되고 있는 중요한 삶의 진실을 주목해야 한다. 그것은 우리가 설교 외의 것에 주목하면 할수록, 설교의 틀을 다시 짜는 것이 힘들어진다는 것이다. 그런 까닭에 설교자는 신속하게 우리의 관심을 기적으로부터 사람들에게로 옮겨놓는 것이다.

여기 수많은 사람들이 예수 곁에 모여 있습니다. 예수께서 보시기에, 그들은 목자 없는 양 떼 같았으며 이리저리 방황하고 있었습니다. 목자 없는 양 떼를 본 적이 있습니까? 조지아(Georgia) 농장에서 울타리를 쳐놓고 키우는 열 마리 정도의 양들을 상상하지는 마십시오. 로키 산맥 서쪽 태평양 연안 일대의 양 떼들을 봤다면 이해하기 쉬울 것입니다. 이 양 떼들은 먹이와 보호를 전적으로 양치기에게 의존합니다. 양치기와 개가 어디로 사라져버리면, 양 떼들은 밤새도록 두려움으로 '메에, 메에' 하고 울면서 헤매고 다니다가 위험에 빠지거나 심지어 죽기까지 합니다. 우리는 비록 도시에 살고 있지만 충분히 상상은 해볼 수 있습니다. 따를 만한 지도자는 찾아볼 수 없고, 우리를 채워줄 진리도 없습니다. 바로 지금이 우리의 갈증과 주림을 채워야 할 때입니다.

다시 한 번 설교자가 납득되지 않는 오병이어 기적에 대해 짚고 넘어가는 단계를 마련하지 않았더라면, 청중들은 다시 스토리에 참여하려고 하지 않았을 것이라는 점에 주목해 보자. 청중들은 그제서야 세부적인 내용에 귀를 기울일 준비가 된 것이다. 만일 마가복음에 나오는 이 이야기가 해결책이 담긴 것으로 제시되었다면, 청중들은 이미 어렴풋하게 나와 있는 답을 설교자가 빨리 말하기를 원했을 것이다. 하지만 설교자는 그렇게 하지 않고 우선 그 이야기를 왜 믿을 수 없는지를 밝히는 데 청중들을 끌어들이고 있다. 그렇게 해서 청중들은 오병이어의 기적이 벌어지고 있는 현장에 놓이게 된다. 물론 그 과정에는 해결책이 암시되어 있다.

우리는 설교자가 그 때와 지금의 문화적인 차이가 이미지를 떠올리는 데 별로 방해가 되지 않는다고 확신하고 있음을 알 수 있다. 사실 나는 어느 정도 낯선 부분이 오히려 이미지를 생생하게 환기시켜 줄 수 있다고 믿는다.

제자들은 그 상황과 사람들의 요구에 민감했습니다. 또한 그들은 자신들이 어디에 있는지 — 그곳에는 팔레스타인의 산들과 협곡들만 있다는 것을 잘 알고 있었습니다. 그래서 제자들은 이렇게 말합니다. "이곳은 빈 들이요 때도 저물어 가니 무리를 보내어 두루 촌과 마을로 가서 무엇을 사 먹게 하옵소서." 이처럼 현실을 분별할 줄 알면서도 따뜻한 연민을 보이는 마음이 또 어디에 있겠습니까? 그들은 기독교 사회윤리에 기초한 책임과 사회적 행동의 가치를 분명히 알고 있었습니다.

린더 켁 교수는 설교자들이 내용을 연결할 때 흔히 쓰는 "우리도 그처럼…"이라거나 "그들은 우리와 마찬가지로…" 등의 현학적인 표현을 사용하지 않는다. 린더 켁 교수는 우리가 암시적인 연관성을 이해할 수 있으리라고 믿고 있다. 하지만 이런 질문을 던져볼 수 있다. 사람들이 그런 연관성을 이해하지 못하면 어떻게 되는가? 설교자라면 누구나 이러한 사안이 청중들의 이해력을 과소평가하고 무시하게 되는 결과를 초래하든지, 아니면 그 반대로 청중들의 부족한 이해력을 고려하지 못하게 되든지의 문제라는 것을 알고 있다. 해답은 이렇다. 우선 청중들이 다 이해할 것이라는 가정하에 이야기를 하고, 그 다음에 이야기를 따라잡지 못하는 청중들을 위해서는 기회를 주는 것이다. 린더 켁 교수가 '기독교 사회윤리에 기초한 책임과 사회적 행동'에 대해서 현대적인 말로 풀어놓는 것은 그런 청중들을 고려한 것이다.

하지만 예수께서는 다른 생각을 하고 계셨습니다. 아주 현실적인 제자들의 제안에 예수께서는 참으로 말도 안되는 주문을 합니다. "너희가 먹을 것을 주라." 제자들은 어안이 벙벙합니다. 그래서 "우리가 가서 이백 데나리온의 떡을 사다 먹이리이까?" 하고 분통을 터뜨립니다. 당시의 이백 데나리온은 여덟 달 임금에 해당되는 돈입니다. 제자들이 그 돈을 당장 어디서 구해 오겠습니까? 그 때는 신용카드도 없었을 텐데요.

여기서 런더 첵 교수는 성경적인 설교와 청중들을 참여시키는 방법에 대해서 중요한 교훈을 가르쳐주고 있다. 설교자가 어떤 방식으로 예수님의 의도에 불만을 품고 있는 제자들의 편을 들고 있는지 눈여겨보자. 지금은 누구나 예수님이 옳고 제자들이 잘못되었음을 잘 알고 있다. 하지만 일단 그렇게 말하고 나면, 스토리의 극적인 긴장은 줄어들고 만다. 따라서 잠깐 동안이기는 하지만, 제자들의 생각은 합리적인 제안이 되며, 그 반면에 예수님의 명령은 '말도 안되는' 것이 되는 것이다.

이러한 모습은 바로 우리의 모습이기도 합니다. 그렇지 않다고요? 우리에게 요구하는 것에 압도되어 있고, 우리 자신의 보잘것 없는 능력에 주눅이 들어 있지만, 그럼에도 우리는 "너희가 먹을 것을 주라" 는 명령을 듣습니다. 우리의 선배들과 마찬가지로 우리는 우리에게 너무 큰 기대를 걸고 있다고 불평을 터뜨립니다. "우리보고 먹을 것을 구해 오라는 것입니까?" 이 말은 이렇게 옮겨 볼 수 있을 것입니다. 에모리(Emory) 신학대학원에 들어가서 최소한 신학석사 학위라도 받아야 한다는 것입니까? 틸리히(Tillich)나 몰트만 (Moltmann), 또는 류터(Ruether) 같은 신학자들에게 뭔가 구해 와야 한다는 것입니까? 성장을 거듭하는 교회의 보수적인 목사들에게 가라는 것입니까? 아니면 카리스마적인 목사들에게 가라는 것입니까?

여기서 설교자는 스토리의 세부 내용을 생생하게 전달하려고, 청중들에게 직접 이야기를 한다. 하지만 런더 퀙 교수의 이야기는 "우리도 바로 그처럼…" 하는 식의 말처럼 경색된 것이 전혀 아니다. 오히려 우리가 가진 딜레마에 대한 중압감을 더욱 가중시키고 있다. 우리는 "우리 자신의 보잘것 없는 능력에 주눅이 들어 있지만", 그 순간에도 무엇을 하라는 명령을 받고 있는 것이다.

설교자는 더 많은 지식과 능력, 기술을 갈망하는 우리 마음을 성경의 사건 속에 나오는 대화를 통해 나타내고 있다. 그렇게 하면서도 본문의 내용을 왜곡시키지 않음을 잘 봐두어야 한다. 설교자는 "이 말은 이렇게 옮겨 볼 수 있을 것입니다…" 라는 말에 대해서 책임을 지고 있다.

하지만 예수께서는 제자들을 아무 곳에도 보내지 않았으며, 먹을 것을 구해 오라고 하지도 않았습니다. 오히려 예수께서 물어본 것은 너무도 간단하고 엉뚱한 것이라, 제자들은 '지금 저분이 어떤 상황인지나 알고 저러시는 걸까?' 했을 것입니다. "너희에게 떡 몇 개나 있느냐 가서 보라." 가지고 있는 떡이 몇 개가 된다 한들 그게 무슨 소용이겠습니까? 얼마나 된다고 그 많은 사람들을 먹일 수 있겠습니까? 하지만 그럼에도 불구하고 제자들은 가서 알아보았습니다. 아마도 얼마 정도는 얻을 수 있다고 생각했을 것입니다. 그리고 돌아와서 퉁명스럽게 말합니다. "선생님, 떡 다섯 개와 물고기 두 마리가 있습니다." 생각했던 것보다 훨씬 더 나빴습니다. 그 정도 갖고는 예수와 제자들이 먹기에도 부족했습니다. 한 사람이 떡 반쪽과 생선 한 토막을 먹는다고 하더라도 말입니다.

여기까지도 바뀐 것은 아무것도 없다. 린더 켁 교수는 다시 한 번, 청중들이 예수님의 지혜에 대해 의구심을 갖도록 하고 있으며, 심지어 "지금 저분이 어떤 상황인지나 알고 저러시는 걸까?" 하고 말하기까지 한다. 터무니없는 명령임에도 불구하고 제자들은 따르고 있으며, 린더 켁 교수는 그런 내용을 통해서 긴장감을 불어넣고 있다.

이런 경우처럼 잘 짜여진 스토리를 구사할 때, 그 표현 기법을 아는 사람이라고 해도, 이 지점에서 정작 중요한 것에 대해서는 간과하는 경우가 많다. 어떤 스토리가 결정적인 순간으로 넘어가는 부분에서 일단 부연 설명을 하게 되면, 다시 스토리로 들어가기가 쉽지 않으며, 다시 스토리로 돌아가야 하는지에 대해 확신을 잃게 된다. 이것은 한참 변주를 하다가 한 소절이 끝날 때까지 언제 원래 멜로디로 돌아가야 할지 갈피를 못잡는 재즈 연주가의 경우와 매우 흡사하다. 그럴 경우에는 후렴이 다

끝날 때까지 기다려야 한다.

이제 예수께서는 현실을 직시하고 군중들을 해산시켜야 하겠죠. 가진 것이 아무것도 없으니까요. 우리는 제자들이 어떤 처지에 있는지 너무도 잘 알고 있습니다. 우리 역시 거기에 떡 다섯 개와 물고기 두 마리를 들고 서서 세상의 요구에 직면해 있습니다. 또 다른 옛날이야기들을 해봅시다. 이스라엘의 정탐꾼들과 가나안의 거인들, 다윗과 골리앗, 에베소에서의 바울, 아프리카 오지의 슈바이처, 몽고메리 시의 마틴 루터 킹 그리고 이곳 애틀랜타의 여러분과 저. 하지만 우리가 가진 것을 나누기 원한다면 세상을 만만하게 봐서는 안됩니다. 세상이 안락하고 친근하게 느껴진다고 하더라도 말입니다.

우리는 이제 청중이 처한 문제의 결정적인 지점에 이르렀다. 그 문제는 청중들의 경험 세계에 놓이게 되며, 이제 성경의 이야기 속에서 재연된다. 여기서 설교자가 어떻게 우리 모두를 그 딜레마에 대면하게 하는지 주의깊게 살펴보라. 우리는 혼자가 아니라, 수많은 성인들과 함께하고 있으며, 우리 모두는 세상의 커다란 요구와 보잘것 없는 우리 능력 사이의 딜레마에 빠져 있다. 위 단락이 이 설교의 제목과 어떻게 연관되는지 주목할 필요가 있다.

예수께서는 난처해하지 않으셨습니다. 예수께서는 사람들을 오십 명씩, 백 명씩 모여앉게 하셨습니다. 그리고는 그 떡과 물고기를 들어 감사의 기도를 한 다음, 나누어 주셨습니다. 모든 유대인 가정에서 그 아버지들이 하는 것처럼 말입니다. 예수께서는 떡과 물고기를 제자들에게 주어 사람들에게 나누어 주라고 하셨습니다. 한 번 생각해 보십시오. 먹을 것을 얻기 위해 사람들은 길게 줄을 서 있고, 오천 명이 넘는 사람들에게서 배고픔으로 꼬르륵거리는 소리가 울려 나오며, 만 개가 넘는 눈동자들이 자신들을 응시하고 있음을 느꼈을 때, 제자들은 얼마나 난처했겠습니까?

윗부분에서 린더 퀘 교수가 성경 이야기에 등장할 법한 장면을 어떻게 눈에 거슬리지 않게 끼워넣는지 살펴보았는가? 설교자는 간단하게 계속 펼쳐지는 장면 속에 윗부분을 놓아두고 있다. 여기서 주목할 부분은 또한 설교자가 이 장면을 "이제 예수께서는 그 사람들을 모두 배불리 먹이셨다"와 같은 일반적인 문장으로 표현하지 않았다는 것이다. 설교자는 시각적, 청각적 이미지를 모두 동원하고 있다.

더욱 주목해야 할 것은, 청중들이 배불리 먹었다는 이야기를 설교자가 직접 하지 않는다는 점이다. 설교자는 굳이 말하지 않아도 청중들이 그렇게 짐작한다는 것을 알고 있다. 그것은 다음 단락에서 설교자가 '어떻게'에 대한 질문을 언급할 때, 유추할 수 있다.

이제 우리는 호기심을 거둬들여야 합니다. 우리는 예수께서 어떻게 했을지 궁금해합니다. 군중들은 배불리 먹었지만 우리의 호기심은 계속 굶주린 상태에 있습니다. 마가는 우리가 떡이 아닌 사람들을 보기를 원합니다 군중들이 배불리 먹고도, 남은 음식이 열두 광주리나 되었습니다. 또 그 광주리가 어디서 났느냐고 묻지는 마십시오.

윗부분에서 다시 한 번 린더 퀵 교수는 예상하고 있었지만, 그 기적이 어떻게 일어난 것인가 하는 사람들의 오래된 의문에 부딪치게 된다. 앞에서와 마찬가지로 설교자는 청중들이 원래 의도에서 벗어나는 것을 원치 않고 있다. 심지어 린더 퀵 교수는 스토리가 지향해야 할 방향에서 벗어나게 할 수도 있는, 우리의 궁금증을 자극하는 말을 하고 있기도 하다. 여기서 린더 퀵 교수는 스토리에 등장하는 이미지를 이용해서 이렇게 말한다. "우리의 호기심은 굶주린 상태에 있습니다."

오병이어 기적에 대한 마가의 묘사는 여기서 끝이 납니다. 군중들은 예수께서 부족하지만 그것을 받아들이고 감사기도하셨을 때 배불리 먹을 수 있었습니다. 이것은 바로 신학생 여러분에게도 해당되는 하나님의 말씀입니다. 우리의 부족한 능력으로도 사람들을 먹일 수 있습니다. 사람들이 배불리 먹을 수 있는 것은 그 떡과 물고기가 우리 것이기 때문도 아니고, 그 떡과 물고기가 무슨 마법을 가진 것이라서도 아니며, 오직 우리가 가진 것을 예수께 맡길 때 가능한 것입니다. 이것은 우리가 설령 떡 한 개와 물고기 한 마리를 가졌다 하더라도 마찬가지며, 모든 사람들에게 해당되는 진실입니다.

이제 린더 켁 교수는 복음의 메시지를 전하기 위해서 스토리에서 벗어날 수 있게 되었다. 지금까지 린더 켁 교수는 스토리 흐름 안에 있었다. 이제 그는 스토리에서 비껴서서 한쪽 눈은 스토리를, 다른 쪽 눈은 청중들을 향하고 있다. 이렇듯 결정적인 순간에 '하나님의 말씀'으로 제시함으로써 그 메시지를 강조하는 것이다.

우리를 구원해 줄 복음의 메시지가 들려오는 순간, 우리에게는 그 강렬한 메시지를 받아들일 시간이 필요하다. 린더 켁 교수는 메시지를 강조하면서 시간을 확보하고 있다. 인용 단락에서 예수께서 우리의 보잘것 없는 능력을 변화시킨다는 이 설교의 핵심적인 메시지가 조금씩 다른 세 가지 방법으로 표현되고 있음에 주목해야 한다.

이러한 진실을 공관복음서에서 충분히 깨닫지 못했다면, 고린도후서에 나오는 바울의 이야기를 들어보시기 바랍니다. 고린도인들은 바울이 어떤 사람인지 알지 못했습니다. 바울은 고린도인들에게 그들이 복음을 모르기 때문에 자신의 사명을 이해하지 못한다고 했습니다. 고린도인들은 바울의 힘있는 언변을 수사학이나 철학을 공부한 결과이거나, 신비한 체험을 했기 때문일 것이라고 여겼습니다. 이러한 기준으로 평가되면, 바울의 선교사역은 아무런 소용이 없습니다. 그가 가진 것이라고는 떡 다섯 개와 물고기 두 마리뿐이지만, 그는 수많은 고린도의 똑똑한 사람들을 먹여야 합니다. 고린도인들은 자신들이 자랑할 수 있을 만한 설교자를 원하고 있었습니다.

사도 바울이 말합니다. 자 여러분, 나 역시 자랑할 수 있습니다. 바울이 어떻게 자랑하는지 들어봅시다. "나는 유대인들에게 다섯 번 끌려가서 서른아홉 번의 채찍질을 당했습니다. 끌려가서 몽둥이에 맞은 적도 세 번이나 있었습니다. 한 번은 돌에 맞기도 했습니다. 세 번이나 조난을 당해서 온 종일 바다에서 헤매기도 했으며, 여행을 다니다가 강에 빠질 뻔하기도 하고, 강도를 만나기도 했으며, 동족으로부터 위협을 받기도 했고, 이방인에게 잡혀 위험에 처하기도 했으며, 광야에서, 또는 번화한 도시에서 수도 없이 많은 위기를 겪었습니다. 그럼에도 불구하고 내게는 모든 교회에 대한 걱정이 끊이지 않았습니다." 이것이 어디 자랑이 될 수 있겠습니까? 바울은 자신이 가진 것이라곤 떡 다섯 개와 물고기 두 마리뿐임을 자랑하고 있는 것입니다. 그래서 바울은 이렇게 말합니다. "내게 자랑할 것이 있다면, 그것은 내가 나의 약함을 자랑스럽게 내보일 수 있다는 것입니다."

이제 우리의 설교자는 아주 중요한 결단을 내려야 할 순간에 처해 있다. 설교에서 결정적인 전환이 제시되었고, 이제 청중들은 목적지를 향하고 있다. 아직 설교에서 해야 할 이야기가 남았다면, 우리가 복음을 받아들이는 것이 얼마나 중요한 것인지에 대한 언급이 될 것이다. 우리는 이미 예수께서 우리의 보잘것 없는 능력을 변화시키는 것을 보았고, 우리에게 내려진 명령이 무엇인지 알고 있다. 설교자는 청중들이 이렇게 기대하고 있다는 것, "이제 마지막 부분만 남았으리라"고 예상하고 있음을 이해하고 있다.

하지만 린더 켁 교수는 그런 기대를 따라가지 않는다. 오히려 바울이라는 다른 인물을 등장시키며, 더 구체적인 다른 두 가지 사례를 제시한다. 그 이야기는 삼 분 정도의 분량이다. 그럴 필요가 있었을까?

솔직히 말해서, 린더 켁 교수가 그저 그런 설교자였다면, 그렇게 하지 않는 편이 더 나을 것이다. 거기에는 중요한 이유가 있다. 일단 그렇게 하고 나면, 긴장감이 한창 고조되었다가 풀리게 된다. 일단 청중들이 설교에서 새로 언급된 내용에 매달리게 되면, 다른 해결책을 요구하게 된다. 만일 세부적인 진술을 통해서 그 내용이 요약이 아니라는 것이 명백해지고, 앞의 이야기와는 관계없이 바울의 삶을 주요하게 다루는 것이 된다면, 더욱 더 그럴 것이다.

린더 켁 교수는 바울의 이야기를 넣지 않으려고 했을지도 모른다. 거기에는 그럴 만한 이유가 있다. 린더 켁 교수는 이미 청중들의 신뢰를 얻고 있다. 청중들은 설교의 결정적인 순간에 자신들의 경험을 갖고 들어가고 있을 뿐 아니라, 앞으로 설교자가 설교할 내용에 대해서도 점점 더 신뢰하고 있다. 아마도 린더 켁 교수는 바울의 이야기를 끌어들이는 것이 위험하다는 것을 알면서도 그 이야기가 설교의 목적을 달성하는 데 필요하다고 생각했을 것이다. 분명히 원래의 문제로 돌아가는 것이 타당해 보인다. 자, 어떻게 되는지 살펴보자.

만일 바울이 얼마나 약한 사람이었는지 기록된 것이 없다 하더라도, 마음 속으로 그는 스스로에게 그렇게 말했을 것입니다. 그래서 바울은 자신의 선교여행을 들려줄 수 있었으며, 고린도와 소아시아에서 정말로 위대한 선교사역을 해냈습니다. 바울은 환상에 사로잡혀 놀라운 일들을 듣습니다. 그것은 분명히 바울에게 초라한 떡 다섯 개 이상을 보여줍니다. 바울의 말을 계속 들어봅시다. "주님께서는 수많은 계시를 통해서 제가 자만에 빠지지 않도록 하셨으며, 내 살에 박혀 있는 가시를 내버려 두셨습니다. 그것은 저로 하여금 자만에 빠지지 않게 하려는 것이었습니다. 저는 주님께 그 아픔을 없애 달라고 세 번이나 간청했습니다. 하지만 주님께서는 이렇게 말씀하셨습니다. '내 은혜가 네게 족하도다 이는 내 능력이 약한 데서 온전하여짐이라.'"

설교자가 옆길로 벗어난 이유를 밝히기는 어렵지 않다. 성경에 등장하는 무수한 인물 중에서 바울이 선택되었는데, 사실 바울만큼 약점이 많았던 사람도 없었다. 하지만 그러한 약점이 없는 사도 바울이란 생각하기조차 힘들다.

따라서 우리의 부족한 능력에 대한 좌절감을 내용으로 하는 설교를 할 때, 어떻게 바울의 이야기가 빠질 수 있겠는가? 더구나 그 이야기를 통해서 우리가 처한 딜레마를 이해할 수 있을 뿐만 아니라, 사역을 담당할 수 있는 능력을 가늠해 볼 수 있게도 하는데 말이다. 바울과 고린도 교회 사람들은 이 설교에 더할 나위없이 좋은 소재이다. 일단 그 중요성을 알아차리기만 하면, 계속해서 관심을 쏟아붓게 되어 있다.

여러분도 그와 같은 처지에 있습니다. 제자들이 가지고 온 그 빈약한 식사거리를 보시면서도 개의치 않으셨던 주님께서는 바울에게 "네가 가진 떡 다섯 개 가운데서 내 능력이 온전해진다"고 말씀하시는 것입니다. 그제서야 주의 복을 깨닫게 된 바울은 이렇게 말합니다. "나는 이제 나의 약함을 더욱 더 담대하게 자랑할 수 있게 되었습니다. 주님은 나의 약함을 통해 그 능력을 드러내십니다. 나는 나의 약함과, 내가 당한 모욕과 고난과, 내가 겪은 온갖 고생을 기쁜 마음으로 받아들일 수 있습니다. 내가 약할 때가 바로 내가 강건해지는 때이기 때문입니다." 바울은 그리스도께서 자신의 약함을 통해서 복 주셨기 때문에 자신은 약할지라도 자신이 전하는 복음은 강한 것이라고 말합니다. 마가는 아마도 이렇게 말했을 것입니다. "제자들이 가진 것은 떡 다섯 개와 물고기 두 마리뿐이었지만, 그것만으로도 충분한 것이었다. 왜냐하면 그리스도께서 그것을 충분히 먹고도 남을 만큼 늘려주시기 때문이다." 나는 이렇게 말하려고 합니다. "부족한 능력으로 세상을 대면하지만 내가 당황하지 않는 까닭은, 그리스도께서 복 주심으로 충분하게 채워주시기 때문입니다."

린더 켁 교수가 바울의 사례를 말할 때, 특별히 인상적인 부분은 두 가지 진술을 함께 섞어서 제시하고 있는 점이다. 여기서 린더 켁 교수는 떡과 물고기의 이미지를 활용하고 있다. 그는 다섯 번에 걸쳐 "초라한 떡 다섯 개"를 자신이 직접 언급하거나, 바울을 통해서 말하도록 하고 있다. 이렇게 반복된 떡 다섯 개의 이미지는 설교를 통일적으로 엮어주는 데 그치지 않는다. 그것은 청중들에게 복음서에 나오는 이 이야기가 단순히 신기한 이적 따위가 아니며, 결코 기적에 대한 이야기쯤으로 치부되어서는 안된다는 점을 분명히 하고 있는 것이다. 오병이어 기적이 말하고 있는 것은 성경의 기록과 교회의 역사를 통해서 줄곧 증거되어 온 항상 변치 않으시는 주님과 언제나 변함없는 변화의 능력이다.

더구나 이제는 설교자를 통해서 바울이 우리와 함께하게 된 까닭에, 약점은 더 이상 어쩔 수 없이 받아들여야 할 한계가 아니라, 신앙의 실천의 문을 열어주는 열쇠가 되는 것이다. 우리의 약점은 온전하신 그리스도의 능력의 통로가 된다. 이러한 반전이 어디에 있겠는가?

한번은 제가 한 설교가 너무도 초라하게 느껴져서 뒷문으로 도망이라도 갔으면 하는 생각이 든 적이 있었습니다. 그런데 문 앞에서 누군가가 설교의 어느 부분이 자신에게 참으로 도움이 되었다고 말해주는 것이었습니다. 그분은 설교에 대해서 거의 말한 적이 없던 분이었습니다. 지금까지도 저는 제 설교의 어느 부분이 그분에게 도움이 되었는지 알지 못합니다만, 분명한 것은 제가 가진 부족한 떡 다섯 개가 복을 받았고, 그분은 충만함을 얻었다는 것입니다.

이제 남은 것은 오병이어 기적이 어떻게 현실에서 실현되는가를 한번 그려보는 것이다. 우리는 린더 퀙 교수가 그것을 우리에게 먼저 적용해 보는 것이 아니라, 자신의 사례를 먼저 말하고 있음을 주목해야 한다. 그는 전혀 과장 없이 말하고 있다. "지금까지도 저는 제 설교의 어느 부분이 그분에게 도움이 되었는지 알지 못합니다만…" 린더 퀙 교수는 바울의 손 안에 놓았던 복음서의 떡 다섯 개를 이제 자신의 손 위에 올려놓고 있다. 그러나 능력을 행하시는 분은 그리스도지, 그가 아니다.

또한 보스턴 시립병원에서 병원목회 수련을 하던 중 이런 일이 있었습니다. 하루는 병원 담임목사가 우리 중 누군가가 들러보았던 환자를 찾아간 적이 있었습니다. 그 환자는 담임목사에게 한 학생의 병문안을 받았을 때 마치 하나님께서 직접 와 주신 것 같았다고 말했습니다. 담임목사는 보고서를 뒤지면서 그토록 놀라운 일을 한 학생이 누군지 찾아내려고 열심이었습니다. 하지만 담임목사는 그 환자를 방문했던 학생이 아무런 보고서도 작성해 놓지 않았음을 알게 되었습니다. 그 학생은 자신이 거룩하신 분의 현존을 드러내는 매개가 된다고 생각조차 못했던 것입니다. 하지만 그가 가진 떡은 주님의 복을 받았고, 외로운 환자의 배고픔을 채워주기에 충분했습니다.

린더 퀙 교수는 도움이 될 만한 다른 사례를 언급하고 있다. 린더 퀙 교수는 환자를 감동시킨 그 학생이 누군지 청중들에게 말해 주지 않는다. 아마도 그 학생은 린더 퀵 교수 자신일지도 모른다. 하지만 그렇게 말하지 않은 데는 중요한 이유가 있다. 설교가 나타내는 구원의 힘의 원천은 결코 설교자가 아니다. 이러한 유혹은 처음에는 단지 신자들과 어떻게 하면 목회에 도움이 될까 하는 고민을 공유하려는 데서 비롯되지만, 나중에는 독선적인 것이 되고 만다. 그래서 최근에 참여한 신학교의 설교학 과정에서 린더 퀵 교수는 설교할 때 결코 자기 자신에 대해서 말하지 말아야 한다고 강변할 정도였다. 내가 보기에 이러한 방법론은 다소 지나친 것이 아닌가 싶은데, 특별히 설교가 설교자 개인의 삶의 진실과 연관된 경우에는 더욱 그럴 것이다. 하지만 우리 모두 그럴 경우 어떤 문제가 생기는지 잘 알고 있다. 린더 퀵 교수는 그것을 피하고 있는 것이다.

이러한 놀라운 일들은 모두 우리가 가진 떡 다섯 개를 내놓을 때 가능해집니다. 십오 년 전, 학생들은 모두 똑같이 떡 다섯 개밖에 안되는 결단으로 식탁에 둘러앉았습니다. 그런데 그들에게 놀라운 변화가 생기기 시작했습니다. 여러분이나 내가 앞으로 어떤 부름을 받게 될지 어떻게 알겠습니까?

이제 설교자는 이야기의 중심을 청중들과 청중들의 삶으로 옮기고 있다. 하지만 어떻게 옮기고 있는지 잘 살펴보라. 린더 퀵 교수는 "여러분이 가진"이라고 하지 않고, "우리가 가진"이라고 말한다. 분명히 린더 퀵 교수는 과거의 학생들, 청중들과 같은 채플을 드렸던 선배들이 담당했던 중요한 사역에 대해서 자부심을 갖고 있다. 린더 켁 교수는 그 사역을 우리에게 맡기고 있다.

만일 여러분이 사람들을 먹이기 위해 여러분이 가진 떡 다섯 개를 담대히 내놓는다면, 여러분도 놀라운 역사에 참여할 수 있을 것입니다. 오병이어 기적이 다시 한 번 재현될 것입니다. 왜냐하면 이 이야기의 핵심은 떡과 물고기의 변화에 있는 것이 아니라, 그것이 복을 받았을 때 사람들에게 어떤 변화가 일어났느냐에 있기 때문입니다. 대대로 계속해서 수많은 사람들은 그리스도의 복 주심 가운데 자신들의 떡 다섯 개를 베풀었던 연약한 사도들에 의해 주린 배를 채울 수 있었습니다. 이것이야말로 사도들이 거둔 진정한 성공이며, 이제는 우리 차례가 되었습니다. 여러분이 그들에게 먹을 것을 주십시오.

이제는 복음을 통해서 새롭게 달라진 미래에 대해 희망을 가질 때가 되었다. 우리는 린더 켁 교수가 그 과제들을 어떻게 청중들에게 넘겨주고 있는지 잘 살펴보아야 한다. 린더 켁 교수는 이렇게 선포하고 있다. "이 이야기는 사실이 될 것입니다." 여기서 그는 '사실이 되어야 한다' 거나 '그렇게 되어야 옳다' 라고 말하지는 않는다. 그 이야기는 실현될 것이다. 왜냐하면, 그 떡이 복을 받았기 때문이다. 이것은 무슨 도덕적인 교훈이 아니다. 그저 있는 그대로 말하는 것뿐이다. "여러분은 그렇게 해야 합니다"가 아니라 "여러분은 할 수 있습니다" 인 것이다. 린더 첵 교수는 "이제는 우리 차례가 되었습니다" 라고 말함으로써 이 과제를 우리 모두에게 던지고 있다. 그리고 설교의 마지막 문장은 청중들을 바로 성경의 이야기로 다시 돌아가게 하고 있다. 그 말은 결코 린더 첵 교수가 한 것이 아니다. 그것은 그리스도께서 하신 말씀이다.

내러티브를 이끌어가는
역량과 기법 그리고 내러티브의 규범

여기서 다시, 우리가 설교에서 발견한 몇 가지 특징을 주목해 본다면 도움이 될 것이다. 앞에서와 마찬가지로 내러티브를 이끌어가는 역량과 기법 그리고 내러티브의 규범에 대해서 살펴볼 것이다. 여기서는 린더 첵 교수의 설교 중 두드러지게 나타났던 특징 중 일부분만을 거론하게 될 것이다.

내러티브를 이끌어가는 역량

성경본문과 설교자, 청중들과 설교자 간의 더욱 밀착된 관계

설교가 취하는 내러티브 형식과 그 내용의 중심이 되는 성경 이야기는 설교자와 성경본문의 다양한 관계를 규정한다. 내러

티브 형식은 성경본문이 어느 것이든지 파헤치고 귀납적으로 규명하는 속성을 지닌다. 설교자는 성경본문을 설명하기보다는 무언가를 찾으려고 하는 사람처럼 보이게 된다. 설교자가 기능적인 전문가 역할을 한다는 점에서 보면 덜 권위적이지만, 설교자가 성경본문을 경험세계로 끌어들여 장악하려고 한다는 점에서 보면 오히려 권위적일 수 있다. 대개 설교자는 청중들을 도와주는 위치에 놓이게 된다.

역설적이기는 하지만, 그와 동시에 설교자가 두드러지게 부각되기도 한다. 설교자가 숨을 곳이 없는 것이다. 설교자가 해석자의 역할을 담당하고 있다는 부정할 수 없는 사실이 전면에 걸쳐 떠오른다. 그 과정에서 청중들에게 들키지 않고 '객관적인' 주장을 하는 것처럼 보이기란 더욱 어려워진다. 구체적으로 살펴보자.

린더 켁 교수는 마가복음에서 본문을 끌어오면서 "그렇지만 이야기를 제대로 이해하기는 쉽지 않아 보입니다"라고 말함으로써, 성경본문과 청중들 사이에 있는 결정적인 괴리를 내보이고 있다. 여기서 주목할 것은, 린더 켁 교수가 뒤이어서 마가가 기적에 대해 특별한 관심을 보이지 않는다고 말하지 않고, "마가는 우리처럼 기적에는 관심을 보이지 않습니다"라고 하는 점이다. 여기서 계속 이어지는 내용은 바로 눈에 띄는 것, 즉 기적의 문제보다 더욱 중요하다. 그 내용은 설교를 둘러싼 제반 맥락에 있어서 중요한 역할을 하고 있다. 린더 켁 교수는 그 내용을 성경본문이 아니라, 청중들과의 관계라는 맥락에서 제시하고 있다. 이어서 린더 퀵 교수는 본문이 묘사하고 있는 장면에 대한 청중들의 호기심에 대해서 같은 방식으로 언급한다. 도입부에서 갈등을 제시하고 그 갈등이 해결되는 것으로 결말을 삼는 내러티브의 이러한 속성이 바로 위와 같이 무언가 숨겨진 것을 찾는 식으로 설교를 구성하게 하는 것이다. 이것은 내가 어린 시절에 자주 듣곤 했던 성경 이야기와는 사뭇 다른 것이다. 그 때는 교회학교 선생님이 성경본문을 설명해 주고 의미를 덧붙여 나가는 방식이었다. 하지만 이 설교에서 설교자는 자신이 구사하는 언어와 성경의 진실 사이의 숨겨진 조화를 통해 자신이 성경본문에 얼마나 밀착해 있는지를 보여준다. 설교자가 성경본문에 대한 해설자라는 사실은 거의 거론되지 않았으며, 명백하게 드러나지도 않았다. 설교자는 그런 사실이 무엇을 의미하는지 알고 있으며, 우리도 곧 알게 될 것이다.

더구나, 다루고 있는 성경본문이 그 자체로 내러티브 형식을 갖추고 있을 때, 즉 스토리일 때, 이 점은 더욱 두드러지게 나타난다. 단지 그 스토리의 세세한 부분을 다시 재현해서 보여주거나 쉽게 설명하려고만 들어도, 설교자가 본문을 해설하려는 입장에 있다는 것을 드러낸다. 린더 퀵 교수가 제자들을 통해 "지금 저분이 어떤 상황인지나 알고 저러시는 걸까" 하고 강한 의구심을 보였을 때, 청중들은 설교자가 스토리 위로 드러나 있음을 예민하게 느낀다. 그것은 설교자에게 위험한 것이기도 하다.

이렇듯 분명하게 해설자로서의 역할을 드러낼 경우, 설교자는 호응을 받을 수도 있지만 그 만큼의 위험도 감수해야 한다. 린더 첵 교수가 단순히 "제자들은 예수님의 대답을 '말도 안되는 것' 이라고 생각했다"라고 말하지 않고, 그가 직접 그렇게 말했던 점을 떠올려보라. 어떤 청중들은 이런 말이 귀에 거슬렸을 것이다. 그런데 취약점이 될 수도 있는 이러한 내용이 역효과를 가져오지 않고, 오히려 설교의 설득력을 강화시켜 주는 역할을 하고 있다. 간단히 말해서 설교자에 대한 신뢰가 하나님의 말씀에 충실하고 설득력 있는 설교의 핵심이 된다는 것이다. 따라서 이러한 위험을 감수하지 않는다면, 설교자에 대한 신뢰는 희박해지기 마련이다.

정리해서 말하자면, 내러티브 형식과 내러티브 형식으로 성경적인 이야기를 진행하는 것은 성경본문과 청중들의 관계를 더욱 밀착시킨다고 할 수 있으며, 그것은 설교자가 효과적인 설교를 하기 위해 필요한 것이다.

문화적 차이의 극복

나는 설교자들이 성경시대와 우리가 살고 있는 시대의 문화적 차이로 인해서 성경적 설교가 이해할 수 없거나 부적절한 것이 될 수도 있다고 이야기하는 것을 수도 없이 들었다. 사실 그 주제에 대해서 쓴 글을 읽어본 적도 있다. 하지만 나는 그런 생각에 동의하지 않는다.

실제로 양을 한 번도 본 적이 없는 사람들에게 그들이 길 잃은 양과 같이 헤매고 있다는 비유를 하는 것은 설교자의 입장에서 다소 어려운 일임을 인정한다. 하지만 그것은 사실 장애요인이 아니라 기회가 될 수도 있다. 청중들이 접해 보지 못한 이미지가 제시될 경우 잘 알고 있다면 별로 강렬한 인상을 주지 못했을 것이, 낯설기 때문에 신선한 인상을 주는 경우가 종종 있기 때문이다. 다시 말해, 비유적인 서사가 가지는 흡인력은 이미지의 환기에 의해서 강화된다는 것이다. 도시에서 자란 터라, 목장에서보다는 텔레비전에서 말을 더 많이 봤던 어린 시절의 나는 텔레비전에서 서부극 주인공이 타고 다니는 말을 처음 보았을 때, 실망했던 것을 기억한다. 어디서 저런 달구지나 끄는 조랑말이 나오나 싶었다. 내가 라디오를 들으며 상상했던 말은 그보다 근사한 것이었다. 하지만 성경시대와 오늘날 우리들의 삶의 차이로 인한 어려움은 내러티브와 스토리를 통해 보다 쉽게 극복할 수 있다.

성경에 나오는 이미지를 설명하기보다는 — 흔히 원론적이고 교훈적인 설교를 할 때 이런 경향이 있다 — 설교자가 내러티브의 흐름 속에 들어가는 편이 이미지를 더 생생하게 전달할 수 있다. 따라서 린더 켁 교수는 청중들 대부분이 떡과 물고기를 먹는 식사를 해본 적이 없다는 것을 짐작하고 있으면서도, 설교를 통해 음식을 나누는 과정을 재현하며 청중들 모두 배불리 먹은 것 같은 느낌을 전달하고 있다. 내가 보기에 떡을 축사하는 부분에서 유대인 가족의 아버지를 언급한 것과 제자들 앞에서 줄지어선 사람들에 대한 묘사는 우리가 살고 있는 시대와의 유사성을 굳이 필요로 하지 않는다. 린더 켁 교수는 청중들의 상상력을 염두에 둘 줄 알았다. 린더 퀙 교수는 구체적인 것에 깊숙히 들어가는 것이 보편에 접근하는 가장 훌륭한 방법임을 알고 있었다.

논리적인 전개나 일반적인 것과 구체적인 것의 범주를 명확하게 설명하는 것보다는, 내러티브가 대조와 암시를 잘 표현하는 경우가 많다. 따라서 설교자는 고대 이스라엘과 지금의 애틀랜타 사이의 차이를 다음과 같은 한 문장으로 뛰어넘고 있다. "이스라엘의 정탐꾼들과 가나안의 거인들, 다윗과 골리앗, 에베소에서의 바울, 아프리카 오지의 슈바이처, 몽고메리 시의 마틴 루터 킹 그리고 이곳 애틀랜타의 여러분과 저." 때때로 린더 퀙 교수는 성경의 장면들을 현대적 언어를 통해서 전달하고 있는데, 당시의 제자들에 대해서 "그들은 기독교 사회윤리에 기초한 책임과 사회적 행동의 가치를 분명히 알고 있었습니다" 라고 표현한 것이 그 한 예다.

어떤 장면에 대한 회화적 표현과 생동감 있는 묘사는 내러티브의 흐름과 스토리의 줄거리를 통해서 최대한 살아나게 된다. 그런 것들이 모두 문화적인 차이를 극복하는 데 도움이 된다.

내러티브를 이끌어가는 기법

주제를 핵심화하기(Centering)

성경본문의 스토리와 청중들의 경험을 연결하는 매개자로서 설교자에게 요구되는 중요한 임무는 설교 진행이 일정한 궤도 상에서 유지되도록 하는 것이다. 한쪽 눈은 본문에 다른 한쪽 눈은 청중들에게 둘 때, 설교자가 양쪽을 제대로 연결하고 있다는 신뢰감을 줄 수 있다. 설교에서 주제를 핵심으로 이끌어내는 기법 이면에는 등장인물 묘사, 학식과 목회자로서의 감각 같은 전문적인 기술 등의 문제가 있다. 여기서는 우선 청중들의 반응을 예측할 수 있는 능력이 관건이 된다.

우리는 모두 설교자 자신이 한쪽으로 급격히 기울어지면, 청중들은 반대편으로 쏠리게 된다는 것을 염두에 두지 않고서 설교를 하는 경우를 들어본 적이 있을 것이다. 아마도 설교자는 그런 일이 어떻게 일어난 것인지 모르거나, 아니면 그런 조짐이 보이는 데도 무시했을 것이다. 또 당연한 말이지만, 설교자와 청중들이 일단 어긋나기 시작하면, 원래대로 돌아가기가 매우 어렵다. 린더 퀘 교수는 청중들이 어떤 반응을 보일지 잘 예상하고 있고, 따라서 설교의 메시지와 청중들을 함께 궤도에 올려놓을 수 있는 수단을 강구하고 있다. 이 설교에서는 위에서 말한 문제들이 튀어나올 수 있는 최소한 세 가지의 상황이 있다. 린더 퀘 교수가 그런 상황에 어떻게 대처하는지 살펴보자. 그는 지엽적인 것에 관심을 두지 않고, 사전에 설교 의도에서 벗어날 가능성을 차단하며, 섣부른 결론을 삼가고 있다.

이 설교의 첫 문장은 지엽적인 것으로 관심을 유도할 수 있는 여지가 있다. "지금 내가 여기서 무엇을 하고 있는 걸까?" 청중들에게 던지는 이 질문은 수많은 것을 의미할 수 있다. 현명하게도 린더 쾌 교수는 그 질문이 소명의식의 부족에 대한 문제를 암시하도록 유도한다. 그것은 청중들의 관심사이며, 어떤 청중들에게는 자신의 처지와 딱 들어맞는 것이기도 하다. 하지만 그것은 이 설교가 의도하는 사안이 아니다. 따라서 그는 바로 다음 문장에서 그 점을 밝히고 있으며, 세번째 문장에서 "나는 신학생들이 종종 자신이 부족하다는 느낌을 갖게 될 때마다 시달리는 무기력함과 고통에 대해서 말하려고 합니다"라고 말함으로써 그가 이 설교를 통해서 말하려고 하는 것이 무엇인지 밝힌다. 여기서 린더 쾌 교수가 이러한 연결과정에서 설교의 사안을 문제 제기 형태로 제시하고 있다는 점에 주목하라. 그는 "오늘 우리는 그리스도께서 우리의 부족한 능력을 어떻게 극복할 수 있도록 하시는지 알아야 합니다"라고 말하지 않는다. "저것이 아니라, 바로 이것"이라는 식의 직설적인 표현 방식은 청중들이 설교의 원래 의도로부터 부분적으로 벗어날 우려가 있을 때나 유용한 것이다. 지엽적인 문제가 갈등을 더 복잡하게 하고 설교를 더 모호하게 한다면, 청중들은 설교의 내용을 제대로 따라잡지 못할 것이다.

한번은 성경에 나오는 요나 이야기를 설교하던 중이었는데, 청중들이 세상에 사람이 통째로 들어가서 살 수 있을 만큼 커다란 물고기가 어디 있을까 하는 의문에 빠져버리고 난 다음에는 설교의 주제를 핵심으로 이끌어내려고 아무리 해봐도 아무 소용이 없었던 경우가 있었다. 이런 식으로 샛길로 빠지게 되면, 설교를 제대로 듣기가 불가능해진다. 예배가 끝나고 어떤 여자가 내게 인사를 해 왔는데, 여전히 그런 물고기가 있는지 궁금해하는 것이었다. 나는 그런 사람이 그 여자 하나만은 아니었을 것이라고 단언한다. 아마도 많은 사람들이 설교 전체 내용을 놓치고 말았을 것이다. 나는 그 설교에서 청중들이 다른 지엽적인 부분에 눈길을 돌리지 못할 만큼 장면장면과 줄거리의 갈등 구조를 생생하게 그려내서, 설교의 주제를 핵심으로 이끌어냈어야 했다.

여기서 설교자의 언어 묘사 능력은 장점인 동시에 약점이 될 수도 있다. 만일 설교자가 일일이 다 세부 묘사를 한다면, 청중들이 지엽적인 것에 시선을 빼앗길 가능성은 더 커지게 된다. 설교에서 핵심이 되는 것은 치밀하게 묘사하고, 나머지는 그렇게 자세히 말할 필요가 없다.

사전에 설교의 의도에서 벗어날 가능성을 차단하는 것은 지엽적인 것에 대한 관심을 피하는 것과 마찬가지다. 우리는 이미 린더 켁 교수가 청중 가운데 일부가 자신들의 정체성 문제에 접근할 가능성을 느꼈다는 것을 살펴본 바 있다. 린더 켁 교수는 그 문제를 거론하지도 않을 뿐더러, 그 문제에 관심을 두는 것이 도움이 되지 않는다고 바로 말한다. 그 결과, 청중들은 린더 켁 교수가 이끄는 내용에 집중할 수 있게 된다. 기적에 대해서 언급할 때도 이와 비슷한 경우가 몇 번 있었다. 린더 켁 교수는 청중들이 설교 의도와는 상관없는 기적 자체에 관심을 갖게 되는 것을 우려했다. 각각의 경우마다 린더 켁 교수는 세 가지 방법을 동원해서 청중들을 제자리로 돌려놓고 있다. 첫째, 그는 청중들이 갈 수 있는 샛길을 거론하며, 둘째, 그러한 샛길이 성경적인 것이 아님을 힘주어 말하며, 셋째, 생생한 세부 묘사를 통해서 청중들의 관심을 의도대로 옮겨놓는 것이다. 린더 퀵 교수는 설교 전체를 통해서 청중들이 어떻게 설교를 받아들이는지를 정확하게 예측하는 능력을 보여주고 있다. 하지만 목회적 감각이 부족한 우리는 어떻게 해야 하는가?

　나는 우리 모두 그러한 감각을 기를 수 있다고 믿는다. 두 가지 훈련방법을 제시해 볼 수 있다. 첫번째, 자신이 설교한 것을 녹음한 테이프를 들어볼 필요가 있다. 특별히 청중들이 설교 내용의 어느 부분에서 벗어나게 될까 하는 문제를 염두에 두고, 테이프에서 지난 주의 설교가 흘러나오는 동안 청중 가운데 세 명을 떠올리고 그 반응을 상상하면서 들어보라.

　두번째, 자신이 한 설교에서 설교 의도와는 다른 방향으로 가는 청중들을 떠올릴 수 없다면, 자신의 설교를 기꺼이 들어주고 어디서 옆길로 샐 가능성이 있는지 알려줄 수 있는 사람, 자신의 배우자나, 교회 신자들을 찾아보라.

　마지막으로, 청중들은 해결책을 빨리 듣고 싶을 때, 설교의 주제를 핵심으로 이끌어올 것을 요구한다. 이 경우 설교자는 섣부른 결론을 삼가야 한다. 역설적으로 들릴지도 모르겠지만, 설교의 사안이 강렬하고, 그것을 둘러싼 갈등이 효과적으로 전달될수록, 섣부른 결론을 내리게 될 가능성이 높아진다. 이러한 설교에서 문제는 거의 순식간에 일어난다. 누구나 린더 퀵 교수가 설교 테마를 선택하는 감각에 대해서 깊은 인상을 받을 것이다. 신학교 채플시간이라는 상황을 고려하면, 이보다 더 적절한 설교 주제는 없을 것이다. 게다가 청중들은 그 문제의 여러 측면에 대한 린더 퀙 교수의 시원시원한 진술을 듣고서 그 해결책을 소리높여 요구하게 된다. 린더 퀙 교수는 복음서에 나오는 이 기사가 해결책을 전달해 줄 것임을 알고 있었다. 하지만 성경본문은 문제 제기로 제시된 것이지, 해결책으로 제시된 것이 아니다. 우리는 어떻게 예수님의 제자들이 가진 문제와 우리의 문제가 일치하게 되는지를 알게 되었다. 사실 우리는 그 해결책이 제시되기 이전에, 벌써 제자들이 경험한 바를 절감하고 있는 것이다. 린더 퀙 교수는 성경본문 중 설교에서 제기된 문제가 더 심화된 부분에다 우리의 관심을 집중시키고 있다.

언어 사용(Language Use)

린더 퀙 교수의 설교에서 보이는 적절한 언어 사용을 살펴보기 전에, 우선 특별한 두 가지 언어 구사를 주목해 볼 필요가 있다. 둘 다 놀라움과 충격을 주고 있다. 하나는 예기치 못했던 곳에서 흡인력을 발휘하는 은유적인(metaphoric) 언어 사용이다. 린더 퀙 교수는 청중들의 능력이 부족하다는 자괴감을 극단적인 어휘를 동원해서 강렬하게 표현하는 데서 그치지 않고, 그러한 자괴감이 어느 날 밤에 문득 일어나는 것으로 묘사한다. 그 때 밤은 시간적 개념인 동시에 우리 영혼의 상태를 비유적으로 나타내는 것이기도 하다. 이러한 중의적인 개념은 청중들 모두에게 놀라움을 가져다준다. 더욱이 린더 퀙 교수는, 우리가 전혀 예상치 못한 상태, 예기치 못한 곳에 의외의 단어들을 갖다 놓음으로써 더 강한 인상을 남기고 있다. 예수님의 제자들에 대해 그 시대와는 전혀 어울리지 않는 '기독교 사회윤리'라는 말을 갖다 붙이는 것을 그 한 예로 들 수 있을 것이다. 나는 그 의미를 강렬하게 느낄 수 있다. 이것은 어느 한 시대의 공간에 한정되는 은유가 아니라, 시대를 초월하는 은유적 표현이 된다.

  린더 쾍 교수가 이런 표현을 쓴 것은, 그것이 설교의 핵심이 되기 때문이 아니다. 그는 이러한 표현을 통해 인간 경험의 보편성을 말하고자 한 것이다. 린더 쾍 교수는 광범위한 논리적 추론을 통해서 오늘날과 성경시대를 연결지을 수도 있었을 것이다. 하지만 그보다는 곧바로 전혀 뜻밖의 단어들을 전혀 어울릴 것 같지 않은 문맥에 배치한다. 언어의 경제성이란 바로 이런 것이다! 바울의 부족한 능력에 대해 진술할 때도 앞에서와 마찬가지로, 린더 쾍 교수는 예수님과 바울 간의 짧막한 대화를 제시한다. 물론 우리는 이 대화가 설교에 쓰기 위해 꾸며낸 것임을 알고 있다. 우리는 린더 쾍 교수가 시간적인 개념을 무시하고, "제자들이 가지고 온 그 빈약한 식사거리를 보시면서도 개의치 않으셨던 주님께서 바울에게 '네가 가진 떡 다섯 개 가운데서 내 능력이 온전해진다'라고 말씀하시는 것입니다"라고 말할 때, 그 강렬하고 놀라운 표현에 속수무책일 수밖에 없다. 바울이 가지고 있는 떡 다섯 개? 바로 그렇다.

완급 조절(Rhythm)

이 설교에서 보이는 타이밍 감각은 주목할 만하다. 그것은 이미 설교 순서에 따른 분석에서 다루었기 때문에 여기서는 간단히 살펴보고자 한다. 그렇기는 하지만 완급 조절은 린더 켁 교수의 설교에서 보다 중요하게 살펴봐야 할 표현 기법이다. 완급 조절은 설교에서 결정적인 역할을 한다.

물론, 어떤 설교든지 완급의 변화를 갖는다. 그것은 같은 속도로 계속 설교가 진행될 경우 생기는 지루함을 피하기 위해서이기도 하고, 특별히 어떤 부분을 강조하거나 중요한 부분에 살을 덧붙이기 위해서이기도 하다. 설교가 진행되는 동안 설교자는 또한 청중들에게 내용을 이해할 틈을 주거나, 다른 내용으로 옮겨가기 위해서 숨을 돌릴 여유를 배려하기도 하고, 어떤 경우에는 설교자 자신이 다음 내용을 정리하기 위해서 설교를 잠깐 멈추기도 한다. 설교자들은 이러한 표현 기술을 자연스레 익히게 된다.

설교 처음 부분에서 린더 켁 교수는 우리의 부족한 능력에 우리의 관심을 집중시킨 다음, 어떤 식으로 설교의 호흡을 잠시 중단하고 있는지 기억을 더듬어보자. 린더 켁 교수는 분명히 청중들을 더 몰아가게 되면, 더 이상 그 내용을 제대로 이해하지 못하리라는 것을 파악하고 있었을 것이다. 그 내용 하나하나에 예민하게 귀를 기울인다는 것은 여간 힘든 일이 아니기 때문이다. "다른 말로 하자면"과 같은 식으로 말을 꺼내놓은 다음 린더 퀙 교수는 문제를 다시 정리하기 시작한다. 그 첫마디로 청중들은 설교자가 더 이상 자신들의 미진한 부분을 세세히 파헤치지 않을 것이라는 안도감을 갖는다. 여기서 청중들은 숨을 돌릴 여유를 갖게 된다. 그리고 청중들은 설교자의 정리를 통해 그 문제를 보다 객관적으로 볼 수 있게 된다. 그것은 카운슬러들이 내담자들을 대하는 상황에서 사용하는 방법이기도 하다.

설교 후반부에서 린더 퀙 교수가 복음의 메시지를 상기시키는 대목에 이르면, 청중들은 우리의 부족한 능력이 그리스도의 복 주심을 통해 모든 사람을 채울 수 있게 됨을 깨닫게 된다. 자, 여기서 청중들은 어떻게 이 부분이 결정적인 대목임을 알게 될까? 어떤 사람들은 '설교자가 그렇게 명백하게 밝히는데 지극히 당연한 것 아니냐'고 말할지도 모른다. 청중들이 어떻게 그 대목을 놓칠 수가 있겠는가? 하지만 우리는 여기서 우리의 관심에 기복이 심하다는 사실을 잊고 있다. 나는 그러한 관심의 기복이 각 내용에 따른 것이 아니라, 청중과 설교 메시지의 연결고리에 따라 결정된다고 생각한다. 이 설교의 중대한 대목이 그러한 관계가 느슨해졌을 때 나오면, 청중들은 그것을 놓칠 수도 있다. 현장에서 살아 있는 말로 진행되는 설교에서 그 현장성을 뺀, 글로 쓰여진 '나머지'만을 읽고 있는 우리는 글로 쓰여진 설교문은 언제나 다시 앞부분을 들춰볼 수 있다는 사실을 망각하곤 한다. 하지만 실제로 듣는 자리라면, 설교자가 말한 것은 과거의 침묵으로 사라져버리고 만다. 그런 까닭에 린더 퀙 교수는 직접 시간을 재본 결과 삽십 초에 걸쳐 설교의 핵심을 반복하고 있는 것이다.

나는 연구를 위해 이십오 년이 넘게 설교를 들어 왔다. 내가 보기에 설교에서 가장 빈번하게 나타나는 문제점 중 세번째로 큰 문제점은 핵심이 되는 대목을 충분히 반복하지 않는 것이다 (첫번째는 복음의 메시지가 아예 제시되지 않는 것이고, 두번째는 그 복음의 메시지를 우리가 처한 상황과 연결시키지 못하는 것이다.). 설교자는 설교에서 그 흐름의 분기점이 되는 부분은 틀림없이 짚고 넘어가야 한다. 글로 쓰여진 설교문에서는 린더 켁 교수가 반복한다는 것이 명백하게 드러나지만, 아마도 실제로 들어본다면, 린더 켁 교수는 음색과 속도에 변화를 주거나, 음성을 높이거나 낮추거나 해서 다양하게 자신이 반복하는 내용을 더욱 강조했을 것이다.

내러티브의 규범

성경의 이야기 전달법

저명한 신약학 교수이기도 한 린더 켁 교수가 설교를 통해서 성경본문을 내러티브 설교 형태로 신실하게 전달하고 효과적으로 활용할 수 있다는 사실에 대해 이토록 많은 것을 가르치고 있다는 사실은 별로 놀랄 것이 못된다. 그렇게 할 수 있는 첫번째 이유는 성경본문에 대한 진실한 태도에 있다. 이것은 앞에서 설교자가 설교에서 갖는 위치를 살펴보면서 부분적으로 다룬 바 있다. 나는 이러한 태도는, 설교자가 보조자로서 자신의 역할을 스스로 잘 이해하고 있기에 가능하다고 생각한다. 분명히 린더 켁 교수는 항상 성경본문 아래에 서 있다. 이러한 설교자의 위치는 대부분 드러나지 않지만, 때때로 드러나 보이기도 한다. 예를 들어, 린더 켁 교수가 "이 이야기는 우리가 어디에 있는지, 우리가 무엇을 기대하고 있는지를 깨닫게 해줍니다"라고 했을 때, 그는 자신을 성경본문 속에 두는 것이 아니라 분명히 청중들과 같은 위치에 있는 것이다. 린더 켁 교수는 자신도 우리와 마찬가지라는 사실을 강조하고 있다. 물론 그는 이제 막 성경본문을 읽기만 했을 뿐, 아직 그것을 해석하지는 않았다. 다른 설교자들은 이렇게 말하면서도 사실은 권위적이고 청중들보다 논리적으로 우위에 서 있는 듯한 태도를 보이는 경우가 많다. 하지만 린더 켁 교수는 그렇지 않다.

청중들과 같은 위치에 있다는 그의 주장이 신뢰감을 주는 이유는 성경본문에 접근하기에 앞서 잡다한 해설을 늘어놓지 않기 때문이다. 설교문에서 보면, 린더 켁 교수는 "이 이야기를 제대로 이해하는 것"이 쉽지 않다고 전제한 다음, 바로 "이제 이야기로 돌아가 봅시다"라고 한다. 곧바로 린더 켁 교수와 청중들은, 제자들이 처한 상황에 빠져들게 되는 것이다. 그것은 본문과 청중들을 연결하는 훌륭한 매개자 역할을 하는 설교자로부터 청중들의 관심을 벗어나게 한다. 다시 말해, 청중들을 성경의 사건 속으로 몰고 가면, 청중들이 그런 상황을 진행해 가는 것이 무엇인지에 대해서는 주목하지 않게 된다는 것이다. 설교자가 청중들로 하여금 스토리를 관찰하게 하는 것이 아니라, 스토리 안에 빠져들게 하면 할수록, 설교자 자신은 덜 부각된다. 린더 켁 교수가 희망적인 메시지를 처음으로 선포해 놓고서 청중들을 어떻게 스토리에서 빠져 나오게 하는지 주목해 보라. 그는 이렇게 말한다. "오병이어 기적에 대한 마가의 묘사는 여기서 끝이 납니다." 여전히 그는 청중들 가운데 한 사람이다. 첫번째 청중이라는 점에서 그렇다. 그것이 보조자로서의 설교자의 역할이다.

하지만 린더 켁 교수는 그 순간에 청중들이 자신의 설교에서 설교자의 편집자적인 해설을 눈치채지 못하도록, 해석자로서의 역할을 하고 있음을 눈가림으로 속이려 하지 않는다. 그는 자신의 생각과 의도를 분명하게 밝힌다. 예를 들어, 린더 켁 교수는 "다른 말로 바꾸어 말한다면…"라고 하며, 또한 "이 말은 이렇게 옮겨 볼 수 있을 것입니다"라고 말한다. 이런 식으로 해석자로서의 위치를 밝히는 것은 효과적인 성경의 설교를 하는 데 필수적이다. 그렇게 함으로써 청중들이, 성경본문이 어떤 식으로 전개될 것인지, 그 이야기가 어떻게 해석될 수 있는지 전혀 갈피를 잡지 못하는 상황에서 난데없는 해설이나 논평을 던지지 않고서도, 성경본문의 이야기에 보다 풍부한 의미를 부여할 수 있다. 여기서 한 가지 더 짚고 넘어가야 할 점은 청중들에게 설교자의 창조적인 해석과 논평을 암시하는 것도 중요하지만, 그런 암시를 그치는 것 역시 중요하다는 것이다. 한 번 생각해 보라. 만일 린더 켁 교수가 말끝마다 "다른 말로 바꾸어 말한다면…" 또는 "이 말은 이렇게 옮겨 볼 수 있을 것입니다"라고 한다면, 오병이어 이야기는 아주 딱딱하게 들렸을 것이다. 일단 청중들이, 설교자가 성경본문을 어떤 식으로 해석하고 있는지를 알게 된 이후에는, 굳이 그런 말을 할 필요가 없다. 린더 쾍 교수가 바울의 부족한 능력에 대한 바울과 예수님의 꾸며낸 대화장면을 언급하면서 청중들에게 굳이 알리지 않은 것은 바로 이런 까닭에서다. 린더 쾍 교수는 성경본문을 자유롭게 창조적으로 제시할 수 있을 뿐 아니라, 본문에 관한 까다로운 질문, 예수님에 관한 질문도 얼마든지 던질 수 있다.

만일 당신이 설교를 막 마치고 나서 누군가 "아시겠지만, 저는 성경을 읽을 때 항상 그 부분이 잘 이해가 되지 않았어요"라고 했다면, 당신은 사람들이 물어보고는 싶지만, 망설이는 그런 질문들을 청중들에게 던진 것이다. 청중들은 당신이 그런 질문을 제기해 준 것을 기쁘게 생각할 것이다. 설교에서 이런 질문을 제기하는 것은 그 설교의 핵심을 전달하는 것보다 더 중요하다. 그런 순간을 통해서 청중들로 하여금, 성경을 의무적으로 받아들이게 하는 것이 아니라, 성경의 사건을 직접 목격하도록 할 수 있다. 린더 쾍 교수는 이런 까다로운 질문들, 심지어는 예수님과 현실 세계의 관계에 대해서도 좋은 사례들을 보여주고 있다.

지금까지 살펴본 것들이 린더 쾍 교수의 설교가 빛을 발하게 하는 성경적인 내러티브 방법론의 세 가지 특징이다. 즉 해석자로서의 보조적인 역할, 성경본문에 덧붙이는 해설이 설교자에 의한 것임을 솔직히 밝히는 것, 성경의 사건을 규명하려고 함으로써 성경의 이야기가 청중들의 삶 가운데 살아 있도록 하는 것 등이다.

구원의 힘은 어디에서 오는가

"중요한 것은 그 내용인가 아니면, 설교자인가?" 이 질문은 어떤 설교에서든지 던질 수 있는 가장 기본적인 질문 중 하나이다. 청중들이 설교 자체에는 관심을 두지 않고, 설교자가 얼마나 똑똑하고 설교를 잘하는지에 주목하게 되면, 그 설교의 의도는 제대로 전달되지 못했다고 장담할 수 있다. 좀더 자세하게 살펴보자. 만일 그 날 채플이 끝나고 "교수님, 정말 설명을 잘 하시던데요"라는 식의 말을 하는 학생이 있었다면, 린더 켁 교수는 실망했을 것이다. 적지 않은 학생들이 린더 켁 교수의 설교를 고맙게 느꼈을 테지만, 그런 말을 하는 학생은 아마 없었을 것이다. 이 설교의 핵심은, 우리의 능력 부족의 문제가 설교를 듣고서 풀렸다면, 그것은 그리스도의 복 주심을 통해 해결된 것이라는 데 있다. 이 설교가 전하고자 하는 메시지는 바로 그 것이다.

그것은 설교 전체에 해당되는 사실일 뿐만 아니라, 각각의 특정한 순간에도 해당되는 것이다. 오병이어 이야기와 바울의 이야기에서 설교자가 본문이 전하려는 의도와 청중들의 관계를 어떻게 설정할 것인가는 결정적으로 중요한 것이다. 하지만 이러한 설정이 설교자의 사례에서도 적용되는지 살펴보자. 정확하게 꼬집어내지는 못한다 하더라도, 청중들은 설교자가 설교에서 자신을 자랑하는 것에 대해서는 예민하다. "저를 믿지 마 십시오. 여러분도 아시겠지만 저는 주님께서 쓰시는 도구일 따름입니다"라는 식의 말도 별 소용이 없다. 린더 켁 교수가 든 사례에서 하나님께서 쓰신 것은 자신의 신앙이 아니라, 오히려 그의 부족함이라는 것을 밝힌 점에 주목해야 한다. 두번째 사례에서 그는 그 학생이 누군지 밝히지 않는다. 이것은 전적으로 린더 켁 교수가 의도한 것이다. 중요한 것은 "그 떡이 어떻게 되었는가가 아니라, 그 떡이 그리스도의 복을 받았을 때, 사람들이 어떻게 되는가"라는 점이다. 여기서 가장 기본적인 원칙은 어느 설교든지 그 설교의 구원의 힘은 설교자에게서 나오는 것이 아니라, 오히려 설교자가 얻는다는 것이다. 이 설교에서 린더 켁 교수는 그 구원의 메시지를 가장 먼저 접한 사람으로 보인다. 이 설교의 의도는 더 많은 사람들이 그리스도의 복을 받게 하는 데 있다.

우리는 앞에서 스토리 진행이라는 내러티브 형식으로 내러티브 설교를 틀지우는 성경의 스토리를 읽고 '들었다.' 그리고 청중들의 세계에서 시작했다가 성경의 스토리로 전환하는 또 다른 내러티브 설교의 모델, 스토리 보류를 살펴보았다.

이제 세번째로 성경의 내러티브 설교로 들어가보자. 스토리 진행의 유예이다.

스토리 유예
(Suspending the Story)

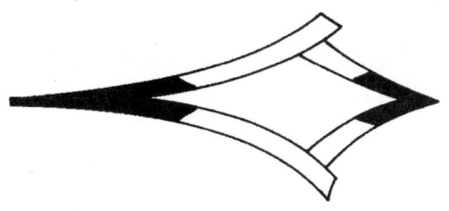

 이 설교는 성경본문에서 시작해서 문제점에 봉착하게 되고, 다른 성경본문이 그 딜레마에서 빠져 나오는 길을 제시할 때까지 원래의 스토리를 일시 중지시킬 것을 요구한다. 일단 딜레마가 해결되면, 전달하고자 하는 메시지의 완성을 위해 설교는 중심본문으로 되돌아온다.
 그러면 다음을 읽어보고 스토리 유예에 대해 살펴보자.

설교 3　　"더 이상 무엇을 바라겠는가?"
　　　　　유진 로우리(Eugene L. Lowry)

 천국은 마치 품꾼을 얻어 포도원에 들여보내려고 이른 아침에 나간 집주인과 같으니 저가 하루 한 데나리온씩 품꾼들과 약속하여 포도원에 들여보내고 또 제 삼시에 나가 보니 장터에 놀고 섰는 사

람들이 또 있는지라 저희에게 이르되 너희도 포도원에 들어가라
내가 너희에게 상당하게 주리라 하니 저희가 가고 제 육시와 제 구
시에 또 나가 그와 같이 하고 제 십일시에도 나가 보니 섰는 사람
들이 또 있는지라 가로되 너희는 어찌하여 종일토록 놀고 여기 섰
느뇨 가로되 우리를 품꾼으로 쓰는 이가 없음이니이다 가로되 너
희도 포도원에 들어가라 하니라 저물매 포도원 주인이 청지기에게
이르되 품꾼들을 불러 나중 온 자로부터 시작하여 먼저 온 자까지
삯을 주라 하니 제십일시에 온 자들이 와서 한 데나리온씩을 받거
늘 먼저 온 자들이 와서 더 받을 줄 알았더니 저희도 한 데나리온
씩 받은지라 받은 후 집주인을 원망하여 가로되 나중 온 이 사람들
은 한 시간만 일하였거늘 저희를 종일 수고와 더위를 견딘 우리와
같게 하였나이다 주인이 그 중의 한 사람에게 대답하여 가로되 친
구여 내가 네게 잘못한 것이 없노라 네가 나와 한 데나리온의 약속
을 하지 아니하였느냐 네 것이나 가지고 가라 나중 온 이 사람에게
너와 같이 주는 것이 내 뜻이니라 내 것을 가지고 내 뜻대로 할 것
이 아니냐 내가 선하므로 네가 악하게 보느냐 이와 같이 나중 된
자로서 먼저 되고 먼저 된 자로서 나중 되리라.

(마 20:1-16)

포도원 주인이 하룻동안 일할 품꾼을 구하기 위해 장터로 나간
것은 아침 7시 15분경이었습니다. 그들은 하루 품삯으로 한 데나
리온이 알맞다고 동의했습니다. 그래서 그들은 일하러 갔습니다.
아침 8시 45분쯤에 주인이 다시 장터로 가 일거리를 찾고 있는

사람들을 보고 "당신들에게 일한 만큼 임금을 지불하겠소"하자 그들도 일하러 갔습니다. 오전 11시 45분쯤 주인은 또다시 장터로 갔습니다. 자 여기서, 왜 필요로 하는 사람을 처음에 다 뽑지 않았느냐고 물어보는 사람이 있을지도 모릅니다. 본격적으로 문제가 시작되는 듯합니다. 그들 또한 일을 하러 갔습니다. 주인은 오후 2시 45분쯤에, 그리고 오후 4시 45분쯤에 다시 갔습니다. 그 때는 일할 시간이 1시간밖에 남아 있지 않았습니다.

이제 오후 6시, 품삯을 지불할 시간입니다. 아마도 주인은 맨 마지막으로 온 사람부터 먼저 품삯을 주라고 재정 관리인에게 은밀히 얘기했을 것입니다. 그리고 그들은 분명 놀랐을 것입니다. 그들은 한 시간밖에 일하지 않았지만 한 데나리온을 받은 것입니다. 오후 5시에 온 사람들은 신이 났습니다. 그러나 아침 7시에 온 사람들은 그저 그랬습니다. "한 시간밖에 일하지 않았는데 한 데나리온을 다 받는다는 말입니까? 그건 저희 한 달 봉급의 절반 정도입니다." 믿어지지가 않았습니다. 그러나 관리인이 오후 3시에 온 사람에게 품삯을 지급하기 시작하자 그들은 믿을 수밖에 없었습니다. 여기에는 분명 착오가 있습니다. 오후 3시에 온 이들이 똑같은 품삯을 받은 것입니다. 분명히 주인은 실수를 정정하려고 관리인의 귀에다 대고 다시 속삭여야 할 터입니다.

그러나 주인은 관리인이 정오에 온 무리들에게 품삯을 줄 때까지도 실수를 정정하지 않았습니다. 여전히 각각에게 한 데나리온을 주는 것이었습니다. 아침 7시에 온 무리들의 얼굴에 웃음이 싹 사라졌습니다. "얼마나 일했느냐에 상관없이 모든 사람에게 똑같은 액수의 돈을 준다는 말입니까?" 믿을 수 없는, 정말로 생각할 수조차 없는 일이 아닙니까!

역시나 아침 7시에 온 사람들도 정확히 한 데나리온을 받았습니다. 본문에서 가장 완곡하게 표현하자면, 그들은 '투덜댔습니다'. 아마도 그들이 내뱉은 말 그대로를 기록할 수는 없었을 것입니다. "도대체, 왜 우리 모두가 똑같은 품삯을 받아야 하는 겁니까? 왜 거의 땀에 젖지 않은 나중 사람들이 한낮의 뙤약볕에서 일하며 하루 일과를 마친 사람들과 동등한 대우를 받는 겁니까?"

"여기서, 잠깐만" 주인이 대답하기를, "왜 당신들은 더 이상을 기대하는 것이오? 오늘 아침 7시에 우리 둘이 한 대화를 내가 기억하지 못할 줄 아오? 당신은 한 데나리온의 품삯에 동의하지 않았소?" "예, 물론 그랬죠. 그러나 다른 품꾼들이 똑같이 받는 것을 본 지금은 사정이 다르단 말이오. 당연히 내가 더 받아야 하지 않겠소?" "내 후한 처사가 비위에 거슬린단 말이오? 나는 모두에게 똑같이 지불하려 하오. 그건 내 맘이잖소. 안 그러오? 이건 내 돈이오. 당신은 당신 품삯이나 가지고 가시오."

아마도 내 생각에 — 그들은 분명히 이야기의 논지를 이해했을 것입니다. 당신이 아침 7시에 일하러 왔다고 상상해 보십시오. 지금 당신 기분이 어떻겠습니까? 여기서 '정당하다'고 하는 것은 '모든' 품꾼들 사이의 상대적 정의와 관련 있습니다. 그리고 진실은, 당신이 고용주라면 사실 당신의 돈으로 '당신 맘대로' 할 권리를 가지고 있지 않다는 겁니다.

당신이 마을의 학교 평의회(school board)에서 두 명의 새로운 교사를 고용하려 한다고 합시다. 양쪽 모두가 학점도 좋고, 경력도 같습니다. 한 명은 남성이고 한 명은 여성입니다. 고용시장의 생리대로 당신은 여성에게 봉급을 덜 주겠습니까? 당신은 그렇지 않을 테죠. 하지만 그렇게 한다면, 누군가가 당신을 궁지에 몰아넣을 것이고, 그들이 그러는 것은 당연합니다. 어려운 일에 백인과 흑인을 고용했습니다. 둘 다 경력은 같고요. 당신이 법에 저촉되지 않는다 해서 흑인에게 봉급을 덜 주겠습니까? 그것은 옳지 않습니다.

이 스토리는 다른 형식일 뿐이지 같은 종류의 얘기입니다. 이것은 미국 노동관계위원회(NLRB)에게도 좋은 사례입니다. 사실 전 놀랐습니다. 어째서 예수님은 불공정한 주인의 편을 들었을까요? 사실 여러분도 알다시피, 마지막 사람에게 가장 먼저 품삯을 주는 것은 … 어쨌든 심한 일이었고, 또 바보스러운 일입니다. 아침 7시에 온 사람들에게는 불공평한 처사였으니까요.

그는 아침 7시에 온 무리에게 먼저 품삯을 주어 보냈어야 했습니다. 그 다음에 아침 9시에 온 사람들, 다음에 정오에 온 사람들 순서로 보냈어야 합니다. 그러면 아무도 몰랐을 것입니다. 다음날 아침에 주인에게는 어떤 일이 일어나겠습니까? 그는 아침 7시에 장터에 갔을 것이고, 어떤 일이 일어났을까요? 거기에는 아무도 없을 것입니다. 주인은 오후 5시쯤에 다시 가는 것이 현명할 것입니다. 그 때나 되어서야 일하려는 사람들이 많을 것입니다.

이 스토리에는 뭔가 독특한 점이 있는 게 분명합니다. 그렇지 않다면, 저는 정확히 이해할 수 없을 것입니다. 맞습니다. 독특한 점이 있고, 그 첫번째 단서는 마지막으로 온 사람이 제일 먼저 품삯을 받은 사실입니다. 그러나 여기서 마태복음의 한 구절로 돌아가지 않으면, 그 첫번째 단서의 요지도 파악하지 못할 것입니다.

이 장면이 기억나실지 모르겠습니다. 예수님은 부자 청년이라고 불리는 사람과 대화를 하고 계셨습니다. 그 청년은 한 가지만을 제외하고는 그의 삶의 모든 것을 가진 듯 보였습니다. 예수님은 그에게 이렇게 말씀하셨습니다. "가서 모든 것을 팔아 가난한 이에게 나누어 주어라. 그리고 다시 돌아오거라."

교회 성장 세미나에서 막 돌아온 제자들은 이 대화를 듣고 자신들의 귀를 의심하지 않을 수 없었습니다. 예수님이 그렇게 전도 유망한 사람을 쫓아버리다시피하는 것을 믿을 수 없었던 것입니다. 예수님은 그들이 놀라는 것을 보시고 다음과 같이 말씀하셨습니다. "잘 들어두어라. 부자가 하늘나라에 가기보다 낙타가 바늘구멍을 통과하는 것이 더 쉽다." 여기서 나오는 이미지 — 바늘구멍이 천국의 문을 나타내는 것 — 를 과장된 비유로 생각지 마십시오. 그렇지 않습니다. 예수님은 분명히 자신이 말씀하신 그대로 크고 뚱뚱한, 그리고 혹까지 달린 낙타가 바늘구멍을 통과하는 것이 부자가 하늘나라를 들어가는 것보다 더 쉽다는 것을 의미하신 것입니다.

"오, 그건 불가능합니다"라고 사도들은 말했을 것이고, 그들은 분명히 불가능에 초점을 맞췄을 것입니다. 예수님은 그들에게 한 가지 희망을 줍니다. "사람의 힘으로는 불가능할 것이다. 그러나 하나님과 함께라면 모든 것이 가능해진다." 그러나 그들은 전혀 이해하지 못했고, 시몬 베드로는 뻔뻔하게 다가가서 이렇게 실언을 합니다. "하지만 주님, 저희는 당신을 따르기 위해 모든 것을 버렸습니다. — 우리는 무엇을 얻을 수 있습니까?" 다시 반복해 볼까요? "저희는 당신을 따르기 위해 모든 것을 버렸습니다. — 우리는 무엇을 얻을 수 있습니까?"

대답은 어땠을까요? 속았구나(cheated). 그것이 당신들이 얻은 것입니다. 천국은 사업적 거래도, 계약도 아니고, 언약(言約)입니다. "저에게 있어 순이익이 무엇입니까?"라고 묻는다면, 대답은 간단합니다. 속았다는 것이죠.

여기서 바로 포도원 일꾼의 이야기를 이 설명대로 따라가 보면, 우리 모두가 어떻게 속았는지 알게 될 것입니다. 물론 저보다 더 많이 일한 사람과 저를 비교하지는 않을 것입니다. 저는 저보다 덜 일한 사람과 자신을 비교할 것입니다.

이런 '순이익'을 찾는 인간의 심리가 지금까지 계속해서 교회를 괴롭혀 왔습니다. 제가 어려서 캔자스 위치타에 있는 감리교회에 다닐 때 들은 이야기가 기억납니다. 그 이야기는 이렇게 시작됩니다. "당신도 알다시피… 그건 공평하지 않습니다. 당신은 교회에 충실하고, 시간과 돈을 쏟아부으며, 항상 올곧은 길로만 간 저에게 이렇게 말하려 하십니까? - 당신은 우리가 천국에 이르렀을 때, 항상 자신이 살고픈 대로 산, 임종의 순간까지도 사치스럽게 산 그런 녀석과 거기에서 같이 만나야 된다고 말하려 하십니까? 그 사람과 같은 천국이란 말입니까? 그것은 불공평합니다."

때때로 이런 태도는 비극적 형태로 찾아옵니다. 여러분은 주일 오후에 열리는 교회 지도자 훈련에 참여하고 있습니다. 여러분은 작은 그룹으로 나뉘어 방을 배정받고, 빙 둘러앉았습니다. 여러분은 서로에 대해 잘 모릅니다. 그래서 진행자가 다음과 같이 말합니다. "돌아가면서 자기 소개를 합시다. 자신이 누군지 말하면 됩니다." 순서는 계속 돌아 어떤 늙은 사람의 차례가 되었습니다. "제 이름은 … 이고, 한때 배관공이었습니다." "한때 그랬었다니요?" 그가 한때 그랬었다는 것은 무엇을 의미할까요? 아시겠습니까? 삶은 계약이고, 그의 계약은 끝난 것입니다. 그는 한때 배관공이었고, 집에 돈을 벌어다 주었습니다. 그러나 지금은, 그가 한때 '그러했다'는 사실만 남아 있습니다.

순서는 계속 돌아 수줍음 많게 생긴 한 여인의 차례가 되었습니다. "음, 저는 단지 주부입니다." 단지 라고요? 그것이 무슨 의미입니까? 그 말은 그녀가 생활비를 벌지 않음을 의미합니다. 자, 그녀는 요리를 해야 하고, 그 다음에 청소를 해야 하고, 남은 18시간 모두를 일해야 합니다. 그러나 여러분도 아시다시피 그녀가 맺은 계약은 모호합니다. "저는 단지 주부일 따름입니다"라니요?

여러분이 현재 세 아이의 부모라고 상상해 보십시오. 아이들은 각각 세 살, 여섯 살, 아홉 살입니다. 자, 당신은 아홉 살박이 아이가 세 살박이 아이의 세 배만큼 집에 오래 있었다고 해서 세 배 더 사랑하겠습니까? 아홉 살박이 아이가 세 살 때보다 부모를 세 배 더 사랑하겠습니까? "도대체 무슨 소립니까? 그것은 말이 안됩니다. 우리는 가족입니다." 맞습니다. 가족이기 때문입니다. 이 스토리 또한 그렇습니다. 예수님은 가족의 언약(covenant)에 대해 말씀하고 계십니다. 베드로는 그것을 사업적 거래로 생각했습니다.

그러면 그 포도원 주인은 이제 어디에 있겠습니까? 그가 다시 장터로 돌아온 이유는 아직까지 초대받지 못한, 응답할 기회를 갖지 못한 사람들이 있는지 살피기 위해서입니다.

보십시오. 아침 7시에 초대를 받았는지, 9시에 받았는지, 정오에, 오후 3시에, 5시에, 혹은 2시에 받았는지, 그것은 중요한 문제가 아닙니다. 포도원에 초대받은 것은 집에 초대받은 것을 의미합니다. 그것 이상 무엇을 바라겠습니까?

내러티브 설교 구상 중 스토리 유예에 대한 성경의 예문을 봤으니, 바로 설교에 대한 해석으로 들어가자.

설교 순서에 따른 분석

포도원 주인이 하룻동안 일할 품꾼을 구하기 위해 장터로 나간 것은 아침 7시 15분경이었습니다. 그들은 하루 품삯으로 한 데나리온이 알맞다고 동의했습니다. 그래서 그들은 일하러 갔습니다. 아침 8시 45분쯤에 주인이 다시 장터로 가 일거리를 찾고 있는 사람들을 보고, "당신들에게 일한 만큼 임금을 지불하겠소" 하자 그들도 일하러 갔습니다. 오전 11시 45분쯤 주인은 또다시 장터로 갔습니다. 자 여기서, 왜 필요로 하는 사람을 처음에 다 뽑지 않았느냐고 물어보는 사람이 있을지도 모릅니다. 본격적으로 문제가 시작되는 듯합니다. 그들 또한 일을 하러 갔습니다. 주인은 오후 2시 45분쯤에, 그리고 오후 4시 45분쯤에 다시 갔습니다. 그 때는 일할 시간이 1시간밖에 남아 있지 않았습니다.

설교는 성경본문의 스토리 라인(line)에서 시작된다. 해석을 '거의 허용하지 않고', 본문 그 자체를 제시한다. 기본적으로 변화시킨 부분은 고어투를 현재 어법으로 쓴 것뿐이다. 그렇다면 본문 전체를 옮겨놓는 데 그친 이유는 무엇일까? 무엇 때문에 본문을 현대적으로 변용시키지 않았을까? 이유는 세 가지로 나눌 수 있다. 첫째, 이후의 추가적인 묘사로 본문의 의미를 강화시키길 원하기 때문이다. 둘째로, 스토리의 현대적 의역은 청중들로부터 "이 이야기는 아주 현실성이 있지만, 그래서 더 수긍이 가지 않는다"라는 반응을 초래할 수도 있다. 셋째, 설교자는 곧 세부 묘사를 더할 것이고, 상상력을 동원해서 살을 보탤 것이기 때문이다. 본문 내용을 거의 변용시키지 않은 의역으로 시작한 것은 앞으로 더 많은 내용의 발전을 가능케 한다. 편집자적 논평이 짧게 들어가 있는 것은 청중들에게 장터의 모습을 눈으로 보듯 느끼게끔 하는 역할을 한다. 위 단락에서 나는 "자 여기서, 왜 필요로 하는 사람을 처음에…"라고 언급함으로써 잠깐 이야기 밖으로 나오기도 했다. 내 의도는, 내 자신이 주인의 판단에 의구심을 던져봄으로써, 설교의 다음 단계를 암시하자는 것이다. 나는 청중들이 그러한 의심에 익숙해져 있기를 원한다.

이제 오후 6시, 품삯을 지불할 시간입니다. 아마도 주인은 맨 마지막으로 온 사람부터 먼저 품삯을 주라고 재정 관리인에게 은밀히 얘기했을 것입니다. 그리고 그들은 분명 놀랐을 것입니다. 그들은 한 시간밖에 일하지 않았지만 한 데나리온을 받은 것입니다. 오후 5시에 온 사람들은 신이 났습니다. 그러나 아침 7시에 온 사람들은 그저 그랬습니다. "한 시간밖에 일하지 않았는데 한 데나리온을 다 받는다는 말입니까? 그건 저희 한 달 봉급의 절반 정도입니다." 믿어지지가 않았습니다. 그러나 관리인이 오후 3시에 온 사람에게 품삯을 지급하기 시작하자 그들은 믿을 수밖에 없었습니다. 여기에는 분명 착오가 있습니다. 오후 3시에 온 이들이 똑같은 품삯을 받은 것입니다. 분명히 주인은 실수를 정정하려고 관리인의 귀에다 대고 다시 속삭여야 할 터입니다.

설교자는 스토리 흐름을 복잡하게 할 필요가 없다. 예수께서 이미 말한 내용이기 때문이다. 바로 품삯을 지급할 시간이 돌아왔고, 나는 거기에 가상의 상황을 덧붙였다. 주인이 "속삭였다"라는 표현이다. 왜냐하면 성경을 읽은 청중들은 앞으로 어떤 일이 벌어질지 알고 있고, 따라서 이미 아침 7시에 온 사람들의 반응을 '보았기' 때문에, 나는 스토리가 그 두 방향으로 흐르는 것 모두를 우회하고, 지연시키고자 하였다. 그래서 나는 나중에 온 사람들과 그들의 놀라움에 주의를 집중시켰다. 그 다음에 초점을 아침 7시에 온 사람들에게, 그들이 품삯을 받는 시점보다 더 앞서서 이동시켰다. 그 의도는 두 가지로 말할 수 있다. 첫째, 청중들이 그들의 불평을 전적으로 이해할 수 있도록 그들의 경험 속으로 끌어들이기 위해서이다. 둘째, 긴장감을 고조시키기 위해서이다.

그러나 주인은 관리인이 정오에 온 무리들에게 품삯을 줄 때까지도 실수를 정정하지 않았습니다. 여전히 각각에게 한 데나리온을 주는 것이었습니다. 아침 7시에 온 무리들의 얼굴에 웃음이 싹 사라졌습니다. "얼마나 일했느냐에 상관없이 모든 사람에게 똑같은 액수의 돈을 준다는 말입니까?" 믿을 수 없는, 정말로 생각할 수조차 없는 일이 아닙니까!

위험성이 있지만 나는 의도적으로 페이스를 늦췄다. 긴장감의 고조를 위해 템포를 늦추는 것은 다음 두 가지 경우에 효과적이다. 바로 상상해 볼 수 있는 장면이 있을 때와 생생한 묘사가 가능할 때이다. 다시 한 번 청중들의 반향을 기대하며, "생각할 수조차 없는"이란 용어를 사용하여 그들의 처지를 보여주고자 했다.

역시나 아침 7시에 온 사람들도 정확히 한 데나리온을 받았습니다.

본문에서 가장 완곡하게 표현하자면, 그들은 '투덜댔습니다'. 아마도 그들이 내뱉은 말 그대로를 기록할 수는 없었을 것입니다. "도대체, 왜 우리 모두가 똑같은 품삯을 받아야 하는 겁니까? 왜 거의 땀에 젖지 않은 나중 사람들이 한낮의 뙤약볕에서 일하며 하루 일과를 마친 사람들과 동등한 대우를 받는 겁니까?"

그러나 우리가 이미 알고 있듯이 불공평한 순간이 돌아왔다. 성경에서는 "그들이 투덜거렸다"고 유순하게 말했다. 나는 지금까지 스토리를 그저 옮겨오는 데 그쳤기 때문에, 성경본문을 언급하기 위해 잠깐 한 발짝 밖으로 나가야 했다. 편집자의 개입을 최대한 줄이는 표현에 내 주석을 다는 것, 그 자체가 최대한 절제된 표현임을 주목하라. "분명히 그것을 표현하는 데 가장 온화한 방법이다."

설교자가 성경본문을 언급하기 위해 스토리 밖으로 나와서, 청중을 다시 스토리 속으로 끌어들이는 데는 강경한 표현을 필요로 한다. 이 때, 대화는 좋은 테크닉이 될 수 있다. 그래서 나는 "도대체,…"라는 표현을 썼다.

"여기서, 잠깐만" 주인이 대답하기를, "왜 당신들은 더 이상을 기대하는 것이오? 오늘 아침 7시에 우리 둘이 한 대화를 내가 기억하지 못할 줄 아오? 당신은 한 데나리온의 품삯에 동의하지 않았소?" "예, 물론 그랬죠. 그러나 다른 품꾼들이 똑같이 받는 것을 본 지금은 사정이 다르단 말이오. 당연히 내가 더 받아야 하지 않겠소?" "내 후한 처사가 비위에 거슬린단 말이오? 나는 모두에게 똑같이 지불하려 하오. 그건 내 맘이잖소. 안 그러오? 이건 내 돈이오. 당신은 당신 품삯이나 가지고 가시오."

왜 더 많은 것을 기대하느냐는 주인의 질문은 그들의 처지를 요약하는 동시에 설교의 주제를 압축적으로 들려주는 방법이다.

여기서와 같이 폭넓은 대화의 사용은 핵심적인 주제를 부각시키는 역할을 한다. 주의할 점은 대화에 오래 머무르면 안된다는 것이다. 그러면 청중은 또 다른 '작은 드라마'가 진행되고 있다고 인식할 것이고, 설교자가 어떻게 연극을 하는지 뒷짐지고 물러나 있을 것이기 때문이다. 그것은 좋지 않은 조짐이다. 여기서 나는 나의 운을 과신해 보았다.

아마도 내 생각에 — 그들은 분명히 이야기의 논지를 이해했을 것입니다. 당신이 아침 7시에 일하러 왔다고 상상해 보십시오. 지금 당신 기분이 어떻겠습니까? 여기서 '정당하다'고 하는 것은 '모든' 품꾼들 사이의 상대적 정의와 관련 있습니다. 그리고 진실은, 당신이 고용주라면 사실 당신의 돈으로 '당신 맘대로' 할 권리를 가지고 있지 않다는 겁니다.

성경의 이야기는 이제 끝났다. 물론 우리는 아직 끝나지 않았다. 왜냐하면 우리에게 문제는 깔끔한 결론보다는 어떻게 이해하느냐이기 때문이다. 이 시점에서 나는 한쪽 편으로 가서 청중들이 그 질문의 순간을 곱씹어보도록 유도했다. 사실 나는 일꾼 편에 서서, 즉 주인의 반대편에 서서 결론을 요구했다. 처음으로 나는 청중들을 '당신들'이라고 불렀다.

당신이 마을의 학교 평의회(school board)에서 두 명의 새로운 교사를 고용하려 한다고 합시다. 양쪽 모두가 학점도 좋고, 경력도 같습니다. 한 명은 남성이고 한 명은 여성입니다. 고용시장의 생리대로 당신은 여성에게 봉급을 덜 주겠습니까? 당신은 그렇지 않을 테죠. 하지만 그렇게 한다면, 누군가가 당신을 궁지에 몰아넣을 것이고, 그들이 그러는 것은 당연합니다. 어려운 일에 백인과 흑인을 고용했습니다. 둘 다 경력은 같고요. 당신이 법에 저촉되지 않는다 해서 흑인에게 봉급을 덜 주겠습니까? 그것은 옳지 않습니다.

청중들이 내 판단에 동의하리라고 확신할 수는 없다고 말할 수도 있다. 내 생각에 여기서 내가 내린 가정은 잘 들어맞았다. 사람들은 이 이야기에서의 주인공은 포도원 주인이고, 예수님은 단지 그 이야기를 말하는 화자임을 잘 알고 있다. 이런 상황을 염두에 두고 나면, 이 스토리에서 주장하는 것을 반대하는 데 거리낌을 느낄 수 있다. 하지만 그러한 거리낌이 아예 없었다면, 후에 복음으로 선포되는 이야기가 나올 수도 없었을 것이다. 그런 까닭에 나는 성경의 맥락에서 잠시 나와 지금 시대의 가상공간으로 무대를 옮겨보는 것이다. 나는 그 결론이 불가피하다는 것을 대부분의 청중들이 이해할 수 있도록 상황을 설정해 보려고 했다.

이 스토리는 다른 형식일 뿐이지 같은 종류의 얘기입니다. 이것은 미국 노동관계위원회(NLRB)에게도 좋은 사례입니다. 사실 전 놀랐습니다. 어째서 예수님은 불공정한 주인의 편을 들었을까요? 사실 여러분도 알다시피, 마지막 사람에게 가장 먼저 품삯을 주는 것은 … 어쨌든 심한 일이었고, 또 바보스러운 일입니다. 아침 7시에 온 사람들에게는 불공평한 처사였으니까요.

그는 아침 7시에 온 무리에게 먼저 품삯을 주어 보냈어야 했습니다. 그 다음에 아침 9시에 온 사람들, 다음에 정오에 온 사람들 순서로 보냈어야 합니다. 그러면 아무도 몰랐을 것입니다. 다음 날 아침에 주인에게는 어떤 일이 일어나겠습니까? 그는 아침 7시에 장터에 갔을 것이고, 어떤 일이 일어났을까요? 거기에는 아무도 없을 것입니다. 주인은 오후 5시쯤에 다시 가는 것이 현명할 것입니다. 그 때나 되어서야 일하려는 사람들이 많을 것입니다.

물론 내가 내린 결론을 확신하지 않는 사람들도 있을 것이다. 어떻게 해야 할까? 한 가지 방법은 설교자의 결론을 다른 문구로 언급함으로써 청중들이 결론을 포착할 수 있도록 해보는 것이다. "어째서 예수님은 불공정한 주인 편을 들었을까요?" 하는 것이 그에 해당되는 문구이다. 이것은 "불공평할 리가 없는데 도대체 왜 예수님은…?"의 의미일 수 있다. 또 이것은 "그래, 이건 분명히 불공평해. 도대체 왜…?"라는 뜻일 수도 있다. 양쪽의 해석에서 '왜'(why)라는 의문은 각각의 반응을 한 곳으로 모으는 역할을 한다. 모든 청중들은 또 다른 어떤 실마리가 있나 해서 사건을 좀더 자세히 탐사하게 된다. 때때로 구성상의 중요한 전환과 약간의 유머는 청중을 하나로 모은다. 그래서 나는 주인에게 다음 날 어떤 일이 벌어질지 관찰해 보는 것이다. 게다가 주인이 일꾼들에게 품삯을 지불하는 데 또 다른 논리적인 이유를 고려했어야 한다는 사실에 주목한 것이다. 대체로 나는 이 장면에서 부조리함을 강하게 표현하려고 시도했고, 그렇게 해서 청중들을 앞으로 진행될 흐름에 끌어들이려고 한 것이다.

이 스토리에는 뭔가 독특한 점이 있는 게 분명합니다. 그렇지 않다면, 저는 정확히 이해할 수 없을 것입니다. 맞습니다. 독특한 점이 있고, 그 첫번째 단서는 마지막으로 온 사람이 제일 먼저 품삯을 받은 사실입니다. 그러나 여기서 마태복음의 한 구절로 돌아가지 않으면, 그 첫번째 단서의 요지도 파악하지 못할 것입니다.

여기에 앞서 우리가 몇 번에 걸쳐 다뤄봤던 일시 중지가 등장하고 있다. 성경의 스토리는 단순히 내적으로만 자명한 것이 아니고, 적어도 여러 면에서 지금 우리와 호흡하고 있다. 나는 예수님의 이야기에서 주어졌던 단서를 지적하고, 마태복음의 전장으로 장면을 전환해 보았다.

이 장면이 기억나실지 모르겠습니다. 예수님은 부자 청년이라고 불리는 사람과 대화를 하고 계셨습니다. 그 청년은 한 가지만을 제외하고는 그의 삶의 모든 것을 가진 듯 보였습니다. 예수님은 그에게 이렇게 말씀하셨습니다. "가서 모든 것을 팔아 가난한 이에게 나누어 주어라. 그리고 다시 돌아오거라."

청중들이 설교자와 함께 스토리 진행을 일시 중지시키는 데 참여하고 있는지의 여부는 모호한 사항들이 충분히 환기되었는가에 달려 있다. 게다가, 모두가 거기에 참여하도록 초대받아 약간의 내재된 관심이 있으면 더욱 고무적일 수 있다. 찾고 있던 결론을 가진 성경본문이 이야기되고 있으니 행운이라고 할 수 있다.

교회 성장 세미나에서 막 돌아온 제자들은 이 대화를 듣고, 자신들의 귀를 의심하지 않을 수 없었습니다. 예수님이 그렇게 전도 유망한 사람을 쫓아버리다시피하는 것을 믿을 수 없었던 것입니다. 예수님은 그들이 놀라는 것을 보시고 다음과 같이 말씀하셨습니다. "잘 들어두어라. 부자가 하늘나라에 가기보다 낙타가 바늘구멍을 통과하는 것이 더 쉽다." 여기서 나오는 이미지 — 바늘구멍이 천국의 문을 나타내는 것 — 를 과장된 비유로 생각지 마십시오. 그렇지 않습니다. 예수님은 분명히 자신이 말씀하신 그대로 크고 뚱뚱한, 그리고 혹까지 달린 낙타가 바늘구멍을 통과하는 것이 부자가 하늘나라를 들어가는 것보다 더 쉽다는 것을 의미하신 것입니다.

자, 우리는 지금 하부 줄거리 또는 전 단계가 될 선행 스토리에 와 있다. 지금까지 청중들은 계속해서 이야기에 매달려 왔다. 그것은 이 에피소드에 고무된 청중들의 관심을 보면 알 수 있다. 여기서 청중들의 관심의 초점은 왜, 어떻게 이 이야기가 나왔는지가 아니라 그냥 제시된 이야기에 머무르고 있다는 것이다. 분명히 많은 청중들이 부자 청년에게 관심을 갖지 않는다면, 포도원 일꾼의 이야기는 모호하게 될 것이다. 때때로 성경의 스토리는 대단한 흡인력을 가지고 있어, 청중들이 부가적 줄거리로 들어가는 것을 '거부할' 정도여서 설교가 유예되지 못하는 경우도 있다.

서사적 긴장이 스토리 형태로 제시되어 있지 않은 또 다른 성경본문으로 옮기는 경우라면, 청중들은 명백한 이탈의 근거가 무엇인지 캐내려 할 것이다.

"오, 그건 불가능합니다"라고 사도들은 말했을 것이고, 그들은 분명히 불가능에 초점을 맞췄을 것입니다. 예수님은 그들에게 한 가지 희망을 줍니다. "사람의 힘으로는 불가능할 것이다. 그러나 하나님과 함께라면 모든 것이 가능해진다." 그러나 그들은 전혀 이해하지 못했고, 시몬 베드로는 뻔뻔하게 다가가서 이렇게 실언을 합니다. "하지만 주님, 저희는 당신을 따르기 위해 모든 것을 버렸습니다. — 우리는 무엇을 얻을 수 있습니까?" 다시 반복해 볼까요? "저희는 당신을 따르기 위해 모든 것을 버렸습니다. — 우리는 무엇을 얻을 수 있습니까?"

나는 일반적으로 설교자와 성경 사이에는 '거리'가 있음을 언급해 왔다. 그것은 이야기에서 한 발은 스토리 안에, 한 발은 밖에 내놓은('성경적 맥락을 벗어난'이라는 말과 편집자적 논평 같은 말 역시 같은 의미로 쓰였다.), 또는 스토리를 바라보고 있는 것과 같은 표현에서 나타난다. 하지만 위 단락은 다른 부분과 다소 다르고, 쉽게 묘사될 수도 없다. 우리는 스토리 안에 있고, 동시에 그것 안에서 논평하는 것을 주목하라. 예를 들면, "예수님은 그들에게 한 가지 희망을 줍니다… 그러나 그들은 전혀 이해하지 못했고"라는 대목이 그렇다.

대답은 어땠을까요? 속았구나(cheated). 그것이 당신들이 얻은 것입니다. 천국은 사업적 거래도, 계약도 아니고, 언약(言約, covenant)입니다. "저에게 있어 순이익이 무엇입니까?"라고 묻는다면, 대답은 간단합니다. 속았다는 것이죠.

"속았구나" — 이 말은 전체 설교의 반전을 아우르는 중심축이다. 더 분명히 하기 위해서 더 깊은 논의를 통한 사업적 계약과 언약에 대한 정의가 필요할 것이다. 그러나 후자의 용어는 기억할 만하거나 강렬하지는 않다. 그러나 '속았다'는 기억할 만하고, 강렬하다.

여기서 바로 포도원 일꾼의 이야기를 이 설명대로 따라가 보면, 우리 모두가 어떻게 속았는지 알게 될 것입니다. 물론 저보다 더 많이 이 일한 사람과 저를 비교하지는 않을 것입니다. 저는 저보다 덜 일한 사람과 자신을 비교할 것입니다.

여기서 내가 "바로 예수께서는 이렇게 말씀하고 계십니다" 라고 하지 않았음을 주목할 필요가 있다. 그렇게 하면 본문을 궁색하게 해석하는 결과가 되기 때문이다. 나는 편집자로서 이 이야기를 여기에 놓았다. 그러나 청중들이 그것을 추론하도록 했다. 아니라고 할지 모르겠지만, 정말로 나는 편집자로서 베드로의 질문과 예수님의 예화를 그저 연관시킬 뿐이었다.

이런 '순이익'을 찾는 인간의 심리가 지금까지 계속해서 교회를 괴롭혀 왔습니다. 제가 어려서 캔자스 위치타에 있는 감리교회에 다닐 때 들은 이야기가 기억납니다. 그 이야기는 이렇게 시작됩니다. "당신도 알다시피… 그건 공평하지 않습니다. 당신은 교회에 충실하고, 시간과 돈을 쏟아부으며, 항상 올곧은 길로만 간 저에게 이렇게 말하려 하십니까? — 당신은 우리가 천국에 이르렀을 때, 항상 자신이 살고픈 대로 산, 임종의 순간까지도 사치스럽게 산 그런 녀석과 거기에서 같이 만나야 된다고 말하려 하십니까? 그 사람과 같은 천국이란 말입니까? 그것은 불공평합니다."

그래서 우리는 항상 우리가 동의하지 않는 관점에 사용되곤 하는 '심리'(mentality) 라는 용어에 다다랐다. 심리라는 말로 나는 일반인들의 이러한 계약적 사고에 대한 이해를 돕기 위해서 지금 시대의 이야기를 시작한다. 이 이야기를 말할 때, 나는 나의 원칙을 위반했다. 요점을 잡고 그 다음에 그것을 예를 들어 설명하는 것이 아니라, 요점을 잡기 위해서 스토리를 활용하는 것이다. 그러나 이 경우에 있어서 중요한 점은, 그것이 성경의 스토리라는 것이고, 베드로가 우리를 '돕고' 나서야 비로소 그것을 이해할 수 있었다. 이 이야기는 많은 교회 사람들이 알고 있기 때문에, 나는 베드로의 경우가 우리 시대에도 적용된다고 믿는다. 여기서 말하려고 하는 것은 어떤 설교든지 설교자는 여러가지의 규범과 원칙들에 사로잡힌다는 점이다. 하지만 어떤 것도 절대적이지 않다. 그리고 모든 것은 관련된 요인들 속에서 고려되어야만 한다. 그렇지 않으면 우리는 절름발이 작업을 하게 될 것이다.

때때로 이런 태도는 비극적 형태로 찾아옵니다. 여러분은 주일 오후에 열리는 교회 지도자 훈련에 참여하고 있습니다. 여러분은 작은 그룹으로 나뉘어 방을 배정받고, 빙 둘러앉았습니다. 여러분은 서로에 대해 잘 모릅니다. 그래서 진행자가 다음과 같이 말합니다. "돌아가면서 자기 소개를 합시다. 자신이 누군지 말하면 됩니다." 순서는 계속 돌아 어떤 늙은 사람의 차례가 되었습니다. "제 이름은 … 이고, 한때 배관공이었습니다." "한때 그랬었다니요?" 그가 한때 그랬었다는 것은 무엇을 의미할까요? 아시겠습니까? 삶은 계약이고, 그의 계약은 끝난 것입니다. 그는 한때 배관공이었고, 집에 돈을 벌어다 주었습니다. 그러나 지금은, 그가 한때 '그러했다'

는 사실만 남아 있습니다.

호소하는 태도가 여기서는 변화되었음을 주목하라. 나는 그런 태도가 단순히 틀렸다고 하지 않고 '비극'이라고 했다. 나는 여기서 감성에 호소하고 있다. 주일 오후 모임에 대한 서술에서, 나는 청중들이 모임에 참여해 본 적이 없다고 해서 이 이야기가 설득력이 떨어지지는 않을 것이라고 생각한다. 그리고 위의 이야기에서 나는 '계약'이라는 용어와 '돈을 버는 일', '한때 그러했다'는 것을 관련시키고 있다.

이 가상의 상황을 통해서 나는 또 다른 관련 쟁점을 '다룰' 기회를 갖게 되었다. 즉 수많은 사람들을 고단하게 하는 것은 바로 자신들이 현직에서 물러났다는 사실이라는 것이다.

순서는 계속 돌아 수줍음 많게 생긴 한 여인의 차례가 되었습니다. "음, 저는 단지 주부입니다." 단지 라고요? 그것이 무슨 의미입니까? 그 말은 그녀가 생활비를 벌지 않는다는 것을 의미합니다. 자, 그녀는 요리를 해야 하고, 그 다음에 청소를 해야 하고, 남은 18시간 모두를 일해야 합니다. 그러나 여러분도 아다시피 그녀가 맺은 계약은 모호합니다. "저는 단지 주부일 따름입니다" 라니요?

마찬가지로 성(gender)에 대한 주제는 '심리'(mentality)로 표현되었던 계약의 한계에 대한 우리의 논의와 정확히 맞아떨어진다. 여기서 나는 계속해서 '수입', '계약', '단지 주부일 뿐'을 연결함으로써 용어나 구절의 연관성을 계속 고려하고 있다.

간단히 말해서, 이 성경본문과 설교는 하늘나라와 그곳에 가려는 사람들에 대한 주제보다 더 큰 흐름을 가지고 있다. 그 흐름은 우리 모두의 라이프 스타일과 관련되어 있고, 그 기저에 깔려 있는 심리를 다루고 있다. 내가 설교에서 아메리칸 드림에 대해 설교적 비평을 하려 했다면, 그것은 먹혀들지 않았을 것이다. 분명히 나는 이러한 간접적인 방법이 효과를 얻을 수 있기를 바라고 있다.

여러분이 현재 세 아이의 부모라고 상상해 보십시오. 아이들은 각각 세 살, 여섯 살, 아홉 살입니다. 자, 당신은 아홉 살박이 아이가 세 살박이 아이의 세 배만큼 집에 오래 있었다고 해서 세 배 더 사랑하겠습니까? 아홉 살박이 아이가 세 살 때보다 부모를 세 배 더 사랑하겠습니까? "도대체 무슨 소립니까? 그것은 말이 안됩니다. 우리는 가족입니다." 맞습니다. 가족이기 때문입니다. 이 스토리 또한 그렇습니다. 예수님은 가족의 언약(covenant)에 대해 말씀하고 계십니다. 베드로는 그것을 사업적 거래로 생각했습니다.

'속았다'라는 용어가 사업적인 거래와 성약의 대조에서 부정적인 면을 불러일으키려는 것이었다면, '가족'이라는 단어는 긍정적인 면을 일깨워주려는 의도에서 사용된 것이다. 그렇지 않다면, 설교에서 '그렇구나 하는 순간', 또는 반전이 재언급되었어야 했을 것이다.

  대부분의 설교는 우리를 복음 선포에서 나오는 새로운 세계, 또는 새로운 삶의 방식으로 인도하려 하지만 이 설교는 그렇지 않다. 나는 위와 같은 **예화**를 통해서 문제는 어떻게 행동해야 하는가를 아는 것에 있지 않고, 어떤 근거 위에 있는가를 아는 것에 있음을 보여주려 했다.

    그러면 그 포도원 주인은 이제 어디에 있겠습니까? 그가 다시 장터로 돌아온 이유는 아직까지 초대받지 못한, 응답할 기회를 갖지 못한 사람들이 있는지 살피기 위해서입니다.

  설교는 위와 같은 가상의 장면을 마지막으로 집어넣지 않고도 끝날 수 있었다. 나는 내가 말하고자 하는 것을 분명히 언급했으며, 그 의미가 매우 명확하게 전달되었으리라고 믿는다. 하지만 지금까지도 우리는 서술과 예화를 통해서 그것들에 대해 이야기하고 있다. 복음의 진실은 설교자가 그 스토리 라인 안에서 설교할 때 좀더 쉽게 드러날 수 있기 때문이다. 그래서 나는 주인이 또 다시 장터에 갈 수도 있다는 스토리 안으로 다시 돌아왔다. 그렇게 한 것은 세상이 여전히 예수께서 우리에게 들려주신 이야기대로 돌아가고 있음을 보여주기 위해서이다.

    보십시오. 초대를 아침 7시에 받았는지, 9시에 받았는지, 정오에, 오후 3시에, 5시에, 혹은 2시에 받았는지, 그것은 중요한 문제가 아닙니다.
포도원에 초대받은 것은 집에 초대받은 것을 의미합니다. 그것 이상 무엇을 바라겠습니까?

분명히 해두자. 여기에서 핵심적인 말은 '집에 초대받았다'는 것이다.

나는 제목으로 끝을 맺었고, 사람들이 이런 말로 끝나는 텔레비전 광고를 보았을 때, 이 설교를 다시 한 번 생각하게 되기를 희망한다.

내러티브를 이끌어가는
역량과 기법, 그리고 내러티브의 규범

이제 "더 이상 무엇을 바라겠는가?" 설교에서 사용된 여러가지 내러티브 기법에 대해 고찰해 보자.

내러티브를 이끌어가는 역량

내용 형상화의 다양성(Variation of Content Shape)

처음의 갈등이 점점 복잡해지면서 근본적 전환 — 희곡 등에서 사태의 급변(peripetia)이라고 불리는 — 에 다다랐다가 결국은 대단원에 이르게 되는 내러티브의 흐름은 다른 형태의 설교에서는 생각조차 할 수 없는 변화와 다양한 내용 형상화를 가능케 한다. 그것은 미결정의 힘, 아이디어 개발에서 나오지, 생각 그 자체가 가진 내부 논리에서 나오는 것은 아니다. 정, 반, 합의 변증법의 경우도 그 자체 논리가 '내러티브적'일 수 있지만, 그럼에도 불구하고 너무 구속적이다.

내러티브의 진행에 형태를 부여하는 모호성의 원칙은 기본적으로 추론과는 관계가 없다. 그렇기 때문에 넓은 범위의 움직임이 가능해진다. 좀더 간단히 얘기하자면, 설교에 포함될 필요가 있는 소재가 약간 있다면, 그 소재가 필요한 쪽으로 생각을 끌고 가거나 또는 '주의를 끌기만' 해도 된다는 것이다. 종종 예상과는 다른 방식으로 설교가 진행되는 경우가 있는데, 말하자면 이야기하고 있는 것이 다루기에 불가능한 것처럼 보이는 사태에 봉착한다는 것이다. 설교자가 계속해서 설교를 진행하려면 어려움을 극복할 방법을 찾아야 한다. 정확히 말하자면, 그러한 경우는 설교를 준비하는 과정에서 일어난다. 사실, 나는 처음에는 포도원 일꾼의 비유를 이해할 수 없었기 때문에 우선 성경본문을 보기 시작했다. 일단 이러한 문제와 씨름하기 시작하면서, 나는 해당 성경본문에서 더 나아가 전후를 살피라는 내면의 충고에 따랐다. 베드로가 이기적인 질문을 하는 상황을 생각해 낸 것은 바로 그 때였다. 그리고 나서 설교의 핵심과 전환점, 설교의 목적 등을 알게 되었다. 하지만 그 모든 것이 어떻게 일어나게 될지는 모른다. 그래서 나는 그 문제를 건드릴 때까지 노동자의 이야기를 진행하다가 스토리를 일시적으로 중지시키고 그 전의 이야기로 되돌아갔다. 누구나 그렇듯이 어떤 대상을 비교하기 위해 좀더 '원론적인' 방식(좁은 의미에서)을 따라가 본 것이다.

성경에서 베드로에 대한 에피소드가 먼저 나오고 그 이야기가 그 다음에 나오는 포도원 일꾼 이야기를 이해하는 데 도움이 되는 사실로 비추어볼 때, 설교는 베드로의 이야기로 먼저 시작될 수도 있었다. 그렇게 하는 것이 합리적으로 보인다. 베드로는 이기적이고, 천국을 사업적인 거래로 생각하고, 바로 눈에 보이는 결과를 요구한다. 그것은 포도원 일꾼 이야기에도 잘 적용된다. 그러나 이런 방법으로는 긴장감을 고조시킬 수 없다는 것을 눈치챘는가? 답은 너무 일찍 주어졌고, 나머지는 설명이다. 이런 순서로 놓였을 때, 포도원 일꾼의 스토리 형태는 긴장감을 주지 못한다. "물론, 그렇지. 이제 설교는 다 들은 것이나 마찬가지군."

물론 다른 방법을 생각해 볼 수 있다. 그 방법의 핵심은 미리 예측을 한 다음, 그에 맞춰 스토리를 일시 중지하는 것이다. 청중들이 만약 그것의 '필요성'을 공감하기만 한다면 설교자에게 무언가를 설명할 기회를 적지않게 줄 것이다.

구체적인 1, 2, 3, 4를 늘어놓은 다음 일반화된 A를 얻어내는 귀납법은 다소 긴장감은 줄 수 있지만 놀라움은 없다. 일반화된 A의 결과로 1, 2, 3, 4가 필연적으로 일어나는 연역법은 일반적으로 긴장과 놀라움 둘 다 부족하다.

자, 여기서 스토리 진행을 유예시킨 다음에도 설교자가 이전의 성경본문으로 되돌아가는 것이 부자연스러운 일이 아니라는 점을 지적해야겠다. 베드로의 사례를 전혀 다루지 않았더라도, 바로 계약과 언약에 대한 원론적인 논의를 다룰 수 있었을 것이다. 또한 이 언약의 의미를 효과적으로 전달하고 있는 가족 이야기로 바로 뛰어들 수도 있었다. 스토리 진행을 유예한다는 것은 단지 어떤 단서를 얻을 때까지 중심이 되는 성경 스토리의 진행을 잠시 멈춘다는 것을 의미한다. 내게는 운좋게도 베드로가 있었고, 그것이 전부 해결해 주었다.

성경본문과 청중간의 전환과 참여

린더 퀵 교수의 설교를 통해서 우리는 설교자가 어떻게 성경본문과 그리고 청중들과 관계를 맺고 있는지를 살펴보았다. 린더 퀵 교수의 설교에서 우리는 이 모든 관계의 맥락에서 설교자가 어디에 위치해 있는가를 핵심적으로 다루었다. 이번 설교에서는 다시 설교자와 성경본문, 설교자와 청중들 사이의 중복된 관계를 주시하면서 그 제시하는 형식에 초점을 맞춰보자. 내러티브의 진행은 설교자의 입장에서 위치 변동이 용이하다. 예를 들면, 때때로 설교자는 사람들과 참여하기도 하고, 때로는 성경본문과 참여하기도 한다.

설교를 시작할 때, 나는 단순히 이야기하는 것으로 시작한다. 나는 사람들에게 말을 건네지 않았다. 사람들은 나와 성경 한 부분의 대화를 엿듣는 것 같은 처지에 놓인다. 청중들은 이럴 때, 설교자가 지금 어느 위치에 있는지 쉽게 감을 잡는다. 당신이 실제로 설교를 해봤다면, 내가 성경본문과 밀착해 있을 때는 청중들을 바라보는 시선이 달라진다는 것을 알아챌 수 있을 것이다. 아마도 이야기를 말하는 힘은 부분적으로 돌려 말하는 감각에 있는 듯하다. 그것은 거의 청중들을 속이는 것 같기도 할 것이다. 청중들이 더 많이 관심을 갖게 되는 것은 당연하다. 그리고 나서 설교자가 바로 청중들에게 고개를 돌렸을 때, (설교에서 "음, 저는 여러분이 분명히 논지를 파악했으리라고 믿습니다. 안 그렇습니까?"라고 할 때처럼) 청중과의 의사소통에 충격을 줄 수 있다. 청중들은 그것을 먼저 눈으로 알게 되고, 그리고 나서 감지한다. 설교를 둘러싼 관계는 근본적으로 바뀐다. 설교를 둘러싼 관계에 이러한 두 가지 양상만 있는 것은 아니다.

예를 들자면, 스토리 속에서 그것을 진행하는 것과 그것을 논평하는 것 사이에는 차이가 있다. 그것은 마치 설교자가 각각의 의사소통에서 조금씩 방향을 달리하는 것과 같다. 그것은 '옆길로의 이동'에서 다룰 것이다. 지금 당장 주목할 점은 관계 양상의 변화가 내러티브 형식 안에서 용이해진다는 점이며, 그로 인해 다양한 형태로 설교를 진행하는 것이 가능하다는 점이다.

'논쟁의 여지가 있는' 요소의 포함

내가 파리에서 설교자로 있을 동안의 경험은 논쟁적인 이슈에 대해 설교하는 데 나를 솔직하게 만들었다. 60대에 그러한 소명의식이 목회자로서의 설교를 다시금 생각하게 만들었다. 나는 신뢰감을 주려고 노력했다. 그리고 나는 항상 그러한 설교에 같은 방식으로 접근했다. 나는 논쟁적인 이슈에 대해서 설교했다. 그러자 나에게 놀라운 일이 발생했다.

비유 설교 시리즈의 첫부분을 우편으로 보내고 나서 설교자로 막 임명되었을 때였다. 그것들이 '민중화'(People Pictures)이라고 불렸던 것을 기억한다. 뜻하지 않게 전국적으로 일어났던 논쟁적인 이슈가 신자들의 삶 자체를 파고들었다. 나는 계획하고 있던 설교들을 중단하고 그 이슈에 대해 다뤄야겠다는 생각이 들었고, 교단도 곧 그런 방침으로 의견을 굳혔다. 나는 그 주제에 대해 어떠한 얼버무림도 하지 않으리라고 마음먹었다. 우리는 그 이슈에 정면으로 맞부딪칠 예정이었다. 목회자로서 잘하는 것인지 비겁한 것인지는 모르겠지만 나는 이전에 계획한 비유 시리즈를 계속해서 설교하기로 결정했다.

그 네 주 동안 외부인이나 관광객들은 신자들의 삶에 검은 구름이 휩싸여 있음을 알아채지 못했을 테고, 설교가 그 문제를 다루고 있음을 전혀 알지 못했겠지만, 그럼에도 불구하고 그 이슈는 그 네 주의 설교에 스며들었다. 암시적인 것이든 지나가는 언급이든 우리는 정말로 그 이슈를 정면으로 다뤘다.

내러티브 설교는 그것이 성경의 스토리를 포함할 때, 다른 주제를 이야기하고 있는 동안에도 그 주제에 계속 묶여 있게 하는 방법을 일러준다. 그 '다른 주제' 역시 성경의 스토리이다. 그 결과 청중의 입장에서는 덜 방어적이 되고, 설교자의 입장에서는 덜 권위적이 된다. 게다가 논쟁의 '열기'는 설교자에 의해서가 아니라 이야기에 의해 흡수된다.

비록 현재 진행되는 설교에 영향을 미칠 수 있는 논쟁의 소지가 있는 주제가 짧게 언급되고, 주요하게 부각되지 않는 경우라고 하더라도, 그것을 제시하는 원칙은 분명하다. 앞에서도 다뤘듯이, 전달되기 힘든 어려운 사안들은 설교자가 군중을 '대면'할 때보다 성경본문을 '대면'할 때 잘 전달된다.

내러티브를 이끌어가는 기법

풀어 말하기(Paraphrasing)

우리는 성경본문을 풀어 말하는 세 가지 이유를 이미 살펴본 바 있다. 풀어 말하는 이유는 한 번 더 다룸으로써 본문을 설득력 있게 전달하기 위해서이며, 이야기가 처음에 보였던 것처럼 그렇게 멀리 떨어져 있지 않다는 것을 간접적으로 전해 주기 위해서, 그리고 청중들의 기대가 이후의 면밀한 마무리로 가게끔 시작하기 위해서이다. 여기서 우리는 내용을 정교하게 다듬기 전에 '설교자의 견해가 배제된' 본문 중심의 풀어 말하기로 시작하는 것의 장점에 주목해 보자. 관건은 신뢰와 위임에 관한 것이다.

때때로 나는 나 자신이 신문의 특집 기사를 읽는 것을 꺼려한다는 것을 깨닫는다. 헤드라인은 흥미로운데, 그 첫 줄은 이렇게 시작한다. "3월 어느 날, 산뜻한 저녁이었다." 여기서 주저하게 되는 내 심리를 감지했는가? 시작하는 어구에서 기자는 나에게 이런 느낌을 준다. (1) 그 기자가 똑똑한 사람이라는 것과 (2) 잘 꾸며진 문장들로 구성되었을 것이라는 것 (3) 그리고 그 기사의 핵심을 알아내는 데는 꽤 많은 시간이 걸릴 것이라는 점 등이다. 자, 나는 내 자신이 이 여행에 정말로 동참하기를 원하는지 확신할 수 없다. 그것이 내 시간과 노력을 들일 만한 가치가 있을 것이라는 기대를 걸고 기자에게 상당한 신뢰를 갖게 된 후에야, 기자는 나의 위임을 받을 수 있을 것이다.

바로 앞단락을 "이 문제들은 저녁 신문을 볼 때도 일어난다"로 시작했다고 가정해 보자. 같은 내용을 말하더라도 분명히 다른 느낌을 받게 될 것이다.

설교자가 첫 문장을 수식이 많은 문장으로 시작했을 때(종종 상황의 묘사에서 그런 것처럼), 청중은 즉시 시간이 얼마나 걸릴지부터 계산하게 된다. 마치 내가 세 가지 핵심을 이야기해야 하는 설교에서 첫번째 것을 이야기하는 데 시간이 얼마나 걸릴지 재는 것처럼. 그러므로 앞으로의 여행이 어떻게 진행될지 구구절절이 말하지 않고 간단하게 시작하는 것이 더 나을 것이다. 이것이 내 설교가 오직 설교자의 견해가 배제된 바꿔 말하기로 시작된 이유이다. 그 다음 청중들이 잠정적으로 '계속해서 들을 것을' 허락한 후에 상세화가 이뤄질 수 있다. 이 때까지는 스토리의 흐름 그 자체가 주는 긴장감으로 청중들의 참여를 바라는 수밖에 없다. 결과적으로 청중들이 본문에 대해 의아해하면, 이제 설교자가 스토리 진행을 지연시키거나, 더 나아가 일시적으로 우회하는 것이 가능해진다. 이러한 것은 모든 사람이 이야기 안으로 들어온 이후에나 가능하다. 하지만 미리 앞질러서 시도하면, 청중들을 헤매게 할 우려가 있다.

수평적인 이동(Lateral Movement)

설교자와 성경본문 사이의 상대적 거리의 문제로 되돌아와서 다시 간단하게 살펴보자. 우리는 설교자가 때로는 스토리 속 등장인물 안에, 혹은 스토리 안에 있기도 하며, 때로는 스토리에 관해 이야기하거나 청중들과 함께 이야기하는 경우처럼 더 멀리 나아가기도 한다는 것을 앞서 살펴보았다. 나는 이것을 수평적 이동 거리의 무한한 변화라고 부르겠다. 거의 배타적으로 안에서만(우리는 이것을 스토리 진행이라고 불렀다.) 다뤄질 수 있는 특별한 성경 스토리를 제외하고는, 대부분 스토리의 전개는 '수평적인' 움직임을 포함한다. 이것이 혼란스러워 보일지는 모르겠지만, 실제로 이것은 아주 자연스럽다. 우리는 어제의 사건을 친구에게 얘기하는 것과 같은 일상의 대화에서 항상 그래왔다. 그것은 평범한 대화의 단조로움을 깨는 데 기여한다.

혼동은 오직 신호를 보내지 않았을 때만 온다. 우리는 종종 목소리로 그 신호를 준다(물론 글을 통해 이것을 전달하기는 불가능하다.). 또는 우리가 지적했듯이 눈으로 신호를 보낸다. 그러나 말로 신호를 보내는 것이 필요하다. 예를 들면, 내가 성경의 스토리를 알맞게 끝내고 그 스토리에 대한 편집자적 논평으로 옮겨간 후에, 연결하는 말은 "자, 분명히 말하건대, 그들은 논지를 파악했을 것입니다. 안 그렇습니까?"였다. 아마도 "자, 분명히 말하건대"라는 어구는 쓸모없는 것처럼 보인다. 그러나 만약 내가 "그들은 논지를 파악했을 것입니다"라고 한 다음에 "자, 이제 이 이야기에서 나오십시오"라고 했다면, 어떻게 되었을지 생각해 보라. 그것은 느닷없어 보일 것이다. 사람들은 수평적 이동을 흡수할 시간을 필요로 한다. 마찬가지로, "예수님은 그들이 놀라는 것을 보시고 다음과 같이 말씀하셨습니다"라는 문구도 같은 방식으로 신호를 보내는 것이다.

그러한 단서가 주어지지 않을 경우, 우리는 지난 밤 영화에서 아이들이 웃었다는 이야기를 듣고서, 그 웃음이 스토리의 한 부분인지, 또는 영화에서 아이들이 웃은 것인지, 아니면 아이들이 지금 웃고 있다는 것인지 확실히 알 수 없을 것이다. 적절한 신호를 보낸다면, 수평적 이동은 표현을 다양하게 하는 데 큰 도움을 준다.

성경본문에 대한 질문(Questioning the Text)

당신이 성경에 대해 아무 질문도 던지지 않고 그저 말하기만 한다면, 그 설교는 긴장감을 잃을 것이다. 설교에서의 필요성은 접어두더라도, 성경본문에 대해 의문을 갖는 과정은 다른 광범위한 결과를 가져다줄 수 있다. 우리가 이미 살펴보았듯이, 설교자가 자신들이 묻고 싶어하던 것을 '과감하게' 물어볼 때, 많은 청중들은 안도감을 느낀다. 게다가 청중들 가운데는 성경에 관해 거의 무지하다시피 한 사람들이 많이 있고, 이러한 과정에 의해서 도움을 받는 이들이 많다. 분명히 성경을 미리 읽어야 한다고 했을 때, 성경을 먼저 읽은 사람들은 질문을 하지 않는다는 가정을 하는 경우가 많다. 이 잘못된 성경에 대한 '존중'이 다음 세대를 무지하게 한다. — 적어도 내가 설교한 청중들 가운데는 그런 사람들이 있었다. 결국, 그것을 읽지 않는다면 당신은 믿어야 할 것과 그렇지 말아야 할 것을 알지 못할 것이다. 나는 성경본문에 대한 의문을 포함한 설교를 할 경우, 예배가 끝난 후에 신자들이 설교에 대해서 많은 질문과 언급을 하는 것을 경험했다.

동시에 그 순간에는 명확한 무엇이 없다 하더라도 종국적으로 딜레마에서 빠져나올 방법이 있을 것이라는 힌트를 주는 것이 중요하다. 그것이 바로 얼마 후에 "도대체 왜 예수님은…?"라고 물어본 까닭이다. 청중들이 성경의 내용을 깨뜨리려고 우리가 나갔다는 것을 믿게 된다면, 관심을 갖는 것이 사실 당연하다. 그러므로 자명한 사실은 탈출구를 찾을 수 없다면 성경본문을 사용하지 말라는 것이다. 나는 한때 이와 같은 언급은 필요없다고 생각했었는데, 핵심 성구집에 대한 이해가 넓어진 이후에는 그같은 언급이 이뤄져야 한다고 생각한다.

핵심 성구집은 보지 않았다면 찾지 못했을 수많은 성경본문을 제공한다. 설교자들이 나에게 말한 적이 있었다. "내 직업은 그것에 동의하는 것이 아닙니다. 내 직업은 그것을 설교하는 것입니다." 몇 가지 점에서 이 주장은 신뢰성이 있다. 결국 핵심 성구집의 장점은 우리 개개인이 가장 좋아하는 성경본문만 반복해서 사용하는 것을 방지해 주는 것이다. 게다가 내가 보기에는 성경에 대한 서로 다른 수많은 신학적 견해들이 존재한다. 우리는 자신이 동의하지 않는 것을 받아들이지 않고서 "하지만 오늘 설교해야 하는 성경본문이니까?"라고 할 수 있다. 이러한 태도는 우리가 지금 논의하고 있는 것에 비춰보면, 파괴적인 것이다. 설교는 본문에 나타난 딜레마에서 빠져나올 길을 찾아야만 한다.

내러티브의 규범

대화와 연기(Acting)의 차이

앞에서 우리는 내러티브에서 극적인 장면으로 넘어가는 스토리 라인의 문제를 다루면서 놀라워했던 적이 있다. 설교자가 스토리 흐름의 안쪽에 있을 때, 성경본문 그 자체에서부터 상상력으로 빚어낸 장면에 이르기까지 등장인물의 실제 대화를 포함할 수 있는 것은 당연하다. 일반적으로, 그것들은 "그녀는 그에게 말했다." 그리고 "그는 바로 응답했다."와 같은 대화들로 둘러싸여 있다. 때때로 (이를테면 장남과 아버지 사이의 인상적인 대화에서) "그들이 한 말은…"라고 하는 것은 거북하고 불필요하다. "한 데나리온의 품삯에 동의하지 않았소?" "예, 물론 그랬죠. 그렇지만…" 이렇게 본문을 다루게 되면 강력한 힘을 발휘할 수 있다. 한 번, 혹은 두 번까지도 등장인물의 말을 직접 인용하는 것은 괜찮을 것이다. 그러나 그 다음에는 편집자로서 "그가 말했다" 라고 하지 않는 경우, 혼란이 발생할 수 있다. 듣는 사람들은 당신이 스토리의 무대에서 계속 연기를 하는 것을 걱정스럽게 바라보기 시작한다. 그리고 우리 대부분은 확실히 그렇게 할 만한 능력을 가지고 있지 않다.

읽거나 해석적으로 말하는 것과 등장인물이 되어 연기를 하는 것은 별개의 문제이다. 당신은 옆집 아이가 학교 연극에서 정말로 햄릿이었을까 의아해했던 적이 있을 것이다. '그런 의심을 잠시 접어두기'에는 당신이 너무 많이 알고 있었고, 어린 연기자는 아는 것이 너무 없었다. 그래서 연극의 흐름에 동참하기에는 문제가 있다. 당신은 옆집의 꼬마 아이를 보고 있었던 것이다.

설교 연습시간에 학생이 "안녕하세요. 제 이름은 마르다이고, 예수님의 친구입니다" 라는 말로 설교를 시작할 때도 같은 일이 발생한다. 나는 나 자신에게 이렇게 속삭인다. "음, 나는 단지 보기만 하겠어." 그리고 나는 정말 보기만 한다. 나는 자세가 바른지를 보고, 목소리의 톤이 알맞은지를 듣는다. 나는 말하고 있는 것을 듣고 있기는 하지만 그 외에는 모든 것을 한다. 그것은 단지 내가 종종 성경본문에 대해 너무도 주관적인 방식으로 듣고자 하기 때문이다. 당신은 몇 주 전에 청중에 의해 '방해받은' 대화설교를 기억하는가? 나머지는 설교가 아닌 연극이었다.

청중들이 시계를 보면서, 그들은 당신의 말을 들으려고 몸을 앞으로 기울이지 않는다. 청중들은 참여하는 것이 아니라 설교를 관망하고 있는 것이다.

'스토리 유예된' 설교 내에서 모호성 사용하기

우리는 이미 성경 이야기가 그 자체 내에서 분명한 해결책을 찾지 못할 때, 일시 정지의 순간이 (현재 여기서는 설교 방식으로 고려되고 있는) '막다른 곳'에서 발생한다는 것을 살펴보았다. 분명히 스토리 라인은 의미가 모호한 곳에 와 있다. 마찬가지로, 설교자가 단서를 얻으려고 할 때도 모호한 느낌을 주는 말로 시작해야만 한다. 막다른 곳에서 재빨리 나와 문제를 해결하려고 해서는 안된다. 이 설교의 경우, 성경본문의 바로 앞부분에서 문제가 쉽게 풀렸다. 만약 바울이 쓴 서신이나 사도행전으로 이야기를 돌렸다고 생각해 보자. "바울도 이와 똑같은 문제를 가지고 있었습니다"와 같은 문장으로 연결하면 그럴 듯하기는 할 것이다(이것은 린더 첵 교수가 바울의 이야기로 전환을 꾀하는 방식이다.). 그러나 이 전환이 바울의 저작들에 나오는 훈계였다면, 그러한 연결은 핵심을 놓쳤을 것이다.

예를 들어, "그렇지 않았다면, 저는 이해하지 못했을 것입니다." "사도 바울은 해야 할 일이 많다고 생각하는 사람들에게 이 모든 것을 가르쳐줍니다. '모두가 죄를 범했고, 하나님의 은총에서 멀어져 있다'는 것을" 라는 말로 이야기가 중지되었다고 상상해 보자. 이런 식의 전환은 별로 효과를 거두지 못할 것이다. 왜냐하면 그 형식상, 스토리 진행을 유예시킬 질문이 실제로 설득력 있게 제시되지 못했기 때문이다. 만일 상황이 그렇다면 스토리 진행을 유예시킬 필요는 없을 것이다.

중심 스토리로 돌아가려고 할 때는 약간 다르다. 그러나 꽤 쉽게 이해할 수 있는 것이다. 본문에서 나와 들어갔던 해결책을 제시하는 장면은 분명히 종결점을 가지고 있다(그것이 거기로 갔던 이유이다.). 그러나 그 종결은 설명을 하기보다는 문제를 제기하는 편이다. 그러나 우리는 거기서 우리가 필요로 했던 것을 들었다. 여기서 핵심은 중심 스토리로 돌아오는 것에 있지, 요약하는 것에 있지 않다. "그래서 우리는 이제 우리에게 맡겨진 일이 무엇인지 분명히 알게 되었습니다" 라고 할 것이 아니다. 그렇지 않다. 사람들이 중심이 되는 스토리로 돌아오는 곳은 스토리를 잠시 떠났던 곳보다 약간 앞선 지점이다. 이 설교의 경우, 나는 전 장의 "속았다" 는 부정적 언급으로 중심 스토리로 돌아왔다. 그리고 앞에서 우리는 결코 더 많이 일을 한 사람과 우리 자신을 비교하지 않는다는 것을 강조했다. 결국 설교에서 제기한 사안은 중심 이야기 속으로 들어가 해결해야지 얼버무려서는 안된다.

제목의 중요성과 제목이 내러티브에서 하는 역할

제목이 어쨌든 내러티브의 핵심에 연관된 것이라면, 정적이고 원론적인 문장으로 한정되어서는 안된다. 나는 설교자가 무엇을 말할지 그 내용이 뻔해서 주일 설교에 참석할 필요를 못 느끼게 하는 설교 제목들을 많이 봐 왔다. (설교 듣는 것이 교회에 가는 유일한 이유라고 가정해 볼 때) 제목이 최소한의 단서는 제공해야겠지만, 비밀을 누설해서는 안된다. 내가 알고 있는 최고의 제목은 갈등 제시와 그것의 해결에 청중들을 동시에 참여시킬 수 있는 참신한 것이어야 한다.

 의도가 그것에 상응하는 결과를 낳는다고 보장할 수 없다. 그러나 나는 이 설교의 제목을 통해서 내가 기대한 효과가 발생했다는 것을 알고 있다. 먼저, 나는 독자에게 설교가 행해지기 이전에는 주제에 관한 어떤 것도 폭로하지 않기를 원했다. 내 경우에는 어떤 설교 제목을 읽었을 때, 그 내용을 조금이라도 추측할 수 있다면 실망할 것이다. 다음으로, 나는 갈등의 기미가 보이는 제목을 원했다. "더 이상 무엇을 바라겠습니까?" 자, 이 제목은 갈등을 제시할 수 있었고, 실제로 그랬다. 어쨌든 나는 선언적인 설교 의도가 요약된 한 줄의 제목을 원했다. 청중들이 설교가 끝나고 나서 설교문을 접고 그 제목을 읽을 때, 설교 내용을 다시 떠올릴 수 있을까? 내 생각에 이 설교의 마지막 말이 그것을 가능케 했을 것이다. 그리고 이렇게 독특한 제목으로 인해서, TV 광고가 나올 때마다 설교도 같이 떠오르길 바랐다.

 자신이 바라는 제목을 찾는 방법은, 그 자체가 한 단락의 설명을 필요로 한다. 여기서 몇 가지 방법을 요약해 보겠다. 첫째, 광고를 지속적으로 유심히 보라. 광고 제작자는 유용하게 활용할 수 있는 중의적인 단어들을 잘 알고 있다. 둘째로 설교의 핵심 단어에 대한 동의어를 찾아보라(일반적으로는, 성스러운 것을 표현하기 위한 세속적인 용어를 사용한다.). 그런 후, 그 두번째 용어가 활용될 정황을 상상하고, 거기서 그 용어와 연관된 경구를 찾아내려고 해보라. 예를 들면(이러한 제목으로 설교를 해본 적은 없지만, 지금은 너무 늦었다.), "젊다고 생각하는 사람들을 위하여"라는 펩시 콜라의 광고 문구가 있다. 자, 그 말은 어린이와 같은 사람이 되라는 예수님의 말씀 속에 '포함될 수 있다.' 이 경우에 내게는 주위의 다른 여러가지 것들보다는 차라리 제목이 내용의 단서를 드러내지만, 그럼에도 불구하고 원칙을 찾아볼 수 있다. 성경본문의 용어인 어린이는 젊은이로 대체될 수 있다. 우리 시대와 같이 젊음이 주가 되는 문화에서는 젊다는 것과 관련된 수많은 문구들이 있다. 당신은 광고와 간결한 문장, 시나 음악이나 드라마와 같은 예술 형태, 그리고 자신의 지적 자원 중에서 뭐가 없나 찾아보는 데서 시작한다. 당신은 다음과 같은 단어나 문구를 찾고 있다. (1) 그것은 대체로 다른 상황과 철저하게 관련이 있어야 한다. (2) 당신이 설교에서 시도하려고 하는 것과 정확히 부합되어야 한다.

여기서 제목이 될 만한 것들을 찾는 것은 목적이 아니다. 제목은 정말로 설교에 꼭 맞아야 한다. 그리고 그것은 주변적인 것에서 끝나는 것이 아니라, 설교의 핵심을 표현할 수 있어야 한다. 게다가 최대한 설교의 목적을 부정적인 방식보다는 긍정적인 방식으로 나타낼 수 있어야 한다. 중요한 점은 설교가 시작되기 전부터 내용을 드러내지 않고도 문제의 해결책을 암시할 수 있어야 한다는 것이다. 마지막으로, '훌륭하다' 는 말이 결론은 아니다. 제목은 설교에 대한 관심을 불러일으킬 정도로 튀어 보일 수도 있다. 설교 전체에서도 그렇듯이, 설교 대부분이 "지금은 그렇게 썩 좋은 것 같지 않군" 이라는 평을 듣는다면, 청중들은 시계를 보기 위해 고개를 돌릴 것이다. 결국 설교에서 훌륭하다는 것이 주목받게 되면 그것은 진정으로 훌륭한 것이 아니다. 설교자로서 우리의 역할은 잘된 작품을 내놓는 것이 분명히 아니다. 설교자의 역할은 관심을 환기시켜 주는 것이다.

지금까지 우리는 스토리 진행, 스토리 보류, 스토리 유예를 살펴보았다. 이제 마지막 단계가 남았다. 스토리 전환.

스토리 전환
(Alternating the Story)

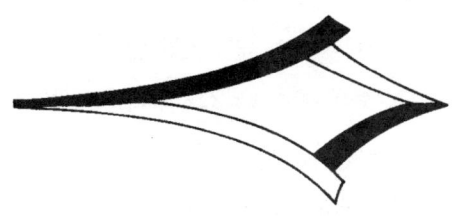

내러티브 설교 구상 단계에서 스토리 전환은 성경 안팎으로 순환하는 설교의 움직임을 특징으로 내세운다. 이 방식은 전 장 보다도 더 많은 변화를 포함하고 있으며, 잘만 된다면 더 세련된 방식의 설교를 할 수 있다.

이 설교에서 크래독(Fred Craddock) 박사는 성경본문 밖에서 시작해서 안쪽으로 들어온다. 이런 형식의 내러티브 설교는 다른 방식으로도 진행될 수 있다. — 안쪽에서 시작해서 바깥쪽으로. 설교자가 어떤 방식을 선택하는가는 성경본문의 상황에 달려 있다. 그가 바깥에서 시작한 이유를 나는 이제 곧 분명히 알 수 있으리라고 생각한다. 그러나 여기서의 핵심은 성경본문과 다른 설교자료 사이에서의 다중적 이동, 또는 변화에 있다.

자, 크래독 박사의 스토리 전환에 대한 설교를 우선 들어보자.

설교 4 "이를 악물고 기도하기"

프레드 크래독(Fred B. Craddock)

형제들아 내가 너희에게 알게 하노니 내가 전한 복음이 사람의 뜻을 따라 된 것이 아니라 이는 내가 사람에게서 받은 것도 아니요 배운 것도 아니요 오직 예수 그리스도의 계시로 말미암은 것이라 내가 이전에 유대교에 있을 때에 행한 일을 너희가 들었거니와 하나님의 교회를 심히 핍박하여 잔해하고 내가 내 동족 중 여러 연갑자보다 유대교를 지나치게 믿어 내 조상의 유전에 대하여 더욱 열심이 있었으나 그러나 내 어머니의 태로부터 나를 택정하시고 은혜로 나를 부르신 이가 그 아들을 이방에 전하기 위하여 그를 내 속에 나타내시기를 기뻐하실 때에 내가 곧 혈육과 의논하지 아니하고 또 나보다 먼저 사도 된 자들을 만나려고 예루살렘으로 가지 아니하고 오직 아라비아로 갔다가 다시 다메섹으로 돌아갔노라 그 후 삼 년 만에 내가 게바를 심방하려고 예루살렘에 올라가서 저와 함께 십오 일을 유할새 주의 형제 야고보 외에 다른 사도들을 보지 못하였노라 보라 내가 너희에게 쓰는 것은 하나님 앞에서 거짓말이 아니로라 그 후에 내가 수리아와 길리기아 지방에 이르렀으나 유대에 그리스도 안에 있는 교회들이 나를 얼굴로 알지 못하고 다만 우리를 핍박하던 자가 전에 잔해하던 그 믿음을 지금 전한다 함을 듣고 나로 말미암아 영광을 하나님께 돌리니라.

(갈 1:11-24)

나는 한 단어를 말하려고 합니다. 내가 이 단어를 말할 때, 생각나는 사람의 얼굴을 기억하면서 그 이름을 떠올려보시기를 바랍니다. 준비되셨습니까? 그 단어는 '쓰라리다'(bitter)란 말입니다. 쓰라린. 얼굴이 떠오릅니까? 저는 얼굴이 떠오릅니다. 저당잡힌 트랙터를 타고, 외상으로 연료를 채우고, 흙먼지를 풀썩이며 빌린 땅을 가로질러가는, 서부 오클라호마의 농부의 얼굴이 떠오릅니다. 쓰라립니다.

얼굴이 떠오릅니까? 저는 마흔일곱 살 된 여인의 얼굴이 떠오릅니다. 그녀는 장례용으로 마련한 녹색 천막 아래, 일그러지고 혼란스러운 얼굴로 오랫동안 앉아 있습니다. 그녀 주위에는 "조의를 표합니다"라고 씌인 카드와 꽃들이 가득합니다. 쓰라립니다.

얼굴이 떠오르십니까? 저는 작은 야채 가게를 운영하고 있는 남자의 얼굴이 떠오릅니다. 그의 아버지가 그 마을에서 20여 년간 가게를 운영했고, 이제는 그가 거기서 12년째 일을 하고 있습니다. 야채 가게에서 큰 돈은 벌 수 없지만 그의 가족이 함께 먹고 살만은 합니다. 그것이 사업입니다. 지금 가게에는 손님이 없고, 야채 장수는 에이프런을 허리춤에 찔러넣은 채, 문 안쪽에서 길 건너 슈퍼마켓 주인이 하루 일을 정리하고 있는 것을 보며 서 있습니다. 쓰라립니다.

나는 젊은 연인의 얼굴이 떠오릅니다. 그들은 열아홉 살 정도 돼 보입니다. 둘은 주먹이 하얗게 질릴 정도로 손을 꽉 쥐고 공항 터미널에 서 있습니다. 여자는 임신중이고, 남자는 군복을 입고 있습니다. 그들은 말은 하지 않고, 서로를 바라보기만 하고 서 있습니다. 스피커에서는 "392 비행기가 옐로우 중앙홀 22번 출구에 있습니다. 샌프란시스코로 가는 손님은 모두 탑승해 주십시오"하는 소리가 들려옵니다. 남자는 천천히 출구로 움직입니다. 여자는 거기에 홀로 서 있습니다. 쓰라립니다.

누가 또 떠오르십니까? 작은 마을의 젊은 목사가 생각납니다. 그는 목사관이라고 불리는 과자 박스 같은 집에서 그의 아내와 아이와 함께 살고 있습니다. 토요일 오전입니다. 문에서 노크 소리가 들립니다. 그가 문을 열자, 현관문 앞에는 지역 은행의 은행장이자 그 근방 모든 땅의 주인인 교회위원회 회장이 서 있습니다. 그는 두 손에 작은 텔레비전을 들고 있습니다. 그것은 낡고, 스크린이 작은 흑백 텔레비전입니다. 흠집이 많이 나 있고, 손잡이 하나는 떨어져 나갔습니다. 그는 이렇게 말합니다. "아내와 저는 25인치 컬러 텔레비전을 새로 구입했습니다. 그런데 이것은 아무도 가져가려 하지 않았습니다. 그래서 생각했습니다. '옳지, 이것을 목사님께 가져다주면 되겠군. 아마도 우리 교구 목사님들이 오래 머물지 않으려는 까닭은 우리가 목사님들께 별로 해준 게 없기 때문일 거라구요.'" 젊은 목사는 웃으려 애쓰며 감사하다고 말합니다. 나는 여러분이 그의 얼굴을 보기를 원합니다. 쓰라립니다.

다른 얼굴을 한 번 더 볼까요? 그의 이름은 사울, 다소 출신의 사울입니다. 우리는 그를 바울이라고 부릅니다. 그는 젊고, 지적이며, 조상의 전통을 충실하게 따르고, 그의 나라와 지역에 열정을 가지고 있으며, 자신의 말로는 민족에 대한 열정이 동료들 가운데 그 누구보다도 높다고 합니다. 그가 자신의 신념을 추구하고 있는 동안, 유대교 내부에서는 나사렛이라고 불리는 예수를 따르는 새 무리가 형성되고 있었습니다. 처음엔 그들이 어떠한 위협도 끼치지 않는 것처럼 보였습니다. 뭐니뭐니해도 유대교는 오랫동안 폭넓은 자유를 허락해 왔고, 그들의 믿음 안에만 있으면 바리새인, 사두개인, 엣세네파, 열심당원과 같은 종교 집단들도 묵인해 주었습니다. 그렇다면 나사렛파가 안될 이유가 무엇이겠습니까? 그들이 유대교 회당에 계속 있는 한, 문제될 것은 없었습니다.

그러나 오래지 않아 이 새로운 그리스도인들에게서 다른 소리가 들려왔습니다. 젊은 급진주의자 중 몇몇이 그리스도교는 유대인들을 위한 것이 아니고, 예수 그리스도의 존재를 믿는 사람들을 위한 것이라고 말하기 시작한 것입니다. 스데반이나 빌립, 그리고 여러 사람들의 연설에서 그런 말이 들려왔습니다. 당신이 하나님을 믿고 예수 그리스도의 존재를 믿는다면, 당신이 유대인이든 아니든 그 배경은 문제되지 않습니다. 이 깜짝 놀랄 만한 말은 젊은 사울의 귀를 강타했습니다. "그들이 말하려고 하는 것이 도대체 무엇인가? 어떻게 그것이 문제가 되지 않는단 말인가? 그건 문제가 된다. 가장 중요한 문제다. 어떤 젊은 설교자도 수천 년의 학대와 포로생활과 무거운 짐과 하나님께 진실하고자 하는 노력과 그의 백성으로 투쟁한 것과 어두운 이교도의 세계 가운데서 신앙의 불꽃을 꺼트리지 않으려고 노력한 것을 아무 의미가 없는 것으로 경시해서 말할 수는 없다. 큰 윗옷을 종아리까지 오게 입고 웃음거리가 되어도, 우리와 다르다는 이유로 아무 문제가 되지 않는다는 것이 그들의 주장이란 말인가? 전혀 그렇지 않다. 그것은 중요한 문제가 된다."

한번 상상해 보십시오. 당신이 양친의 유일한 자녀였는데, 열일곱 살 되던 해에 부모가 당신을 위하여 동갑내기 형제를 입양했다고 말입니다. 양쪽 모두 열여덟 살이 된 어느 날 아침, 아버지가 다음과 같이 말합니다 "나는 막 변호사에게 내 서류를 정리하라고 시켰다. 나는 내 사업을 나의 두 아들에게 넘기려고 한다." 어떤 느낌이 드십니까? "이 친구는 입양되어 온 지 얼마 되지 않았습니다. 그는 진정한 아들이 아닙니다. 내가 잔디를 깎고, 방을 청소하고, 9학기를 패스하려 노력하고, 금요일 밤마다 가족의 차를 빌리려고 하다가 거절당했을 때, 이 친구는 어디에 있었습니까? 이제 열여덟 살이 되니까 어디에서 온지도 모르는 이 친구를 형제로 맞고, 똑같이 나눠 가져야 한다는 말입니까?" 어떻게 느껴질 것 같습니까? "내 아버지는 관대하시니까요"라고 말하겠습니까? 그럴 것 같지는 않군요.

그러면 젊은 사울이 어떤 느낌을 가졌을지 상상해 봅시다. 대를 이어 선택받은 민족이었는데, 지금 나사렛 예수라는 사람이 유대인과 이방인이 똑같다는, 그런 차이는 더 이상 아무런 문제가 되지 않는다는 이상한 의견을 내놓았습니다. 당신은 사울이 어떤 느낌이었을지 감지해야 합니다. 당신 민족의 모든 관습과, 당신이 배우고 믿어 온 모든 것이 아무런 의미가 없어졌습니다. 학교에서의 모든 순간이, 굳건히 지켜 온 모든 신념이, 당신 삶의 이정표로 삼은 직업이 이제는 아무 의미가 없어졌고 할아버지가, 아버지가, 그리고 지금은 당신이 믿고 있는 것이 의미가 없어졌다는 것입니다. 물론 사울은 그것을 막기 위해 애쓰고 있습니다. 내리덮이는 근심의 검은 구름이 작은 교회 위에 큰 회오리바람을 만들고 있고, 그는 그것을 불어내고, 없애려고 노력합니다. 그의 아버지의 이름으로, 그의 민족의 이름으로, 그리고 하나님의 이름으로. 맞습니다.

자, 왜 그가 이렇게 할까요? 왜 사울은 하나님의 이름으로 모든 사람들을 똑같이 끌어안자는 말에 그렇게 쓰라린 감정을 느꼈을까요? 내가 어떻게 생각하는지 짐작하시겠습니까? 나는 사울이 이 문제에 대해 자신과의 싸움을 벌이고 있기 때문에 마음쓰려 하고, 불안해했으리라 믿습니다. 자기 자신과 싸우고 있는 사람은 친구나 사랑하는 사람에게까지 상처를 입힙니다. 사울은 확신이 없었고, 확신이 없는 사람은 박해자가 됩니다. 사울은 자신이 믿는다고 여기는 하나님의 지극한 깨우침을 기다리며 다메섹 근처에서 상처입은 짐승처럼 누워 있게 될 때까지, 그 자신이 불확실했고, 그리스도인들을 박해해 왔습니다.

그러나 바울 자신의 하나님이라고 믿고 있던 하나님은 모든 피조물을 사랑하는 분이십니다. 그는 알고 있습니다. 분명히 알고 있습니다. 사울은 성경을 쭉 읽어 왔습니다. 그는 룻기라는 놀라운 책을 읽은 적이 있습니다. 거기서는 다윗의 모계 조상이 모압 족 여인이었다는 것이 거리낌 없이 소개됩니다. 분명히 하나님은 다른 민족들도 사랑하셨습니다. 그는 요나서에서 요나 자신이 사랑하지 않은 사람들에 대한 하나님의 사랑이 얼마나 큰 것인지 읽었습니다. 바울은 이사야서를 읽었고, 거기에서 모든 백성들에게 보여주는 하나님 나라의 놀라운 비전을 보았습니다. 그 모든 것은 그의 성경 속에 들어 있었습니다. 그렇다면 그에게 문제는 무엇이었을까요? 바울의 문제는 여러분이나 제가 때때로 겪는 것과 똑같은 것입니다. 어떤 것을 그냥 아는 것과 그것을 진짜로 아는 것은 별개의 문제입니다. 그는 그것을 알기도 하고, 모르기도 한 까닭에, 그냥 아는 것과 진짜로 아는 것 사이의 싸움이 치열했습니다. 그것은 때때로 머리와 가슴간의 갈등이라고도 불립니다. 우리가 경험한 여행 중에서 가장 긴 여행은 이성에서 감성으로의, 그냥 아는 것에서 진짜 아는 것으로의 여행임을 알고 있고, 그 여행이 완전히 끝날 때까지 우리는 큰 아픔을 겪는다는 것을 알고 있습니다. 우리는 심지어 다른 사람들에게 커다란 상처를 입히기도 합니다.

여러분은 이보다 더 쓰라린 마음의 사람을 본 적이 있습니까? 그들이 옳다고 믿는 것과 싸우고 있는 것보다 더 쓰라린 경우가 있을까요? 불가피한 진리의 승리를 막으려는 불가능한 싸움에 빠져본 적이 있습니까? 여러분은 하나님의 말씀을 따르는 사람이나 집단에게 비난과 증오, 폭력을 퍼붓는 그런 사람을 본 적이 있습니까? 그런 사람이 있다면, 어떻게 반응하십니까? 다행스럽게도 여러분은 상처입기를 상처주기로 맞서지는 않겠죠. 우리는 편견을 편견으로 대항하지 말자고 배워 온 까닭에 그렇게 대항하는 것이 무익하며 결실 없는 노력임을 확실히 알고 있습니다. 몇 년 전에 우리 중 많은 사람들이 편견에 가득 찬 사람에 대해 그들보다 더 큰 편견을 가지고 맞서고 있다는 사실을 발견했습니다. 그렇다면 우리는 어떻게 해야 할까요?

이야기 하나 들려드리겠습니다. 어느 가족이 일요일 오후에 드라이브를 하러 교외로 나갔습니다. 유쾌한 오후였고, 그들은 고속도로에서 한가하게 속도를 늦추며 쉬고 있었습니다. 갑자기 두 아이가 아빠의 등을 치기 시작했습니다. "아빠, 아빠! 차를 멈춰주세요. 차를 멈춰요. 저기 길 옆쪽에 새끼 고양이가 있어요." "저쪽 길가에 새끼 고양이가 있다고? 하지만 우리는 운전중이잖니!" 하고 아빠는 말합니다. "하지만 아빠, 멈춰서 그 고양이를 데려와야 해요." "멈춰서 고양이를 데려올 필요는 없단다." "하지만 아빠, 아빠가 안 그러면, 고양이가 죽을 거예요." "그래 죽을 수밖에 없겠지. 우리 집은 이제 다른 동물을 키울 만한 방이 없단다. 그렇지 않아도 우리 집은 이미 동물원이나 다름없잖니. 더 이상 동물은 안된다." "그렇지만 아빠, 그냥 죽게 내버려둘 거예요?" "조용히 해라, 얘들아. 우리는 즐거운 드라이브중이잖아." "우리는 결코 아빠가 고양이를 죽게 내버려 둘 정도로 비정하거나 잔인하다고 생각지 않았어요." 결국 어머니가 남편에게 고개를 돌려 이렇게 말합니다. "여보, 멈추는 것이 낫겠어요." 아버지는 차를 돌려 그 장소로 가서 차를 길 옆에 댑니다. "너희들은 차 안에 있거라. 내가 살피고 오겠다." 그는 작은 고양이를 데려오기 위해 차 밖으로 나갑니다. 그 작은 생명체는 뼈밖에 남지 않았고, 눈은 다쳤으며, 벼룩 투성이었습니다. 그러나 그가 데려오려고 차에서 내렸을 때, 고양이는 마지막 남은 힘으로 이빨과 발톱을 드러내며 털을 곤두세웠습니다. 저런! 그는 고양이 발톱에 목을 할퀴면서까지 고양이를 집어 차 안으로 데려와 말합니다. "만지지 말아라. 전염병에 걸렸을지도 모르니까." 그들은 집으로 돌아왔습니다. 아이들은 고양이에게 목욕을 시키고, 따뜻한 우유를 주고, 타협에 들어갑니다. "오늘밤만 집 안에서 재울 수 없을까요? 내일 우리가 차고에다 고양이 집을 지을께요." 아버지는 "그렇게 해라, 내 침실에 두도록 해라. 어차피 온 집안이 이미 동물원이나 다름없으니까"라고 말합니다. 그들은 편안한 잠자리를 만들었습니다. 몇 주가 지났습니다. 어느 날 아버지가 안으로 들어오는데, 무언가가 그의 다리에 매달려서 아래를 내려보았더니, 거기에 고양이가 있었습니다. 그는 아무도 보고 있지 않다는 것을 확인하고, 고양이 쪽으로 다가섭니다. 그의 손을 보고서도 고양이는 발톱을 세우지 않았습니다. 대신에 고양이는 귀여워해 달라고 몸을 둥글게 말고 있었습니다. 이 고양이가 몇 주 전의 그 고양이란 말입니까? 정말로 같은 고양이란 말입니까? 아닙니다. 그것은 길 옆에서 겁에 질리고, 상처입고, 사납기만 하던 그 고양이와 같은 고양이가 아닙니다. 물론 아니죠. 그리고 여러분도 저처럼 그 차이가 무엇인지 알고 있겠죠.

얼마 전, 하나님은 나와 나의 가족들에게 복 주시기 위해 손을 내미셨습니다. 그 때, 나는 그분의 손을 보았습니다. 그분의 손은 상처투성이였습니다. 그것은 쓰라린 마음의 사람들에게 내미는 사랑의 손이었습니다.

설교자가 어떻게 우리의 경험을 끌어들이는지 알아보기 위해서 이 설교를 좀더 자세하게 살펴보자.

설교 순서에 따른 분석

나는 한 단어를 말하려고 합니다. 내가 이 단어를 말할 때, 생각나는 사람의 얼굴을 기억하면서 그 이름을 떠올려보시기를 바랍니다. 준비되셨습니까? 그 단어는 '쓰라리다'(bitter)란 말입니다. 쓰라린. 얼굴이 떠오릅니까? 저는 얼굴이 떠오릅니다. 저당잡힌 트랙터를 타고, 외상으로 연료를 채우고, 흙먼지를 풀썩이며 빌린 땅을 가로질러가는, 서부 오클라호마의 농부의 얼굴이 떠오릅니다. 쓰라립니다.

설교는 본문과 아무런 관련이 없는 데서 시작한다. 크래독 박사는 우리에게 간단한 요구를 할 뿐이다. 우리가 얼굴을 떠올리기도 전에, 그는 우리에게 한 가지를 제시한다. 농부에 대한 그의 전체 묘사가 한 문장으로만 다뤄졌음을 주목할 필요가 있다. 크래독 박사는 두 가지 방법으로 장면을 빠르게 환기시킨다. 첫째, 생생하고 활동적인 동사의 사용이다. '타고', '채우고', '흙먼지를 풀썩이며', '가로질러가는' 등이 그것이다. 두번째, '흙먼지를 풀썩이며'와 같은 강렬한 표현을 구사하고 있다. 이 한 단락으로 다음 부분에서도 청중의 관심을 충분히 붙잡아두리라고 말하기는 어려울 듯싶다. 하지만 누가 다른 곳으로 관심을 돌릴 수 있겠는가?

얼굴이 떠오릅니까? 저는 마흔일곱 살 된 여인의 얼굴이 떠오릅니다. 그녀는 장례용으로 마련한 녹색 천막 아래, 일그러지고 혼란스러운 얼굴로 오랫동안 앉아 있습니다. 그녀 주위에는 "조의를 표합니다" 라고 씌인 카드와 꽃들이 가득합니다. 쓰라립니다.

크래독 박사는 우리에게 또 다른 장면을 재빨리 제시한다. 이 장면은 세 문장으로 이루어져 있고, 더 풍부해졌다. 이제 두 번씩이나 장면이 '쓰라리다' 라는 단어로 짜맞춰져 있다. 카드에 써 있는 말은 그것을 직접 말하는 것보다 더 구체적인 상상력을 불러일으키며, 우리에게 보편으로 가는 가장 빠른 길이 구체적인 것을 통해 이루어진다는 것을 상기시킨다.

얼굴이 떠오르십니까? 저는 작은 야채 가게를 운영하고 있는 남자의 얼굴이 떠오릅니다. 그의 아버지가 그 마을에서 20여 년 간 가게를 운영했고, 이제는 그가 거기서 12년째 일을 하고 있습니다. 야채 가게에서 큰 돈은 벌 수 없지만 그의 가족이 함께 먹고 살만은 합니다. 그것이 사업입니다. 지금 가게에는 손님이 없고, 야채 장수는 에이프런을 허리춤에 찔러넣은 채, 문 안쪽에서 길 건너 슈퍼마켓 주인이 하루 일을 정리하고 있는 것을 보며 서 있습니다. 쓰라립니다.

다섯 문장으로 짜여진 연속된 장면에서 세부 묘사가 더 풍부해졌다는 것을 눈치챘는가? 우리는 또한 크래독 박사가, 우리가 눈치채지 못하게 여기서 다른 무언가를 노리고 있음을 주시해야 한다. 그는 우리가 마음쓰려려 하는 사람들에게 점점 더 동정심을 갖도록 유도하고 있다. 이런 태도는 조금 있다가 나오는 바울의 이야기에서 필요하게 될 것이다. 설교자가 성경본문으로 들어가기 전에 다른 방법을 사용하기보다는 몇 가지 현시대 장면을 제시한 것은 이러한 태도를 갖게 하기 위해서일까?

나는 젊은 연인의 얼굴이 떠오릅니다. 그들은 열아홉 살 정도 돼 보입니다. 둘은 주먹이 하얗게 질릴 정도로 손을 꽉 쥐고 공항 터미널에 서 있습니다. 여자는 임신중이고, 남자는 군복을 입고 있습니다. 그들은 말은 하지 않고, 서로를 바라보기만 하고 서 있습니다. 스피커에서는 "392 비행기가 옐로우 중앙홀 22번 출구에 있습니다. 샌프란시스코로 가는 손님은 모두 탑승해 주십시오" 하는 소리가 들려옵니다. 남자는 천천히 출구로 움직입니다. 여자는 거기에 홀로 서 있습니다. 쓰라립니다.

이 공항 장면에서 크래독 박사는 우리에게 네 가지 그림을 제공한다. 장면 묘사는 한 문장에서 세 문장, 그 다음 다섯 문장, 지금은 일곱 문장으로 점차 풍부해졌다(다음은 열한 문장이 될 것이다.). 이것은 분명히 우연한 결과가 아니다. 지금까지 각각의 장면에서 세부 묘사의 양이 점차로 줄어들었다면, 청중들은 아마도 새로운 장면을 끌어들이는 것에 대해 거부감을 느꼈을 것이다.

크래독 박사는 공항에 서 있는 이 연인들을 묘사하면서 그들의 심리상태, 또는 현재의 정서상태 등에 대한 일반적인 단어들을 사용하지 않는다. 그는 우리에게 하얗게 된 주먹을 보여줄 뿐이다. 우리는 그 나머지를 이해할 수 있다.

누가 또 떠오르십니까? 작은 마을의 젊은 목사가 생각납니다. 그는 목사관이라고 불리는 과자 박스 같은 집에서 그의 아내와 아이와 함께 살고 있습니다. 토요일 오전입니다. 문에서 노크 소리가 들립니다. 그가 문을 열자, 현관문 앞에는 지역 은행의 은행장이자 그 근방 모든 땅의 주인인 교회위원회 회장이 서 있습니다. 그는 두 손에 작은 텔레비전을 들고 있습니다. 그것은 낡고, 스크린이 작은 흑백 텔레비전입니다. 흠집이 많이 나 있고, 손잡이 하나는 떨어져 나갔습니다. 그는 이렇게 말합니다. "아내와 나는 25인치 컬러 텔레비전을 새로 구입했습니다. 그런데 이것은 아무도 가져가려 하지 않았습니다. 그래서 생각했습니다. '옳지, 이것을 목사님께 가져다주면 되겠군. 아마도 우리 교구 목사님들이 오래 머물지 않으려는 까닭은 우리가 목사님들께 별로 해준 게 없기 때문일 거라구요.'" 젊은 목사는 웃으려 애쓰며 감사하다고 말합니다. 나는 여러분이 그의 얼굴을 보기를 원합니다. 쓰라립니다.

우리는 지금 몇 가지 장면 중 가장 복잡한 것을 보고 있다. 그것이 목사관 장면이라는 사실에 나는 이 설교가 혹시 목회자들이 모인 예배에서 하려고 했던 것이 아닌가 하는 생각이 들었다. 실제로 그랬을지는 모르겠지만, 그것은 중요한 문제를 제기한다. 바로 크래독 박사 자신이 말했듯이, 긴장감과 기대감의 증가로 인한 갈등의 심화는 다양한 일련의 장면 배치에 의해 더욱 강화될 수 있다는 것이다. 그렇게 함으로써 점차 그 양이 늘어난 세부 묘사를 통해서 더 세련된 표현을 가능케 할 뿐만 아니라, 손에 잡힐 듯이 생생한 장면을 청중들 앞에 제시할 수 있다. 크래독 박사의 훌륭한 설교 감각을 알고 있었기 때문에 나는 그의 설교를 듣던 청중들이 과자 박스에 비유된 목사관에 대해서 어떤 방식으로든 이미 알고 있었으리라고 생각했다.

우리는 또한 크래독 박사가 그의 설교내용을 풍부하게 하는 데 있어서 문장을 어떻게 쓰고 있는지 살펴볼 필요가 있다. 이 단락에 쓰인 문장들을 자세히 살펴보면, 대부분의 문장들이 "토요일 오전입니다"와 같이 간단하고 직설적이며, 짧다는 것을 알 수 있다. 하지만 목사관에 온 은행장이 크게 생색을 내는 대목만은 그렇지 않다. 그 부분에서 설교자가 그 은행장의 부와 지위를 어떻게 묘사해 가는지 눈여겨 볼 필요가 있다.

다른 얼굴을 한 번 더 볼까요? 그의 이름은 사울, 다소 출신의 사울입니다. 우리는 그를 바울이라고 부릅니다. 그는 젊고, 지적이며, 조상의 전통을 충실하게 따르고, 그의 나라와 지역에 열정을 가지고 있으며, 자신의 말로는 민족에 대한 열정이 동료들 가운데 그 누구보다도 높다고 합니다. 그가 자신의 신념을 추구하고 있는 동안, 유대교 내부에서는 나사렛이라고 불리는 예수를 따르는 새 무리가 형성되고 있었습니다. 처음엔 그들이 어떠한 위협도 끼치지 않는 것처럼 보였습니다. 뭐니뭐니해도 유대교는 오랫동안 폭넓은 자유를 허락해 왔고, 그들의 믿음 안에만 있으면 바리새인, 사두개인, 엣세네파, 열심당원과 같은 종교 집단들도 묵인해 주었습니다. 그렇다면 나사렛파가 안될 이유가 무엇이겠습니까? 그들이 유대교 회당에 계속 있는 한, 문제될 것은 없었습니다.

마침내 우리는 사울에 대한 묘사에 이르렀다. 청중 가운데 몇몇은 이미 본문을 잊었을지도 모른다. 그것이 분명히 의도했던 것이다. 크래독 박사가 순서를 바꿔 사울에 대한 묘사를 먼저 했다면, 우리는 아마도 사울에 대한 선입견을 가지고 들었을 것이다. 우리는 모두 사울이 그리스도를 받아들이기까지 뼛속 깊은 거부감과 어리석은 분노를 가지고 있었다는 것을 알고 있다. 크래독 박사는 우리가 사울을 다른 분위기 속에서 만나보기를 원했다. 그래서 네 가지 장면을 넣은 것이다. 이제 우리는 공감을 하면서 그 장면에 맞닥뜨리게 된다.

우리를 사울 이야기로 끌고 갔을 때, 설교자는 사실 성경본문으로 직접 가지 않고, 본문을 통해 성경 스토리 뒤에 숨겨져 있는 스토리로 들어갔다. 어떤 해결책으로부터 멀어지는 것은 설교자들과 청중들 모두에게 어려운 일이다. 성경에서 바울은 교회의 박해자이기 전에 크리스천이다. 크래독 박사는 우리를 그보다 더 앞선 시점, 즉 사울이 충성스럽고, 애국심 있고, 신심 깊은 유대인이었던 시점으로 이끈다. 그가 말했듯이 "문제는 없었다."

그러나 오래지 않아 이 새로운 그리스도인들에게서 다른 소리가 들려왔습니다. 젊은 급진주의자 중 몇몇이 그리스도교는 유대인들을 위한 것이 아니고, 예수 그리스도의 존재를 믿는 사람들을 위한 것이라고 말하기 시작한 것입니다. 스데반이나 빌립, 그리고 여러 사람들의 연설에서 그런 말이 들려왔습니다. 당신이 하나님을 믿고 예수 그리스도의 존재를 믿는다면, 당신이 유대인이든 아니든 그 배경은 문제되지 않습니다. 이 깜짝 놀랄 만한 말은 젊은 사울의 귀를 강타했습니다. "그들이 말하려고 하는 것이 무엇이란 말인가? 어떻게 그것이 문제가 되지 않는단 말인가? 그건 문제가 된다. 그것은 가장 중요한 문제다. 어떤 젊은 설교자도 수천 년의 학대와 포로생활과 무거운 짐과 하나님께 진실하고자 하는 노력과 그의 백성으로 투쟁한 것과 어두운 이교도의 세계 가운데서 신앙의 불꽃을 꺼트리지 않으려고 노력한 것을 아무 의미가 없는 것으로 경시해서 말할 수는 없다. 큰 윗옷을 종아리까지 오게 입고 웃음거리가 되어도, 우리와 다르다는 이유로 아무 문제가 되지 않는다는 것이 그들의 주장이란 말인가? 전혀 그렇지 않다. 그것은 중요한 문제가 된다."

문제는 여전히 남아 있고, 우리의 설교자는 사울의 보수적이고도 극단적인 열심에 철저히 공감하면서 그 문제를 제시한다. 충성심과 애국심이 부족한 사람들과는 대조적으로 그들은 '젊고', '급진적'이라고 표현된다. 유대인이든 아니든 '문제가 되지 않는다'는 그들의 주장은 크래독 박사가 그들의 특성을 잘 드러낸 표현이었다. 크래독 박사는 "구원은 민족의 순수성 또는 신학적 정통성보다 더 근본적인 문제에 달려 있다"는 그들의 견해를 말할 수도 있었을 것이다. 하지만 설교자는 그렇게 하지 않았다. 다만 "문제가 되지 않는다"고 믿는 사람들로 그들을 묘사했다. 여기서 우리 모두는 어떤 것이 "문제가 되지 않는다"고 생각하는 사람들을 알고 있다. 이러한 식의 생생한 묘사를 통해 우리는 모두 사울 편을 들어야 옳을 것 같다는 생각이 든다. 더 중요한 점은 여기에서 설교자가, 우리가 사울의 박해에 대해 전혀 납득하지 못한다는 것을 잘 알고 있으면서 그 이면의 동기에 대해 심층 분석을 제시한다는 것이다. 그는 그릇된 행동 이면에 놓인 훌륭한 동기를 제시함으로써, 설교의 긴장을 유지시킨다. '신앙의 불꽃'과 '어두운 이교도의 세계' 사이에서 선택이 주어진다면, 우리는 어디에 서야 할지를 알고 있기 때문이다.

한번 상상해 보십시오. 당신이 양친의 유일한 자녀였는데, 열일곱 살 되던 해에 부모가 당신을 위하여 동갑내기 형제를 입양했다고 말입니다. 양쪽 모두 열여덟 살이 된 어느 날 아침, 아버지가 다음과 같이 말합니다 "나는 막 변호사에게 내 서류를 정리하라고 시켰다. 나는 내 사업을 나의 두 아들에게 넘기려고 한다." 어떤 느낌이 드십니까? "이 친구는 입양되어 온 지 얼마 되지 않았습니다. 그는 진정한 아들이 아닙니다. 내가 잔디를 깎고, 방을 청소하고, 9학기를 패스하려 노력하고, 금요일 밤마다 가족의 차를 빌리려고 하다가 거절당했을 때, 이 친구는 어디에 있었습니까? 이제 열여덟 살이 되니까 어디에서 온지도 모르는 이 친구를 형제로 맞고, 똑같이 나눠 가져야 한다는 말입니까?" 어떻게 느껴질 것 같습니까? "내 아버지는 관대하시니까요"라고 말하겠습니까? 그럴 것 같지는 않군요.

이런 경우 우리는 어디에 서야 할지 모른다. — 그리고 이쯤에서는 사울에 대한 반감이 생길지도 모른다. — 크래독 박사는 성경의 배경을 뛰어넘어 우리의 세계로 들어왔다. 그는 자유롭게 만들어낸 비슷한 스토리를 말한다. 그가 어떻게 가정이라는 상황 속에서 성경의 논의들을 다루는지 살펴보라. 입양된 아이는 새로운 상황에 대한, 즉 가족 구성원이 되기 위한 대가를 지불하지 않았지만, 그렇다고 해서 부정적인 비난을 받을 만한 존재도 아니다. 더 나아가, 크래독 박사가 그리고 있는 어느 가족의 초상은 사울이 처한 상황이 가족의 이미지와 겹쳐지는 결과를 낳았다. 지금까지 이성적 진술과 감성적 진술은 장소에 따라 구분되어 있었다.

그러면 젊은 사울이 어떤 느낌을 가졌을지 상상해 봅시다. 대를 이어 선택받은 민족이었는데, 지금 나사렛 예수라는 사람이 유대인과 이방인이 똑같다는, 그런 차이는 더 이상 아무런 문제가 되지 않는다는 이상한 의견을 내놓았습니다. 당신은 사울이 어떤 느낌이었을지 감지해야 합니다. 당신 민족의 모든 관습과, 당신이 배우고 믿어 온 모든 것이 아무런 의미가 없어졌습니다. 학교에서의 모든 순간이, 굳건히 지켜 온 모든 신념이, 당신 삶의 이정표로 삼은 직업이 이제는 아무 의미가 없어졌고 할아버지가, 아버지가, 그리고 지금은 당신이 믿고 있는 것이 의미가 없어졌다는 것입니다. 물론 사울은 그것을 막기 위해 애쓰고 있습니다. 내리덮이는 근심의 검은 구름이 작은 교회 위에 큰 회오리바람을 만들고 있고, 그는 그것을 불어내고, 없애려고 노력합니다. 그의 아버지의 이름으로, 그의 민족의 이름으로, 그리고 하나님의 이름으로. 맞습니다.

우리가 바라던 대로 이제 설교의 흐름은 성경의 상황으로 다시 돌아갔다. 설교자가 사울의 사례를 다시 언급하면서 가족의 이미지를 어떻게 활용하고 있는지 주목하라. 크래독 박사는 미리 가족의 이미지를 구성해서 제시할 수도 있었으나, 동시대의 이야기가 나올 때까지 기다렸다.

오직 지금, 모든 것을 정리해 놓고 나서야 크래독 박사는 결국 박해 행위를 한 사울에 대해 생각해 보게 하고 있다. 그리고 그가 사울의 행위를 말하는 데 있어서도 시작되는 문구는 '물론'이었다.

사울의 — 사실, 이제는 우리 자신의 — 깊은 확신에 대해 정리하면서 설교자는 '그'를 '당신'으로 바꾸고, 더 나아가 '당신'을 계속해서 반복하고 있다는 사실을 눈여겨 볼 필요가 있다. 더구나 크래독 박사는 성경에서 사용된 박해라는 용어를 사용하지 않았다는 것에 주목하라. 전 장에서 사울에게는 "문제가 되는" 것이 있었고, 이제 그는 실천한다. 그는 모든 것이 위태롭다고 보기 때문에 행동에 나서는 것이다. 그것도 모든 소중한 이름들을 걸고서.

자, 왜 그가 이렇게 할까요? 왜 사울은 하나님의 이름으로 모든 사람들을 똑같이 끌어안자는 말에 그렇게 쓰라린 감정을 느꼈을까요? 내가 어떻게 생각하는지 짐작하시겠습니까? 나는 사울이 이 문제에 대해 자신과의 싸움을 벌이고 있기 때문에 마음쓰라려 하고, 불안해했으리라 믿습니다. 자기 자신과 싸우고 있는 사람은 친구나 사랑하는 사람에게까지 상처를 입힙니다. 사울은 확신이 없었고, 확신이 없는 사람은 박해자가 됩니다. 사울은 자신이 믿는다고 여기는 하나님의 지극한 깨우침을 기다리며 다메섹 근처에서 상처입은 짐승처럼 누워 있게 될 때까지, 그 자신이 불확실했고, 그리스도인들을 박해해 왔습니다.

사울의 확신과 그 결과로 나타난 행동에 대해 그렇게 옹호할 만한 이야기들을 구구 절절이 해놓고서는 이제 그러한 이유들이 전부가 아니라는 결정적 선언을 하고 있으니 놀라도 무리는 아닐 것이다. 크래독 박사는 단지 네 문장으로 모든 것을 뛰어넘고, 설교에 결정적 전환점을 부여한다. 그런데 설교자는 왜 처음부터 그렇게 얘기하지 않았을까? 왜 동시대 이야기를 곁들여서 사울을 옹호하는 이야기를 자세하게 늘어놓고는 그것을 정리하기 위해서 성경으로 돌아올까? 그 이유는 간단하다. 그가 우리에게 더 일찍 얘기했다면, 우리는 그 절박함을 경험하지 못했을 것이다. 사실 우리는 그것을 믿기는 했겠지만, 절실하게 느끼지는 못했을 것이다. 사울에게 이런 내면의 갈등이 있었음을 우리가 미리 들었다면, 이 설교의 이슈는 무미건조하게 전달되고 말았을 것이다. 우리는 그것을 단지 바라보기만 했을 것이고, 문제의 외부에 존재했을 것이다. 그러나 이와 같은 설교의 진행으로 우리는 문제 내부에 있게 되었다.

그러나 바울 자신의 하나님이라고 믿고 있던 하나님은 모든 피조물을 사랑하는 분이십니다. 그는 알고 있습니다. 분명히 알고 있습니다. 사울은 성경을 쭉 읽어 왔습니다. 그는 룻기라는 놀라운 책을 읽은 적이 있습니다. 거기서는 다윗의 모계 조상이 모압족 여인이었다는 것이 거리낌 없이 소개됩니다. 분명히 하나님은 다른 민족들도 사랑하셨습니다. 그는 요나서에서 요나 자신이 사랑하지 않은 사람들에 대한 하나님의 사랑이 얼마나 큰 것인지 읽었습니다. 바울은 이사야서를 읽었고, 거기에서 모든 백성들에게 보여주는 하나님 나라의 놀라운 비전을 보았습니다. 그 모든 것은 그의 성경 속에 들어 있었습니다. 그렇다면 그에게 문제는 무엇이었을까요? 바울의 문제는 여러분이나 제가 때때로 겪는 것과 같은 것입니다. 어떤 것을 그냥 아는 것과 그것을 진짜로 아는 것은 별개의 문제입니다. 그는 그것을 알기도 하고, 모르기도 한 까닭에, 그냥 아는 것과 진짜로 아는 것 사이의 싸움이 치열했습니다. 그것은 때때로 머리와 가슴간의 갈등이라고도 합니다. 우리가 경험한 여행 중에서 가장 긴 여행은 이성에서 감성으로의, 그냥 아는 것에서 진짜 아는 것으로의 여행임을 알고 있고, 그 여행이 완전히 끝날 때까지 우리는 큰 아픔을 겪는다는 것을 알고 있습니다. 우리는 심지어 다른 사람들에게 커다란 상처를 입히기도 합니다.

크래독 박사는 사건을 풍부하게 만드는 데 복잡한 방법을 사용하지 않는다. 그는 지금 사울 내면의 싸움에 대한 그의 주장에 매달려 있는 우리로 하여금 고개를 잠시 돌리게 해서 사울이 알고 있었던 또 다른 진실을 볼 수 있게 한다. 그러나 여기서 밝히고 있는 사울의 다른 내면 세계는 — 그가 모든 민족에 대한 하나님의 사랑을 알고 있다는 — 그가 빠진 딜레마의 또 다른 극단을 보여준다.

크래독 박사는 사울 내면의 싸움을 이야기하기 전에 사울의 이러한 측면을 먼저 드러낼 수도 있었을 것이다. 그리고 그렇게 하는 것도 그럴듯해 보인다. 하지만 그는 우리가 그 상황에 온전히 참여할 수 있게 하기 위해서 결정적인 전환점까지 그렇게 하는 것을 연기시키는 방법을 선택했다. 두 종류의 앎에 대한 그의 설명이 어떻게 사울뿐만 아니라 우리에게도 관련되는지 주목해 보라. 크래독 박사가 표현했듯이 "사울의 문제는 여러분이나 제가 때때로 겪는 것과 같은 문제입니다"라는 것이다. 우리는 여기서 설교의 두 가지 전환점을 동시에 만난다. 첫번째는 사울의 내면세계에서 벌어지는 싸움이고, 그 다음은 두 종류의 앎이다. 설교자가 이 복잡한 상황의 역동성을 드러내면서 우리가 고통중에 있을 때, "우리는 심지어 다른 사람에게 폭언을 퍼붓기도 합니다"라고 할 때, 우리는 인식상의 충격을 경험한다.

여러분은 이보다 더 쓰라린 마음의 사람을 본 적이 있습니까? 그들이 옳다고 믿는 것과 싸우고 있는 것보다 더 쓰라린 경우가 있을까요? 불가피한 진리의 승리를 막으려는 불가능한 싸움에 빠져본 적이 있습니까? 여러분은 하나님의 말씀을 따르는 사람이나 집단에게 비난과 증오, 폭력을 퍼붓는 그런 사람을 본 적이 있습니까? 그런 사람이 있다면, 어떻게 반응하십니까? 다행스럽게도 여러분은 상처입기를 상처주기로 맞서지는 않겠죠. 우리는 편견을 편견으로 대항하지 말자고 배워 온 까닭에 그렇게 대항하는 것이 무익하며 결실 없는 노력임을 확실히 알고 있습니다. 몇 년 전에 우리 중 많은 사람들이 편견에 가득 찬 사람에 대해 그들보다 더 큰 편견을 가지고 맞서고 있다는 사실을 발견했습니다. 그렇다면 우리는 어떻게 해야 할까요?

크래독 박사가 다시 한 번 성경에서 현시대로 건너뛰고 있는 위 단락에서도, 그가 어느 지점에서 이동하려 하고 있는지 살펴보면 도움이 될 것이다. 사실 그는 원고의 새 단락 전 몇 줄 앞에서 이동을 시작하고 있다. 사울의 문제가 우리의 문제가 되는 것을 어떻게 지적하고 있는지 상기해 보라. 그는 대명사를 반복적으로 섞기 시작한다. '그'에서 '우리'로 등등. 우리에 해당되는 마지막 문장은 우리가 아직 성경내용 안에 있음을 상기시킨다. 이제 새 단락의 첫문장에서 "여러분은 이보다 더 쓰라린 마음의 사람을 본 적이 있습니까?"라고 물어봄으로써 우리를 현재의 시간과 공간으로 데려다 놓는다. 이런 방식이 아니었다면, 해결점이 보이지 않고 까다로운 이 설교의 주제는 설교자가 이동하는 데 걸림돌이 되었을 것이다. 이러한 방식은 성경의 내용을 요약해서 끝내고 "자, 오늘날 우리에게도 마찬가지입니다"라는 문구로 하고 싶은 말을 꺼내는 너무나 전형적인 방법과는 대조를 이루고 있다. 그런 전형적인 방법을 선택했다면 처음부터 다시 시작해야 했을 것이다.

이야기 하나 들려드리겠습니다. 어느 가족이 일요일 오후에 드라이브를 하러 교외로 나갔습니다. 유쾌한 오후였고, 그들은 고속도로에서 한가하게 속도를 늦추며 쉬고 있었습니다. 갑자기 두 아이가 아빠의 등을 치기 시작했습니다. "아빠, 아빠! 차를 멈춰주세요. 차를 멈춰요. 저기 길 옆쪽에 새끼 고양이가 있어요." "저쪽 길가에 새끼 고양이가 있다고? 하지만 우리는 운전중이잖니!" 하고 아빠는 말합니다. "하지만 아빠, 멈춰서 그 고양이를 데려와야 해요." "멈춰서 고양이를 데려올 필요는 없단다." "하지만 아빠, 아빠가 안 그러면, 고양이가 죽을 거예요." "그래 죽을 수밖에 없겠지. 우리 집은 이제 다른 동물을 키울 만한 방이 없단다. 그렇지 않아도 우리 집은 이미 동물원이나 다름없잖니. 더 이상 동물은 안된

스토리 전환

다.""그렇지만 아빠, 그냥 죽게 내버려둘 거예요?""조용히 해라, 애들아. 우리는 즐거운 드라이브중이잖아.""우리는 결코 아빠가 고양이를 죽게 내버려 둘 정도로 비정하거나 잔인하다고 생각지 않았어요." 결국 어머니가 남편에게 고개를 돌려 이렇게 말합니다. "여보, 멈추는 것이 낫겠어요." 아버지는 차를 돌려 그 장소로 가서 차를 길 옆에 댑니다. "너희들은 차 안에 있거라. 내가 살피고 오겠다." 그는 작은 고양이를 데려오기 위해 차 밖으로 나갑니다. 그 작은 생명체는 뼈밖에 남지 않았고, 눈은 다쳤으며, 벼룩 투성이었습니다. 그러나 그가 데려오려고 차에서 내렸을 때, 고양이는 마지막 남은 힘으로 이빨과 발톱을 드러내며 털을 곤두세웠습니다. 저런! 그는 고양이 발톱에 목을 할퀴면서까지 고양이를 집어 차 안으로 데려와 말합니다. "만지지 말아라. 전염병에 걸렸을지도 모르니까." 그들은 집으로 돌아왔습니다. 아이들은 고양이에게 목욕을 시키고, 따뜻한 우유를 주고, 타협에 들어갑니다. "오늘밤만 집 안에서 재울 수 없을까요? 내일 우리가 차고에다 고양이 집을 지을께요." 아버지는 "그렇게 해라, 내 침실에 두도록 해라. 어차피 온 집안이 이미 동물원이나 다름없으니까"라고 말합니다. 그들은 편안한 잠자리를 만들었습니다. 몇 주가 지났습니다. 어느 날 아버지가 안으로 들어오는데, 무언가가 그의 다리에 매달려서 아래를 내려보았더니, 거기에 고양이가 있었습니다. 그는 아무도 보고 있지 않다는 것을 확인하고, 고양이 쪽으로 다가섭니다. 그의 손을 보고서도 고양이는 발톱을 세우지 않았습니다. 대신에 그 고양이는 귀여워해 달라고 몸을 둥글게 말고 있었습니다. 이 고양이가 몇 주 전의 그 고양이란 말입니까? 정말로 같은 고양이란 말입니까? 아닙니다. 그것은 길 옆에서 겁에 질리고, 상처입고, 사납기만 하던 그 고양이와 같은 고양이가 아닙니다. 물론 아니죠. 그리고 여러분도 저처럼 그 차이가 무엇인지 알고 있겠죠.

설교자는 지금 막 직접적인 질문을 던졌다. "그렇다면 우리는 어떻게 해야 할까요?" 하지만 설교자는 그 질문에 대답하지 않고, 또 다른 이야기를 시작하고 있다. 분명히 그 이야기는 어떤 방식으로든 앞의 질문에 대한 대답이 될 것이다. 우리는 그러기를 바란다. 더구나 우리가 설교 쟁점의 결정적 순간에 직면해 있고, 거기에 설교상의 이동에 대한 청중과 설교자의 신뢰가 걸려 있을 때는 더욱 그러하다. 사실 이러한 이야기는 청중과 설교자의 관계를 끊게 할지도 모른다. 청중들이 설교 속에 동참하는 데는 설교자가 그들을 저버리지 않을 것이라는 신뢰감이 필요하다. 만약 청중들이 설교자를 믿지 못한다면(아마도 이전에 그러한 결정적 순간에 실망을 한 적이 있어서), 계속해서 이야기를 들어줄 만큼 참을성과 열정을 갖지 못할 것이다. 이 경우 설교자가 인간 본성에 대한 생생한 묘사와 분명한 초점, 방향성을 가지고 설교한다면 아무런 문제도 없을 것이다. 크래독 박사의 이야기는 모두 훌륭한 열매를 거두었다. 그래서 청중들은 그가 어떻게 할 것인지 보려고 한껏 기대하며 기다릴 것이다. 신뢰가 있다면, 그러한 이동은 강력한 참여를 이끌어낼 것이고, 신뢰가 없다면 그러한 이동은 관계의 절단을 가져올 것이다.

크래독 박사는 이 설교를 끝내는 데서 또 다른 놀라운 방식을 보여준다. 물론 당신이 그의 설교를 여러 번 들어보지 못했다면 말이다. 전 단락의 마지막 문장이 "그렇다면 우리는 어떻게 해야 할까요?"라는 질문으로 끝났음을 상기하라. 크래독 박사가 평범한 설교자였다면, 복음의 기쁜 소식을 엮어내지 못했을 테고, 청중들은 애를 태웠을 것이다. 결국 설교자가, 우리가 어떻게 해야 하는지를 물을 때, 복음은 이미 선포되어 있고 그 질문은 거기에 부합한 답을 다루고 있다. 그렇지 않다면, 복음은 이미 무시되었을 것이고, 설교는 그저 설교자만 만족시키는 훈계가 될 것이다. 달리 말하자면, 일반적인 설교 형태는 복음을 직접적으로 언급한 다음, 복음이 내리는 명령의 당위성을 역설하는 식으로 이동한다. 그래서 크래독 박사는 우리가 어떻게 해야 할지 묻고 있는 것이다. 그러나 여기에서는 그 일반적인 형태가 직접적인 설교가 아니라 이야기를 통해 구현되고 있다는 점에 주목해 보자. 즉 크래독 박사는, 우리가 어떻게 해야 할지를 묻고 나서, 복음과 그 질문에 대한 답이 동시에 나와 있는 이야기를 말하는 것이다. 이야기는 잠시 우리로 하여금 그 질문에 대해 접어두게 한 다음, 그 답을 얻을 수 있게 해준다. 그렇게 하는 동안 청중들의 경계심은 조금 풀어지게 마련이다. 복음은 우리가 알지 못하는 사이에 나타나 있고, 이 이야기를 통해서 더욱 강조된다. 확실히 우리는, 사울이 모든 민족을 사랑하시는 하나님에 대해 알고 있다고 묘사되는 그 설교 부분에서 복음에 대한 암시를 얻었다. 이제, 새끼 고양이 이야기를 통해 그 복음은 명백하게 드러난다. 그 고양이는 길가에서 사납게 굴던 고양이와는 전혀 다른 것이다. 그리고 "여러분도 저처럼 그 차이가 무엇인지 알고 있겠죠" 하는 설교자의 말은 간단히 말해, 우리가 어떻게 해야 하는가라는 질문을 던져놓고서, 이 이야기를 통해서 그 대답을 제시하고 있는 것이다.

얼마 전, 하나님은 나와 나의 가족들에게 복 주시기 위해 손을 내미셨습니다. 그 때, 나는 그분의 손을 보았습니다. 그분의 손은 상처투성이였습니다. 그것은 쓰라린 마음의 사람들에게 내미는 사랑의 손이었습니다.

크래독 박사는 설교의 내용을 더 가까이 가져다 놓으려 하고, 풍부한 상상력을 통해 복음을 재현하면서, 고양이 이야기에서 자신에 대한 이야기로 옮겨 왔다.
나는 이 설교의 제목을 보고서 이 설교가 기도에 대한 메시지인가 생각했다. 그런데 아닌 것 같다. 아니면 그런가?

내러티브를 이끌어가는
역량과 기법, 그리고 내러티브의 규범

크래독 박사의 설교는 수많은 내러티브 진행 절차와 기법을 거론할 수 있는 아주 좋은 기회를 제공해 준다. 윌리스 목사, 린더 퀵 교수 그리고 나의 설교에서와 마찬가지로, 이 설교도 역량, 기법, 규범이라는 범주로 나누어서 분석해 볼 것이다.

내러티브를 이끌어가는 역량

의사소통의 다층적 차원

내러티브적 설교 형태는 의사소통의 다층적 차원과 형식을 자연스럽게 경험케 해준다. 우리는 크래독 박사의 설교를 통해서 그것들을 경험할 수 있는 좋은 기회를 갖게 되었다.

아마도 당신은 공식적인 설교나 연설에서 적용될 듯한 상당히 한정된 표현 기법들을 접해 본 적이 있을 것이다. 예를 들어, 강연자가 청중들을 미로처럼 복잡하게 얽힌 세세한 기교들로 사로잡으려고 하거나, 또는 해설적 설교자가 성경본문의 범위를 확장해서 청중들에게 개인적으로 들려주듯이 설교하는 것은 부자연스러워 보이는 경우가 많다. 정치인들이 애국심에 호소해서 자신에게 표를 던져줄 것을 요구한다면, 당신은 그 연설에 별로 기대를 하지 않을 것이다. 물론 이것은 설교자와 정치인들이 내러티브 형식을 사용하지 않았음을 가정한다.

좀더 전통적인 형식의 연설에서는 그 목적과 또는 중심주제에 의해서 연설의 형태가 결정된다고 가정된다. 어떤 의미에서 이것은 분명히 옳다. 하지만 다른 층위에서는 그렇지 않다. 내러티브 형식에서는 화자와 청자 간의 관계성이 연설의 형태를 결정짓는다고 가정한다. 그 결과, 보다 다양한 의사소통 형태가 가능해진다. 다른 말로 표현하자면, 청중들의 기대가 갖는 힘은 관심을 유지시키는 역할뿐 아니라 앞으로의 방향을 헤쳐 나가는 역할을 해주며 그런 움직임 안에서 다층적 차원의 의사소통이 가능해진다는 것이다. 아마도 크래독 박사의 설교를 들으면 이 점이 더욱 설득력 있게 드러날 것이다.

크래독 박사는 청중과의 대화로 시작한다. "나는 한 단어를 말하려 합니다. 그리고 내가 이 단어를 말할 때 생각나는 사람의 얼굴을 기억하면서 그 이름을 떠올려보시기를 바랍니다"에서 "나"와 "… 바랍니다"라는 말이 갖는 친밀함을 눈여겨 보라. 재빨리 그는 농부, 미망인, 그리고 야채 가게 주인에 대한 묘사로 옮겨간다. 네번째 공항 장면은 "남자는 천천히 출구로 움직입니다"에서와 같이 시간의 흐름을 첨부하고, 현대판 엑소더스를 묘사하고 있다. 목사관 장면에서는 에피소드로 대화가 끼여들어 갔다. 사울에 대해 범위를 넓혀서 다루는 부분에서는 역사의 교훈이 간략하게 언급되어 있으며, 더 나아가 사울과 '젊은 급진주의자들' 사이의 함축적인 대화가 곁들여졌다. 스토리를 통한 의사소통은 여러 번에 걸쳐 일어났다. "한번 상상해 보십시오. 당신이 양친의 유일한 자녀였는데…"로 시작되는 단락, "어느 가족이 드라이브를 하러 교외로 나갔습니다"로 시작되는 단락들이 그렇다. 사울의 내면세계에서 벌어지는 전쟁에 대한 크래독 박사의 심층 분석은 이성적인 담론(reasoned discourse)을 활발하게 사용하도록 한다. 그렇게 함으로써 설교자는 "자기 자신과 싸우고 있는 사람은 누구나…"에서 볼 수 있듯이 삼인칭 시점으로 옮겨 갈 수 있었다. 그리고 나서 설교는 자신에게 일어난 사건(autobiographical incident)을 이야기하는 형태로 마무리된다.

설교자는 어떻게 의사소통의 형식이나 차원에 있어서 그렇게 폭넓은 범위를 사용할 수 있었을까? 내러티브 진행과정의 원칙은 공통적으로 이런 다양한 요소를 수용할 수 있는 근본적인 특성이 있다. 크래독 박사가 '스토리 설교자' 나 '해설적 설교자' 로 보였다면, 그러한 설교자의 이미지조차도 활용할 수 있는 의사소통의 형식을 제한시켰을 것이다. 사실 크래독 박사는 설교에서 크고 작은 에피소드로 자주 이동하고 있다. 그러나 눈에 띄게 에피소드를 활용하는 크래독 박사의 설교 스타일 — 대개는 분명히 드러나기보다는 은연중에 드러나지만 — 에는 내러티브가 깔려 있다. 그리고 이 설교는 내러티브 형식이 갖는 잠재력을 강력하게 드러낸다.

성경본문 배후의 스토리

주어진 설교본문이 기본적으로 보고서 형식으로 구성되어 있을 때, 설교자는 이것을 어떻게 다룰지 몰라 당황하는 경우가 많다. 앞에서 말한 해설식 설교는 문장 대 문장, 구 대 구, 단어 대 단어로 본문을 옮겨놓음으로써 문제를 간단하게 '해결한다'. 만약 우리가 계속해서 설교에 빠져들 수만 있다면, 우리는 새로운 의미를 발생시키는 가치 있는 정보를 얻을 수 있을 것이다. 이러한 가정은, 성경이 제기하는 문제에 관심이 있는 크리스천이라면 누구에게나 중요한 것 같다. 실제로도 그렇다. 앞의 가정에서 설교에 참여하기만 한다면 가치 있는 무언가를 얻을 수 있다는 기대가 설교에 귀를 기울일 만한 충분한 이유가 된다는 가정을 해볼 수 있다. 하지만 그것은 그렇지 않다. 내러티브 형식의 설교는 또 다른 이유, 가령 '가치 있는 정보'와 그것이 환기시키는 새로운 의미가 내용상의 갈등을 풀 수 있는 유일한 해결책이 됨을 추가한다.

크래독 박사는 저명한 신약성서 학자로서 성경의 증언과 성경의 배경이 되는 역사의 중요성을 충분히 이해하고 있다. 그러나 그의 설교에서 청중들이 설교를 듣게 되는 동기는 크리스천으로서의 자질에 있는 것만은 아니다. 그는 성경의 증언과 그 시대의 역사를 내러티브적 설교 진행에 있어서 불가피한 요소로 만들어낸다. 크래독 박사가 어떻게 하는지 살펴보자.

이 성경본문은 바울이 갈라디아인들에게 보낸 편지의 첫 장에 나오는 것이다. 그는 바울이 갈라디아의 여러 교회들에게 유대교인으로 살았던 자신의 과거를 상기시키는 부분을 본문의 중심으로 삼고 있다. 설교는 '쓰라린 마음'에 초점을 맞추는데 바울 자신의 경험을 활용하고 있다. 크래독 박사는 우리가 바울의 과거 경험을 둘러싼 성경적 상황을 이해할 필요가 있음을 알고 있다. 우리는 스데반과 빌립 같은 인물들뿐만 아니라 엣세네파와 바리새인에 대한 지식도 어느 정도 필요로 한다. 크래독 박사는 청중들이 설교 내용을 미리 준비할 수 있도록 역사적 사실들을 간단하게 언급하는 것으로 시작할 수도 있었을 것이다.

그러나 그는 그렇게 하지 않았다. 대신에, 그는 먼저 마음쓰라린 느낌이 드는 여러 얼굴들을 우리에게 제시한 다음, 사울의 경우를 마지막으로 언급했다. 당연히 우리는 지금 사울이 왜 마음쓰라려 하는지, 그 뒤에 숨겨진 그럴 만한 원인이 무엇인지 알고 싶어한다. 아직 그 원인이 밝혀지지 않은 사울의 쓰라린 마음과 그 복잡한 갈등은 청중들로 하여금 설교에 귀를 기울이게 하는 충분한 이유가 된다.

또한 사울은 성경에 하나님이 "모든 피조물을 사랑하신다"고 기록되어 있음을 알고 있었으며, 더 중요한 것은 그 사실이 전체 내용을 진전시키는 기반이 된다는 것이다. 크래독 박사가 어떻게 이 중요한 사실을 '문제 제기'에 끌어들이는지 주목해 보자. 그는 이렇게 말한다. "그는 알고 있었습니다. 분명히 알고 있었습니다."

실제로, 여기에는 두 가지 차원의 내러티브적 작업이 이루어지고 있다. 무엇보다도 먼저, 설교는 내러티브 형식으로 설정되어 있다. 둘째로, 설교에 꼭 필요한 성경내용이 스토리 형식으로 삽입되어 있다. 그것은 은유적 의미를 풍부하게 한다. 그 결과 크래독 박사는 암시와 이미지의 환기를 통해서 실제로 말한 것보다 더 많은 의미를 전달할 수 있었다. 이러한 기법을 통해서 설교자는 자신이 설정해 놓은 방향으로 청중들을 계속 끌어들였을 뿐만 아니라, 그 과정에서 우리로 하여금 참여자가 되게 만들었다. 설교자는 내러티브 설교 형식을 통해서 성경본문 뒤의 이야기를 쉽게 끌어올 수 있다.

내러티브를 이끌어가는 기법

언어 구사(Language Use)

크래독 박사는 자기 모국어에 대한 분별력과 애정을 갖고 있으며, 그것을 어떻게 구사해야 하는지 잘 알고 있다. 우리는 이미 설교 순서에 따른 분석에서 그의 언어 구사에 대해 몇 가지 살펴본 적이 있다. 예를 들면, "흙먼지를 풀썩이며"(rearranging the dust) 와 같은 문구가 갖는 힘을 눈여겨 보았다. 여기서 주목할 점은, 이 구절이 갖는 힘은 동사의 사용에서 나온다는 것이다.

내 기억으로 영작문 교실에서 '묘사적이다' 라는 말은 형용사와 부사를 많이 사용하는 것을 의미했던 것 같다. 그러나 전통적으로 수식어의 사용은 그 용어가 의미하는 바 그대로의 역할, 수식을 할 뿐이다. 말하자면, 수식어는 어떤 것을 변경하거나, 형상화할 뿐이다. 사람들은 대개 변경한 것에 크게 영향을 받지 않는다. 우리는 근본적으로 새롭거나 다른 이미지에 의해 영향을 받는다. 그것은 명사나 동사의 힘을 필요로 한다는 것이다. 게다가 수식어의 남발, 구문의 복잡성은 힘을 다시 약화시키는 경향이 있다. 그것들은 또한 구문 자체에 주의를 끌게 하며, 그 결과 연설자에게 주의를 집중하게 만든다.

"흙먼지를 풀썩이며"(rearranging the dust)—그것의 깜짝 놀랄 만한 힘은 단순히 동사를 사용했다는 사실 때문이 아니라, 특정한 동사를 선택했기에 가능한 것이었다. 나는 사람들 대부분이 '흙먼지' 라는 단어에서, 그곳이 '건조지대' 라는 사실을 떠올렸을 것이라 여긴다. 아마도 "흙먼지를 일으키며"(plowing dust, 직역하면 '쟁기질하며') 라는 표현까지는 생각해 냈으리라 싶다. 나쁘진 않다. 그렇지만 흙먼지를 풀썩인다고?(rearranging the dust, 직역하면 '재배열하고') 크래독 박사는 어떻게 그런 표현을 생각해 낼 수 있었을까? 우리는 그저 경외심만 가질 수밖에 없을까? 아마도 그럴 수밖에. 하지만 우리 모두가 그런 표현방법을 배우는 것은 가능하리라 믿는다. 우리는 우리 노력의 결과로 얻은 성취가 크래독 박사와 비교해 다소 빈약하다고 여기게 될지도 모른다. 하지만 다른 사람과 비교하는 것은 적절치 않다. 현재 우리의 수준과 나중에 우리가 도달할 수준을 비교하는 것이 옳다. 물론 나는 크래독 박사가 혼자서 얼마나 빨리 "흙먼지를 풀썩이며"(rearranging the dust) 와 같은 표현을 구사하게 되었는지 모른다. 그러나 "일으키며" 와 "풀썩이며" 사이의 거리가 극복할 수 없을 정도는 아니다. 일단 '건조지대' 라는 이미지가 떠오르면, 그 다음 단계는 '흙먼지' 라는 용어를 활용할 수 있는 다른 정황을 생각해 보는 것이다(이것이 은유가 탄생되는 방법이다.). '먼지' 는 우리에게 '집 청소' 를 떠오르게 하고, '집 청소' 는 다음과 같이 잘 떠오르지 않았던 문구를 생각나게 한다. "보시다시피 먼지를 풀썩거리고 있는 중이에요."(Well, I was just rearranging the dust) 거기에서 포착해야 한다. 크래독 박사가 이러한 방법을 사용했는지, 아닌지는 잘 모르겠다. 그러나 원칙은 들먹일 수 있다. 일상적인 표현을 대신할 수 있는 다른 단어를 찾아보라. 그 다음에 그 새로운 단어에 맞는 정황을 찾고, 그 다른 정황 속에서 연상되는 문장을 찾아라. 물론 이 방법이 항상 유효하지는 않겠지만, 일반적으로 강렬한 인상을 주는 구절은 이와 같은 은유적 사고에서 탄생된다.

  신념이 강한 사울과 '젊은 과격주의자들' 사이의 차이를 다루는 크래독 박사의 서술에서도 같은 원칙이 적용될 수 있다. 그는 분명히 우리가 사울에 대해 우호적인 느낌을 갖도록 '편향된' 표현을 구사하고 있다. 어떤 면에서 이러한 서술은 '근거 없는' 호감과 비방을 나타낸 어휘들을 사용했다는 느낌이 들게도 한다. 하지만 나는 그 서술에 사용된 언어들이 압축적인 의미를 가지고 있다고 본다. 밭을 가는 것과 집을 청소하는 것 사이와 같은 공간적인 거리 대신에, 크래독 박사는 시간적인 거리를 활용했다. 그는 우리 시대에 친숙한 용어를 선택했고, 그 용어를 (린더 켁 교수가 그의 설교에서 그랬듯이) 성경 속의 등장인물에게 적용했다. 게다가 그러한 의미심장한 명칭의 사용은 긴 설명 단락을 효과적으로 생략하는 결과를 가져온다. 그리고 그것은 청중들이 설교에 능동적으로 참여하도록 만든다. 결국, 설교에 몰두해서 듣는 것은 부분적으로 무언가 하고 있다는 것이다.

  반복 표현(Use of Repetition)

  우리는 이미 윌리스 목사의 설교에서 반복의 효과를 살펴본

적이 있다. 이 설교에서도 반복이 효과적으로 사용되고 있다. 전체 설교 내용이 어떻게 '쓰라리다' 라는 용어에 따라 정해지는지 주목해 보자. 설교자가 언제 그 말을 사용했는지, 그리고 언제 사용하지 않았는지 눈여겨 보면 도움이 될 것이다.

그 말은 초반 여러 장면의 마지막 단어로 사용된다. 그것에 더 많은 내용을 암시하기 때문에 강렬한 인상을 준다. 그런데 첫번째 사울 이야기가 나온 뒤에는 그 말을 덧붙이지 않아서, 나는 좀 놀랐다. 좀더 생각해 보자. 거기서 설교자가 쓰라리다는 말을 쓰지 않은 것은 실수로 빠뜨렸기 때문이 아닐 것이다. '쓰라린' 과 같은 용어는 그것으로 종결되는 느낌을 전한다. 그 말은 내용을 환기시키고 요약한다. 사울 이전의 장면, 밭을 가는 것과 쓰라림, 애통하는 여인과 쓰라림, 비행기에 오르는 것과 쓰라림, 텔레비전을 받는 것과 쓰라림, 이 이야기들은 그것으로 그만이며 더 이상 할 수 있는 것이 없다. 그러나 크리스천과 관련 있는 사울의 경우에는 그가 할 수 있는 또는 해야 할 무언가가 있었다. 그 문제는 닫혀 있는 것이 아니라 열려 있는 것이다. '쓰라린' 이라는 용어의 사용은, 그 다음에 설교자가 다른 내용을 시작하는 그 순간 부분적으로 설교를 일단락짓게 한다. 크래독 박사가 한 문장을 요약하려고 그 말을 사용한 것은 아니다(그 말은 설교중에 몇 번 더 나오지만, 이미지를 환기시키고 요약하는 역할을 하는 것은 아니다.). 쓰라리다는 말은 그 다음에 설교의 마지막 문장에서도 쓰이고 있다. 그렇지만 역시 요약은 아니다. 이 말이 실제로 어떻게 변화되었는지는 설교의 마지막 문장을 보면 알 수 있다. "그것은 마음쓰라린 사람들에게 내미는 사랑의 손이었습니다."

복음의 반복(Reprise to the Good News)

설교 순서에 따른 분석에서 우리는 크래독 박사가 설교를 마무리하면서 "우리가 무엇을 해야 하는가"라는 질문을 어떻게 던지고 있는지, 그리고 나서 그 대답이 될 수 있는 은혜로운 삶을 은유적으로 제시하는 이야기를 어떻게 하고 있는지 곰곰이 살펴보았다. 그는 새끼 고양이 이야기에 머무는 데 만족하지 않았고, 자신의 이야기를 짧게 덧붙였다. 이것은 윌리스 목사의 설교를 논의할 때 다루었던 반복 기법(the technique of reprise)의 좋은 실례이다. "나는 그분의 손을 보았습니다. 그분의 손은 상처투성이였습니다." 이 문장은 정확히 '덧붙이는 문장' 또는 '한 번 더'라고 앞에서 기술했던 것과 같은 기법을 보여준다. 그러나 설교에 강한 인상을 불어넣는 것이 크래독 박사가 문제삼는 전부는 아니다.

그가 설교하는 것을 자주 들어본 사람들은, 이것이 (앞에서도 살펴본 바 있듯이) '문제를 삶의 현장으로 끌어오기' 위해 그가 사용하는 몇 가지 방법 중 하나임을 알아챌 것이다. 나는 크래독 박사가 설교를 마친 후에, 예배를 진행하는 목사가 "나는 마음의 쓰디쓴 상처없이 사는 방법에 대해 의미 깊은 메시지를 준, 그리고 모든 사람을 하나님의 자녀로 볼 수 있도록 해준 크래독 박사에게 우리 모두가 감사하고 있다고 확신합니다"라고 말하고, 설교 시간을 '마쳤다고' 하더라도 별로 놀라지 않을 것이다. 크래독 박사는 이처럼 예배 진행을 담당하는 목사가 설교에 대해서 간단하게 언급하거나 또는 다른 사람의 마감기도로 자신의 설교가 '마무리' 되는 경우를 많이 경험했을 것이다. 의도는 물론 고상하지만, 그 뒤에는 다른 정신 활동이 놓이게 되며, 그것은 설교 의도에 영향을 미친다. 우리는 설교를 '마무리 하는 것을' 배워 왔고, 설교의 마무리는 청중들이 생각하고 적용해야 할 것이라고 생각한 것들을 명확하고 분명하게 만들어야 한다고 배워 왔다. 이것은 아주 중요한 것이다. 하지만 그렇다고 설교에서 가능한 '모든 것을 제시하라' 는 의미는 아니다. 설교의 뚜렷한 목적을 제시하는 데 있어서 설교단 위에 오르기 전에 모든 실천이 가능하다는 것을 염두에 둘 때, 설교단 위에서 수동적 접근(passivity)이 주는 경험을 맛볼 수 있을 것이다. 크래독 박사는 청중들을 신뢰한다. 청중이 구체적인 장면 묘사를 듣고 난 후에는 거기서 분명히 암시된 행동에 대해서 생각하리라는 것을 믿는 것이다. 크래독 박사의 설교에서 청중들이 설교자가 일정하게 등을 돌리는 경우(설교자로서 적극적이고 능동적인 주장과 제시를 하지 않는 것을 의미함 - 편집자 주)를 경험하게 되는 것은 바로 이런 까닭에서이다. 즉 최소한 무언가를 기대하면서, 크래독 박사는 단상에서 내려와 돌아서서 걸어나가는 것이다. 청중들이 설교의 마지막 문장이 던진 의미를 정리해 보느라 이리저리 궁리하는 중에 겪게 되는 '마음의 움직임' 은 크래독 박사가 복음의 반복을 통해서 거둬들일 수 있었던 일종의 수확인 셈이다.

임의로 창안된 스토리들(Freely Invented Stories)

청중들과의 일체감을 얻고 성경본문에 가까이 다가가기 위해서 크래독 박사는 종종 임의로 창안한 이야기를 활용한다. 입양된 아이 이야기가 그 사례이다. 이런 이야기는 청중들에게 본문의 메시지가 무엇인지 알게 한다. 새끼 고양이 이야기가 그렇다. 이 두 이야기에서 그는 "한 번 상상해 보십시오"라든가 "이야기 하나를 들려드리겠습니다"와 같은 말로 미리 이야기를 하겠다는 단서를 제공한다. 때때로 상상력이 풍부한 내용은 스토리 내부와 관련된 단어로 단서를 주기도 하는데, 크래독 박사의 또 다른 설교에서 "여러분이 살고 있는 동네에서 내려가 보십시오"라고 하는 것이 그런 경우이다. 때로는 "얼마 전, 하나님께서는 나와 나의 가족에게 복 주시기 위해 손을 내미셨습니다"에서처럼 전혀 단서가 주어지지 않는 경우도 있다.

이러한 기법은 편견의 방해 없이 현실을 새롭게 바라보게 하는 효과를 가져온다. 마찬가지로, 문화적으로 거리가 먼 성경본문은 새로운 틀에 짜여졌을 때 그 관련성을 떠올릴 수 있다. 이 모든 것은 이미 고찰한 바 있다. 설교자가 그처럼 자유롭게 만들어낸 이야기를 시도하는 데는 또 다른, 어쩌면 좀더 중요한 목적이 있다. 이러한 이야기들은 설교자의 마음을 열어줄 것이다. 결론적으로 나는 이런 이야기들을 설교에 포함시키는 것이 좋은 결과를 가져오지 못한다고 판단되더라도 시도해 볼 것을 제안한다. 청중들에게 인식의 충격을 주기 전에, 설교자에게도 그러한 인식의 충격이 필요하다. 자유롭게 만들어진 이야기는 종종 그러한 충격을 불러일으킨다.

내러티브의 규범

증가된 복잡성(Increased Complication)

초반의 갈등이 전개 과정에서 점차로 심화되는 것은 어느 내러티브 설교에서나 마찬가지다. 이 설교에서 우리는 갈등의 심화로 의도하는 바와 갈등이 심화되는 방법을 구분하는 데 별로 어려움을 겪지 않았다. 그러나 당신은 그러한 결과가 크래독 박사의 숙련된 기술 덕분이라는 것은 좀처럼 알아차리지 못했을 것이다. 그것에 대해 우리는 설교 순서에 따른 분석에서 살펴본 적이 있지만, 여기서 더 자세히 들여다볼 필요가 있다.

전의 설교에서 우리는 이 점을 옮겨 말하기에 대한 고찰로 접근해 본 적이 있다. 나는 설교자의 주관이 거의 배제된 풀어 말하기로 시작해서 그 다음 더 복잡한 내용으로 이동하는 것의 중요성을 제안한 바 있다. 이 설교에서 우리는 크래독 박사가 어휘 선택을 통해 복잡성을 증가시키고 있음을 발견한다.

그는 첫번째 장면의 한 문장에서 세 문장, 일곱 문장, 그 다음 열한 문장으로 늘려갈 뿐만 아니라, 네번째 장면에서는 행동을 묘사하고, 다섯번째에서는 대화를 집어넣었다. 설교 후반부에서 그는 사울을 묘사하고 있는데, 어휘 선택을 통해서 복잡화를 꾀하고 있다.

사울이 가진 '문제'는 '싸움'이 되며, 곧 '극심한 고통'을 야기시킬 정도로 '격렬한' 것이 된다. 그 고통은 우리가 가까운 사람들에게 '폭언을 퍼부을' 지도 모를 정도의 큰 아픔이다. 이 모든 것은 삼십 초 이내에 발생한다. 더 강한 느낌을 주는 쪽으로 어휘들이 선택되고 있을 뿐만 아니라, 일반적인 것에서 구체적인 것으로 변화되고 있다. '문제'와 '폭언을 퍼붓다'를 비교해 보라. 그러한 변화 속에서 설교자는 사울에게서 우리로 이동한다.

위에서 지적한 모든 것들을 통해, 크래독 박사의 설교 방식은 그의 설교 내용을 구체화한다. 자연스럽게, 이런 질문이 나올 수 있다. 높이 평가받는 것은 차치하더라도, 우리는 우리 자신의 설교에서 무엇을 할 수 있는가? 크래독 박사는 위와 같이 언어 구사 능력이 타고난 것이 아니었나 싶다(그는 아마도 우리가 눈치채 준 것에 다소 즐거워할지도 모른다.). 어떻든 간에, 우리 대부분은 크래독 박사와 같은 언어 구사 능력을 갖지 못했을 것이다. 그런 능력을 배울 수 있는 법은 없을까?

내가 알고 있는 한, 그러한 능력을 기르는 유일한 방법은, 우리가 설교한 것을 주의깊게 되새겨보는 것이다. 다음 주일 설교를 위해 그러라는 것이 아니다. 대신에 지난 주일 설교를 검토해 보라. 한 주일을 넘겼다는 기쁨에 빠져, 우리가 지난 주의 설교를 다시 펼쳐보기란 쉽지 않다.

그럼에도 불구하고, 나는 오래된 작문 교재들을 꺼내와서 먼지를 털어내고, 거기에 나온 용어들과 다시 친근해지고, 지난 주에 했던 설교 중 한 부분을 선택해서 보라고 제안하고 싶다 (설교를 녹음해 놓았다가 글로 옮기는 것은 그리 어려운 일이 아니다.). 수식어와 명사, 동사 등의 상대적 무게를 고려해 가며 문장들을 살펴보라. 설교 중에 나왔던 단어들이 적절하게 선택된 것이었는지 평가해 보라. 간단히 말해서, 우리가 전달하고자 의도했던 것을 어떻게 형상화했는지 검토해 보라는 것이다. 형식과 내용이 합치되는가? 설교자의 입장에서만 보면, 설교 내용이 청중들에게 쉽게 받아들여지는 것처럼 보일 수도 있다. 우리는 그 부분에 더 신경을 써야 한다. 아직 우리는 전달 내용과 전달 방법을 조화시키는 것에 우리의 시간과 노력을 들여야 한다. 그렇게 함으로써 우리는 더 좋은 설교를 할 수 있을 것이다.

자, 크래독 박사는 내러티브 과정에서 복잡성을 증가시키려고 했다. 그는 적절한 언어 사용으로 그러한 목표를 성공적으로 수행했다.

행위, 동기, 그리고 진실성

내러티브 설교에서 복잡성을 추구하는 의도와, 설교를 심층적으로 분석하고자 하는 의도는 동기 부여를 둘러싼 여러 관계들을 살펴보는 데서 이해관계가 잘 맞아떨어진다. 내러티브 설교 과정에서 복잡화의 필요성은 반복해서 강조되었다. 그것은 설교자가 단순한 행위에서 그 이면에 복잡하게 얽혀 있는 동기로 이동할 때 불가피하게 일어난다.

예를 들어보자. 이전의 책에 썼듯이 탕자의 행위는 단순한 양자택일의 문제이다. 집에 머무르던가 아니면 나가버리든가 둘 중 하나일 뿐이다. 하지만 집을 떠나려는 그의 동기는 이처럼 간단하지 않다. 탕자가 그런 행동을 하게 된 동기는 단순히 한두 가지로 설명되지 않는다. 심지어 탕자 자신도 자신의 선택의 이면에 있는 복잡한 동기를 이해하지 못했을지도 모른다.

동기에도 밀물과 썰물처럼 들고남이 있다. 동기를 둘러싼 상황은 유동적이고, 복잡하며, 가치라는 측면에서 보면 때로 모호하기도 하다. 따라서 행동에서 동기로 이동해 가는 것은 줄거리의 복잡성을 증가시키는 주요 방법이 된다. 크래독 박사는 특히 사울이 새로이 등장한 그리스도인들에 대해서 왜 그렇게 열성적으로 반대했는지를 묘사하는 부분에서 이러한 기법을 잘 보여주고 있다. 여기서 긴장감은 입양된 아이의 예에서 강화되고 있다. 하지만 행위에서 동기로 옮겨가는 과정에는 그러한 내러티브의 흐름보다도 더 배울 만한 것이 있다.

시시콜콜 동기를 캐내면서 줄거리의 흐름을 복잡하게 이끌어 가는 것은 다른 무엇인가를 야기시킨다. 청중들은 설교자가 얼마나 예민하게 분석해 낼지 주의깊게 살펴보고 있다. 그러면서 청중들은 설교자의 판단이 옳은지 판단을 하고 있다. 설교자는 인간의 행동 뒤에 숨어 있는 원인들을 성급히 일반화하려고 손쉬운 분석 방법을 사용하고 있지는 않은가? 설교자가 인간 본성에 대해 그런 식의 이해를 제시한다면, 당신은 설교가 궁극적으로 이야기하려고 하는 것을 믿을 수 있겠는가? 아니면 이것을 단지 세상이 어떻게 돌아가는지 정말로 모르는 사람으로부터 나온 그저 '설교를 위한 이야기'로 여길 것인가?

이러한 깊이 있는 관찰로부터 신뢰 — 또는 의심 — 가 나온다. 설교자가 사람들에 대해 말하는 방식을 신뢰하지 않는 청중은 메시지를 받아들이지 않을 이유를 찾을 것이다. 반면, 청중들 자신이 알고 있는 것보다 설교자가 그들에 대해 더 잘 알고 있다고 믿기 시작할 때는 일종의 친교가 형성된다.

설교가 끝난 다음 "오늘 설교는 정말 제 이야기 같아요"라고 했다면, 그 친교가 형성된 증거라고 볼 수 있다. 의사소통이 이처럼 효과를 거두었다면, 설교자와 청중의 관계는 전통적인 설교자와 청중의 범주를 넘어선다. 이러한 관계를 충분히 설명하는 데 적절한 말이 있다면 그것은 친밀감이란 용어일 것이다. 이제 더 이상 설교자는 단지 '설교를 훌륭하게 하는 사람'이 아니다. 친구가 되는 것이다.

나는 크래독 박사가 "이야기 하나 들려드리겠습니다"라고 말할 때, 청중들이 기꺼이 그를 믿었던 것은 그러한 깊이 있는 의사소통이 오고갔기 때문이라고 생각한다. 아니라고 할 사람이 누가 있겠는가? 그가 막 제기한 질문에 대답을 했는지의 여부는 일시적으로 논쟁의 여지가 있는 것이었다. 단지 청중과의 친밀감이 쌓였다는 믿음에서, 설교자는 "얼마 전, 하나님께서는 나와 내 가족에게 복 주시기 위해 손을 내미셨습니다"라고 마무리지을 수 있었던 것이다. 설교자가 그 경험에 대해 구체적인 것은 아무것도 제시하고 않고 비유적 정황만을 이야기했을 뿐이라고 해서 꺼려할 필요는 없다. 그것은 틀림없이 진실일 것이다. 왜냐하면 그것은 우리에게 있어 그의 설교를 통해 이미 진실이 되었기 때문이다.

맺는말

지금까지 우리는 네 가지 설교를 철저하게 살펴보았다. 이제 우리는 설교 준비 과정의 세 가지 기본적인 요소, 초점(focus)과 전환(turn) 그리고 의도(aim)를 염두에 두면서 다양한 내러티브 설교 형식을 고안해 볼 수 있을 것이다.

첫째로, 여러가지 설교 방법 중 하나를 선택하는 과정은 주어진 성경 스토리의 초점과 전환을 어떻게 설정할 것인가에 따라 결정된다.

노아의 경우 문제가 되는 것은 이 선하고, 의로우며, 선택된 사람이 어떻게 천막 안에서 술이 취한 채 있었는지에 대한 것이다. 일단 윌리스 목사가 그 이야기를 끌고 나와 자세히 파헤치고 있는데, 그 과정에서 윌리스 목사는 무지개로 형상화된 언약(言約)에서 근본적인 전환이 나올 것이라고 여겼을 것이다. 따라서 스토리 진행(running the story)을 선택한 것은 자연스러웠다. 무지개는 주어진 성경본문 속에 들어 있었기 때문이다.

린더 켁 교수 역시 궁핍한 군중과, 부족함을 알고 있는 사도들에 대한 성경의 스토리로 설교를 시작함으로써 같은 내러티브 방법을 사용할 수 있었다. 분명히 무력함에 대한 이야기와 대답 모두 성경본문 안에 들어 있기 때문에, 학생들을 그 틀 안으로 끌고 들어올 수도 있었다. 여기서 나는 설교자가 성경본문을 왜 보류했는지 알 수 없지만, 그의 방법이 옳다는 것은 말할 수 있다. 간단하게 말해 보자. 일단 핵심 — 무력함 — 이 정해지고 나면 이런 질문을 던질 수 있다. 강렬하고도 생생하게 표현할 수 있는 소재를 어디에서 찾을 수 있겠는가? 답은 학생들의 상황에 있다는 것이다. 사실 캠퍼스에 대한 이야기로 새롭게 시작하는 성경본문을 끌어 올 수 있었다. 당연한 결론은 스토리를 보류(delaying the story)하는 것이다.

"포도원 일꾼"의 본문은 그 쟁점을 선명하게 부각시키기 때문에, 나는 설교 준비과정 초반에 불공평에 초점을 맞추기로 결정했다. 그러나 본문은 어떠한 해결책도 제시하지 않는다. 몇 번이고 본문 안에서 해결책을 찾으려고 해보다가 결국 막히게 되자, 해결책에 이르는 전환점을 제시하는 다른 부분을 찾아보는 것 외에는 선택의 여지가 없었다. 다른 곳에서 답을 찾기 시작하자마자(다행히 찾을 수 있었다.) 스토리 유예(suspending the story)라는 설교 형식이 불가피해졌다.

사울의 교회 박해(그리고 그 이유로서 이면에 숨어 있는 쓰라린 마음)는 크래독 박사가 설교 초점으로 선택한 성경본문의 쟁점이다. 분명히 그것은 갈라디아서에서만 나오는 것은 아니다. 그러나 크래독 박사는 이 본문을 선택했다. 크래독 박사는 틀림없이 우리가 그 주제에 대해 어느 정도 알고 있다고 생각했을 것이다. 그는 우선 스토리 유예적 구상(suspension design)을 채택한 뒤, 본문에서 시작하여 사울의 배경 뒤로 이동하는 방법을 사용할 수 있었다. 또한 그는 우리가 느끼는 쓰라린 마음에서 시작함으로써 본문 사용을 보류했다가 사울로 이동할 수도 있었을 것이다. 그러나 어떤 경우든, 이동은 오직 한 번뿐이다. 그보다 그는 본문 안팎으로 여러 차례 이동하는 방법을 선택했다. 이러한 선택은 사울에 대한 우리의 선입견뿐만 아니라 사울이 가지고 있던 복잡한 편력 때문이었을 것이다. 또 이런 선택을 고려하게 된 것은, 핵심은 본문에서 제시되었지만, 해결은 그렇지 않았다는 점에도 있다. 사울의 마음 속 갈등에 대한 크래독 박사의 심층 분석은 설교의 근본적 전환을 가져왔다. 여기서 새끼 고양이 이야기는 복음의 메시지를 환기시킨다. 이 설교가 성경적인 것이 될 수 있었던 까닭은, 새끼 고양이 이야기가 전하는 진실이 사울 개종의 이면에 숨어 있는 진실이기도 하다는 것을 크래독 박사가 이해하고 있었기 때문이다. 근본적 전환이 논리적 추론에 의해 제시될 때, 스토리를 자유롭게 전환할 수 있는 것이 중요한 장점이 되는 경우가 많다.

또한 명확하게 설정된 설교의 초점(focus)과 전환(turn)이 어떻게 설교 의도(aim)를 분명히 하는지 짚고 넘어갈 필요가 있다. 우리가 살펴본 설교 중에 '교육적'인 내용으로 한정될 수 있는 것은 아무것도 없다. 윌리스 목사는, 우리가 하나님의 언약 속에 머물러야 한다는 것을 말하고 있으며, 린더 켁 교수는 그리스도의 권능이 우리의 부족함을 변화시킨다는 것을 이야기하고자 했다. 크래독 박사는 직접적으로 말하지는 않았지만, 우리가 쓰라린 마음을 지니고 있을 때에도 우리에게 치유의 손길을 베푸시는 하나님의 사랑을 보여주었다. 그리고 나는 청중들이 하나님의 집에 오라는 초대를 받아들이리라 기대했다.

요약하자면, 나는 설교자들이 성경본문에 대해서 "여기서 교훈은 무엇일까?"가 아니라 "여기서 초점은 무엇일까?"라는 질문을 통해 세세하게 살펴볼 때, 설교 준비 작업이 눈에 띄게 활기를 띨 것이라고 확신한다. 게다가 초점이 무엇인가라는 질문은 자연스럽게 전환에 대한 질문을 불러일으킨다 "어떻게 이 문제가 해결될 수 있으며, 어디에서 이 해결책이 발견될 것인가?" "그것은 본문 안에 있는가? 아니면 그 앞에, 또는 그 뒤에, 혹은 그 밖에 있는 것은 아닌가?" 이러한 질문에 신속하게, 그리고 자연스럽게 답하게 되면, 최종적으로는 구체적인 메시지 형태가 자연스럽게 떠오를 것이다. 스토리 진행, 스토리 보류, 스토리 유예, 그리고 스토리 전환은 네 가지 기본적인 형태이기도 하지만, 내러티브 설교가 합리적으로 취할 수 있는 유연한 형태이기도 하다. 일단 구성단계의 질문이 해결되고 나면, 설교의 의도를 정하는 것은 매우 쉬워진다. 종종 의도에 대한 질문은 어떻게 할 것인가의 문제라기보다는 오히려 어떻게 인식할 것인가의 문제이다. 즉 설교 그 자체가 말하려고 하는 것을 발견하는 것이다. 일단 설교의 의도가 분명해지면, 다른 준비 과정들은 제자리를 찾아가기 마련이다.

요단 사역정신

"그러므로 너희는 가서 모든 민족을 제자로 삼아 아버지와 아들과 성령의 이름으로
침(세)례를 베풀고 내가 너희에게 분부한 모든 것을 가르쳐 지키게 하라
볼지어다 내가 세상 끝날까지 너희와 항상 함께 있으리라 하시니라"

1. **For God and Church**
   하나님의 영광과 그의 몸 된 교회의 영적 성장과 성숙을 위한 도서를 엄선하여 출판한다.

2. **Prayer-focused Ministry**
   기획 · 편집 · 제작 · 보급의 전 과정을 기도 가운데 진행한다.

3. **Path to Church Growth**
   건강한 교회를 세우는 축복의 통로로 섬긴다.

4. **Good Stewardship and Professionalism**
   선한 청지기와 프로정신으로 문서 사역에 임한다.

5. **Creating a Culture of Christianity by Developing Contents**
   각종 문화 컨텐츠를 개발함으로 기독교 문화 창달에 기여한다.